장수왕이 바꾼 나라이름

고리
高 麗

장수왕이 바꾼 나라이름

고리

高麗

보정 서길수

여유당

책머리에

고리비(高麗碑)를 왜 고구리비(高句麗碑)라고 하는가?

〈고구리·고리사 연구〉1권에서 왜 高句麗=고구리, 高麗=고리로 읽어야 하는지를 자세히 살펴보았다. 2권에서는 고구리(高句麗)와 고리(高麗)를 함께 다루어야 하는 이유를 설명한다. 이미 1권 주석에서 고구리(高句麗)는 413년에 나라이름을 고리(高麗)로 바꾸었다고 설명했지만 읽는 이들은 이를 쉽게 받아들이기 어려웠을 것이다. 이 책에서는 장수왕(413) 때 나라이름을 바꿔 무려 255년 동안 고리(高麗)라고 한 데 대해 자세히 살펴보려 한다.

1979년 2월 단국대학교에서 한국경제사로 박사학위를 받은 나는 3월부터 국제대학 경제학과 교수로 임용되어 첫 강의를 맡았다. 바로 그해 4월 대학원에서 인연을 맺은 단국대 사학과 정영호 교수로부터 충청북도 충주시 가금면 용전리 280-11 입석마을에서 고구려비가 발견되어 학술조사단이 현장조사를 가니 참석하라는 초청이 왔다. 학계 전문가들이 참가하여 비문을 직접 보고, 바로 탁본하여 정밀하게 내용을 판독하는 작업이 진행되었다.

"고리 대왕(高麗大王)"

조사 결과 읽어낸 글자다. 그리하여 이 비석은 한반도에서 발견된 하나밖에 없는 고구리비(高句麗碑)로 확정되어 국보 205호로 지정되었다.

　"비석에는 분명히 고리(高麗)라고 되었는데 왜 고구리(高句麗) 비석입니까?"

　"고구리(高句麗) 때 고리(高麗)라고도 불렀습니다."

　그때야 비로소 고구리(高句麗) 때도 고리(高麗)라고 불렸음을 알았고, 막연하게 '고구리에서 구(句) 자를 빼고 고리라고도 불렀구나!' 하는 정도로 내 머릿속에 자리 잡았다.

25년이나 걸린 연구 성과

　그 뒤 나는 1989년부터 만주에 있는 고구리와 발해 옛 땅을 다니기 시작하여 1993 까지 고구리 성 103개를 찾아내고 수많은 고구리 관련 자료를 수집했다. 그리고 1994년 직접 찍은 사진을 바탕으로 KBS와 「고구리 특별대전」을 열면서 그동안 수집한 자료와 사진을 바탕으로 매주 수요일 고구리 특별강의를 하면서 고구리 연구를 본격적으로 시작했다.

　1994년 당시 학계에서는 아직 생소한 고구리 연구를 위해 고구리연구회(高句麗研究會)를 설립하여 본격적으로 연구를 시작하였다. 그런데 연구 진행 과정에서 수많은 자료에 나라이름이 고구리(高句麗) 대신 고리(高麗)가 나와 사료를 인용할 때마다 마음이 불편했다. 고구리를 본격적으로 연구하기 전에는 역사지만 경제의 역사를 다루었기 때문에 원전들을 제대로 다루지 못했다. 그러나 1994년부터는 25사, 『일본서기』 같은 원문을 볼 때마다 고리(高麗)로 나온 원문을 고구리(高句麗)라고 다르게 바꾸어 옮기면서 무언가 학문의 자세가 떳떳하지 못한 것 같고, 내 논문 읽는 이들을 속이는 것 같은 마음도 들었다. 이 책 본문에 자세히 보겠지만 25사 전체를 검색하면 고구리(高句麗)는 10.8%인 130회만 나오고, 고리(高麗)는 82.9%인 1,002회나 나온다. 그리고 고구리 연구 때 꼭 필요한 『일본서기』에는 고구리(高句麗)가 한 번도 나오지 않고 고리(高麗)만 무려 190회 나온다.

'이 문제는 반드시 바로잡아야겠다' 고 마음먹고 몇 년 동안 꾸준히 자료를 검토한 결과 고구리 때 나라이름을 고리(高麗)로 바꾸었다는 확신을 갖게 되었다. 그래서 1998년에 출간한 『고구리 역사유적 답사』(사계절, 1988)에서 '고구려인가 고려인가' 라는 제목으로 처음 다루었다. 그리고 9년 만인 2007년 「'高句麗'와 '高麗'의 소릿값(音價)에 관한 연구」라는 논문을 발표하여 학계에 이 문제를 정식으로 제기했다. 논문 발표 후 지금까지 이 문제에 대한 학계의 반론이 없었지만, 학자들이 고구리(高句麗) 대신 고리(高麗)라는 이름을 사용하지도 않았다.

10년이 지난 2017년부터 연구를 심화시켜 책으로 내기로 하고 1년에 걸쳐 25사에 나온 고구리와 고리에 관한 나라이름을 모두 검토했다. 2007년 논문에 비해 이 부분은 완전히 새로운 연구결과다. 한나라 때부터 당나라 때까지의 사서 16가지를 모두 검색하여 정리하고, 내용을 파악하여 필요한 부분을 번역하는 작업은 몹시 어려운 일이었지만, 옛 조선과 부여의 역사를 비롯하여 고구리사를 바닥부터 다시 볼 수 있는 좋은 기회였다. 특히 우리 역사를 자료의 바다에서 찾아내는 과정에서 관련 국가들을 깊이 이해하게 되었고, 고리와 35개나 되는 이웃 나라와의 관계를 새로운 시각에서 볼 수 있었다.

옛날 같으면 1년에 25사를 모두 검토하는 일은 도저히 불가능했다. 하지만 지금은 어렵지 않게 검색할 수 있고 원문도 하나하나 타이핑할 필요가 없으니, 옛날에 10년 넘게 걸려도 불가능한 작업을 1년에 마칠 수 있었다. 특히 옛 기록을 우리말로 옮기는 작업에서 낱말들이 홀이름씨(固有名詞)인지 그 뜻으로 해석해야 하는지 헷갈릴 때가 많았는데, 마침 2004년 한어대사전출판사(漢語大詞典出版社)에서 24사를 백화문(白話文)으로 해석해 놓은 것이 있어 큰 도움이 되었다.

2018년 말쯤 1권과 2권의 초고를 마치고 평소 대중서를 많이 내는 김용만 선생에게 읽어달라고 부탁했더니 이런 의견이 나왔다.

"1권은 좋은데, 2권에는 각 시대 조공기록의 성격에 대한 견해를 한 꼭지 덧붙였으면 좋겠다."

위의 도움말은 두 가지 큰 결과를 낳았다.

첫째, 사료 나열 위주의 서술에서 통계를 통해 각 사서에 나온 고구리·고리·구리의 빈도수를 한눈에 볼 수 있게 다시 썼다.

둘째, 사전처럼 편집된 원문과 번역문을 60% 넘게 덜어내고, 통계에 나타난 사실을 설명하기 위해 꼭 필요한 내용만 원문을 실었다.

셋째, 장수왕 이후 주변 강대국에 집중적으로 실시한 조공외교에 대한 특징을 새롭게 밝혔다. 몇 달 사이에 2권 『장수왕이 바꾼 나라이름 고리(高麗)』의 내용이 크게 바뀐 것이다. 이 때문에 〈고구리·고리사 연구〉 총서 1, 2권 집필이 길어져 이제야 책을 펴내게 되었다.

이처럼 2권의 내용을 새롭게 정리하는 과정에서 지금까지 나라이름에 집중하던 연구 방향이 크게 넓어져 건국 이야기를 비롯하여 전반적으로 고구리사를 새롭게 밝힐 필요성을 느꼈다. 그 결과 〈고구리·고리사 연구〉 총서 6권이 모두 끝나면 다시 2권을 쓸 수 있는 주제와 초고가 마련되었다. 1년 동안 1, 2권 출간을 제쳐놓고 고구리사 전체를 새롭게 보는 대체적인 줄거리를 쓴 것이다. 이는 앞으로 쓸 고구리사 연구 7, 8권의 바탕이 될 것이다. 너무 훗날의 이야기라 이제부터는 6권을 완간하는 데 집중한 뒤에 그 문제를 다루려고 한다.

이 책에 대하여

1장과 2장은 추모(주몽)가 나라를 세운 시기를 기점으로 1장에서는 그 이전의 나라이름을, 2장에서는 우리가 알고 있는 고구리·고리 시대를 다루었다. 1장에서 고구리 이전에 이미 존재했던 구리(句麗)가 옛 조선(古朝鮮) 땅에 존재했음을 밝히고, 고구리를 세운 추모(주몽)가 태어난 부여의 선조가 고리(高離)에서 왔다는 사실을 통해 '고리'와 '구리'라는 이름이 우리나라 역사의 시작부터 함께했음을 살펴본다. 2장에서는 구리(句麗)를 바탕으로 추모가 고구리(高句麗)를 세운 과정과 건국 연대를 추적한다. 아울러 우리가 흔히 알고 있는 주몽은 추모라고 읽어야 한다는 점도 밝힌다.

3장에서는 실제 고구리(高句麗) 때 만들어진 유물들이지만 그 유물에 고리(高麗)라는 나라이름이 나오는 사례들을 모았다. 고구리(高句麗) 때 나라이름을 고리(高麗)로 바꾸었다는 사실을 유물을 통해서 밝히기 위해서다. 앞에서 본 충주 고리비(高麗碑)를 비롯하여 연가(延嘉) 7년 금동여래상에 새겨진 고리(高麗), 『삼국유사』의 왕력에 쓰인 고리(高麗), 양나라 직공도(職貢圖)에 쓰인 고리(高麗), 7개 나라 인물이 새겨진 은합(都管七個國六瓣銀盒)에 쓰인 고리(高麗) 같은 나라이름이다.

4, 5, 6장은 모두 25사에 나온 고구리와 고리를 분석한 결과다. 4장에서는 고구리가 나라이름을 고리로 바꾸기 이전의 사서인 『한서』『후한서』『삼국지』『진서(晉書)』를 분석하고, 5장에서는 고구리가 나라이름을 고리로 바꾼 이후의 사서인 『송

서』『위서』『남제서』『양서』『진서(陳書)』『북제서』『주서(周書)』를, 6장에서는『수서』『남사』『북사』『구당서』『신당서』를 분석한다.

이 세 장의 주제는 나라이름이지만, 사실상 고구리사 전체를 사서를 통해 읽어가는 형식이다. 그리고 5장에서는 남북조시대 조공외교의 특성을 ① 강대국과 약소국 상하질서를 통한 정치외교 관계, ② 특산물을 바치고 답례품을 받는 조공무역, ③ 상대국과 다른 여러 나라의 정황을 탐지하는 기회, ④ 사신을 통해 국제교류의 장이 된 조공이라는 새로운 시각을 제시했다.

이 책에서 가장 중요한 고갱이는 7장 '고구리(高句麗)가 언제 나라이름을 고리(高麗)로 바꾸었는가?'이다. 먼저 국내외 학자들의 연구 성과를 종합 고찰하고, 장수왕이 나라를 세운 413년에 나라이름을 고구리(高句麗)에서 고리(高麗)로 바꾸었다고 결론을 맺는다. 시기 문제는 앞으로 학계에서 더 많이 토론하여 확정되기를 바란다.

이 책을 쓰는 데 필요한 자료를 찾아 보내준 박찬규 박사, 꼼꼼히 읽고 참신한 아이디어를 준 김용만 선생, 찬찬히 교정을 봐준 아내 이은금과 김남진 선생, 그리고 어려운 출판 상황에서도 힘들게 책을 내준 여유당 조영준 대표에게 감사드린다.

2019년 12월 10일
서대문 창천동에서
보정 서길수

차 례

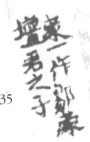

셋째 마당

고구리(高句麗) 유물에 나타난 고리(高麗)

넷째 마당

나라이름을 고리(高麗)로 바꾸기 이전의 25사(二十五史) 기록

다섯째 마당

나라이름을 고리(高麗)로 바꾼 뒤의 25사(二十五史) 기록
-남북조시대(420~589)

여섯째 마당
나라이름을 고리(高麗)로 바꾼 뒤의 25사(二十五史) 기록 – 수(隋)·당(唐)

일곱째 마당
고구리(高句麗)가 나라이름을 고리(高麗)로 바꾼 시기

여덟째 마당

교과서에 나라이름이 고리(高麗)로 바뀐 사실이 실려야 한다.

첫째 마당

추모(주몽)의 고구리(高句麗)
건국 이전의 나라이름

1. 『일주서(逸周書)』의 고이(高夷)에 대한 논의

『일주서(逸周書)』는 선진(先秦) 때 역사책인데, 본디 이름은 『주서(周書)』라고 한다. 『서경(書經)』 중에 주나라(周代) 부분을 뜻하는 「주서(周書)」가 있고, 북주(北周)의 역사서에도 『주서(周書)』가 있어서 이를 구별하기 위해 『일주서(逸周書)』라고 하는데 『급총주서(汲冢周書)』라고도 한다. 내용은 주(周, 1027~771 BC)나라 문왕(文王), 무왕(武王), 주공(周公), 성왕(成王), 강왕(康王), 목왕(穆王), 려왕(厲王), 경왕(景王) 연간의 역사를 기록한 것이다. 이 주나라의 역사책에 고이(高夷)라는 낱말이 나온다.

도곽(都郭)(의 공물)은 생생(生生)인데, (생생은) 노란 개처럼 생겼지만 얼굴은 사람이고 말을 할 수 있다(도곽과 생생은 북적(北狄)을 일컫는 두 가지 이름이다). 기간(奇幹)(의 공물)은 선방(善芳)인데, 선방이란 머리가 수탉 같이 생겼고, 노리개를 찬 사람들이 탐내지 않게 한다(기간도 北狄이고, 선방은 새 이름인데 동쪽에 나란히 있다). 북방대(北方臺)에서 똑바로 동쪽에 서 있는 고이(高夷)는 겸양(嗛羊)인데, 겸양이란 뿔이 4개인 양을 말한다(高夷는 동북쪽 오랑캐인 高句麗다). 독록(獨鹿)은 공공(邛邛)인데 거허(距虛)라는 말처럼 잘 달린다(독록은 서쪽 오랑캐이고 공공이란 짐승은 마치 거허라는 말처럼 등에 짐을 싣고 머리를 조아린다). 고죽(孤竹)은 거허(距虛)다(고죽은 동북의 오랑캐이고 거허는 나귀나 노새의 무리다). 불령지(不令支)는 현모(玄模)다(불령지는 모두 동북 오랑캐이고, 현모는 검은 여우다). 부도하(不屠何)는 푸른 곰이다(부도하는 동북 오랑캐다). 동호(東胡)는 누런 곰이고, 산융(山戎)은 콩이다(산융은 동북 오랑캐이고 융숙은 콩약이다). 기서반오(其西般吾)는 흰 범(白虎)이다(기서반오는 북쪽 오랑캐로 서쪽에 가깝다).[1]

이 내용은 「왕회(王會)」편 '성주 모임(成周之會)'에 관한 기록인데, 여기서 성주(成周)는 현재의 낙양을 일컫는 곳으로, 주나라가 상나라를 무너뜨리고 지금의 서안(西安)에 있던 호경(鎬京)을 나중에 옮긴 곳이다. 이곳에서 올린 대회에는 주나라 제후국을 비롯하여 수많은 이민족들이 참석하여 대회를 축하하였는데, 이때의 광경을 자세히 그린 것이 '성주 모임(成周之會)'이다. 제단 위에 천자가 남쪽을 향해 서고, 여러 종족의 사신들이 그들이 사는 방향에 따라 선물을 들고 서 있는 모습을 그렸는데 북방대(北方臺) 정 동쪽에 고이(高夷)가 나온다.

---

1) 晉 孔晁 注, 『逸周書』 권7, 王會 第五十九 成周之會. 都郭生生 若黃狗 人面能言(都郭 生生 北狄 二名). 奇幹善芳 善芳者 頭若雄雞 佩之令人不昧 皆東嚮(奇幹亦北狄 善芳鳥名 皆東東向 列次也). 北方臺正東 高夷嗛羊 嗛羊者 羊而四角(高夷 東北夷 高句麗). 獨鹿邛邛 距虛善走也(獨鹿西方戎 邛邛獸 似距虛負厥而走也), 孤竹距虛(孤竹東北狄距虛驢騾屬), 不令支玄模(不令支皆東北夷玄模黑狐也). 不屠何青熊(不屠何東北夷) 東胡黃羆山戎菽(山戎東北夷戎菽豆藥也) 其西般吾白虎(大西般吾北狄近西).

高夷嗛羊 嗛羊者 羊而四角

고이(高夷)는 겸양(嗛羊)인데, 겸양이란 뿔이 4개인 양을 말한다.

여기서 논의의 대상이 되는 것은 『일주서』에 나온 내용을 공조(孔晁)라는 편자가 주석을 단 것이다. (위 인용문에서 팔호 안에 든 것은 공조의 주석이다).

高夷 東北夷 高句麗 고이는 동북쪽 오랑캐인 고구리(高句麗)다.

일찍이 1990년 손영종은 이 사실을 소개하였지만 사료의 신빙성에 대해 확신을 갖지 못했다.

《상서》전(주관 22)에는 기원전 12세기에 《구려, 부여, 한, 맥》 등이 주나라와 통하였다는 기록이 있다. 또한 기원전 12세기의 사실을 썼다는 《일주서》 왕회해편에 대한 진나라 사람 공조의 주석에도 '고이는 동북이인데 고구려이다'라는 말이 있다. 물론 전자는 위서라는 말도 있고 후자는 후세사람의 주석이므로 믿기 어렵다고들 한다.[2]

그러나 윤내현은 이 자료를 바탕으로 1,100년 이전에 주나라의 동북지역인 지금의 난하(灤河) 유역에 고구리(高句麗)족이 존재하였다고 주장하였다.[3]

이에 대해 노태돈은 '高夷에 대한 주(注)는 공조(孔晁)의 것이 유일하며, 이의 사실성을 뒷받침할 어떤 근거도 없다'[4]고 부정하였다.

---

2) 손영종, 『고구려사』, 과학백과사전종합출판사, 1990, 13쪽.
3) 윤내현, 『고조선연구』, 一志社, 1995, 450쪽.
4) 노태돈, 『한국고대사』, 경세원, 2014, 59쪽.

문제는 이와 같은 공조의 주석이 송나라 이후에도 가끔 인용되어 왔고,[5] 최근 중국이 이런 설들을 바탕으로 고구리(高句麗)가 중국 역사라고 주장하는 자료로 삼고 있기 때문에 한국 학계에서는 강하게 부정하고 있다.

주민이동설의 또 하나의 예는 근래 일부 중국학계에서 제기하고 있는 고이족설이다. 즉 일주서(逸周書) 왕회편(王會篇)에서 서기전 12세기 말 성왕(成王)이 낙양에서 사방의 제후와 종족들의 조회를 받았는데 그 중 고이족(高夷族)도 있었다고 전한다. 이 기사의 '고이(高夷)'에 대해 4세기 초 공조(孔晁)가 주(注)를 달아 '고이가 곧 高句麗다'라고 하였다.

이런 공조의 주를 근거로 삼아, 고이족이 산동반도를 거쳐 요동반도 방면으로 이주하여 高句麗가 되었다고 주장한다. 그러나 고이족이 高句麗였다고 한 것은 공조의 주가 유일하고, 그것은 낙양에서 조회가 있었다는 주(周) 성왕(成王) 대에서부터 무려 1,400여 년이 흐른 뒤에 기술된 것이다. 고이가 高句麗를 지칭한다는 객관적인 근거는 그 어디에도 없으며, 고이족 이동설도 그러하다.[6]

여기서 고이(高夷)라는 나라는 추모의 고구리(高句麗)가 세워지기 아주 오래전부터 있었고, 4세기에는 이 고이를 고구리(高句麗)라고 여겼다는 것은 사실이다. 적어도 공조가 주를 달았던 진(晉, 317~419)나라 때는 고이(高夷) = 고구리(高句麗)

---

5) 송나라 이후 이 자료를 인용한 보기.
6) 한국학중앙연구원, 『한국민족문화대백과』, 「고구려」.

책이름	권수	지은이	세대	내용
文獻通考	卷 195	馬端臨	송 1319년	高句麗爲高夷
容齋續筆	卷 13	洪邁	송	高句麗爲高夷
困學紀聞	卷 2	王應麟	송	自高夷以下 其贄物十四
玉海	卷 152	王應麟	송	高夷 東北夷高句麗
書蔡氏傳旁通	卷 4(하)	陳師凱	원	高夷兼羊
少室山房筆叢	卷 18	胡應麟	명	自高夷以下 其贄物十四
尙書坤傳	卷末	朱鶴齡	명(1606년~1683년)	自高夷以下 其贄物十四

라고 인식하였다는 점은 부정할 수 없기 때문이다. 중요한 것은 고이가 고구리가 되는 과정에서 주나라 이후 수많은 변화가 있었고, 고구리도 생성·발전하는 과정에서 많은 변화가 있었기 때문에 이름만으로 고이의 정체성과 고구리의 정체성을 하나로 묶어 고이 때의 국제질서를 고구리 때의 국제질서로 해석하는 것은 역사적 관점에서 타당성이 없다. 고구리 때는 주나라 이후 40~50개 나라가 생겼다 없어지고, 북방민족들이 중원을 차지한 역사도 많기 때문에 전혀 다른 관점에서 검토해야 할 것이다. 고구리 때 가장 막강했던 북위가 주나라를 잇지 않았다는 것은 자명한 사실이기 때문이다.

2. 공안국의『상서(尚書)』전(傳)에 나온 구리(駒麗)

1) 공영달(孔穎達, 574~648)의『상서주소(尚書注疏)』에 나타난 구리(駒麗)

『상서(尚書)』에는 성왕(成王)이 동이(東夷)를 정벌했다는 기사가 나온다. 그리고 이어서 그 기사를 설명하는 공안국(孔安國)의 전(傳)에 구리(駒麗)라는 나라이름이 나온다.

> 서(序), 성왕이 이윽고 동이(東夷)를 정벌하자 숙신(肅慎)이 와서 축하하였다. (漢나라 공안국의) 傳에 '해동의 여러 오랑캐(東夷), 구리(駒麗)·부여(扶餘)·한(馯)·맥(貊) 같은 무리다. 무왕이 상(商)나라를 이기고 모든 길이 통하게 되었다'고 했다.[7]

7) 『상서주소(尚書注疏)』(17) 漢 孔(安國) 氏 傳, 唐 陸德明 音義, 孔穎達 疏, 「周書」. 序成王既伐東夷 肅慎來賀. 傳 海東諸夷駒麗扶餘馯貊之屬 武王克商 皆通道焉.

구리(駒麗)는 구리(句麗)를 기록하면서 편찬하는 사람이 주변 국가나 민족을 깎아내리기 위해 일부러 짐승 이름을 뜻하는 글자를 쓴 것이다. '駒' 자는 '글귀 구(句)'에 '말 마(馬)' 변을 붙인 것으로 '망아지 구(駒)' 자이다. 다음에 보겠지만 '나라이름 리(麗)' 자에 말 마 변을 붙여 '가라말 리(驪)' 자로 만든 것도 마찬가지다. 결국 본디 '구리'였던 외래어를 한자로 옮기는 과정에서 글 쓰는 사람 마음대로 쓴 것이지만 근본적인 발음은 '구리'로 똑 같다. 나중에 고구리(高句驪)·구리(句驪)가 국력이 강해진 뒤에는 모두 '馬' 변을 떼어냈다. 한(馯)·맥(貊) 같은 나라 이름에도 모두 소리는 같지만 '사나운 말'이나 '사나운 짐승' 같은 뜻을 가진 글자를 붙이는 아주 못된 관습이 있었다.

『상서주소(尙書注疏)』는 동아시아에서 가장 오래된 역사책이고 문서인 『상서(尙書)』에 주와 소를 단 것이다. 『상서(尙書)』는 유교에서 가장 중시하는 4서 3경 가운데 하나인 『서경(書經)』의 다른 이름이기도 하다. 전설상의 성군인 요순(堯舜)부터 춘추시대 여러 나라의 기록까지 다양하게 실려 있다. 지금 다루고 있는 기사는 「주서(周書)」편으로 주나라 성왕(成王, 1115~1079) 때 일이기 때문에 지금부터 3,000년이 넘는 시기의 사실인 것이다.

전(傳)을 쓴 공안국은 전한(前漢) 때의 경학자로 생졸연대가 정확하지 않지만 무제(武帝, BC 156~87) 때 박사(博士)·간의대부(諫議大夫)를 역임하였으니 기원전 1~2세기 인물이라는 것을 알 수 있다.

우리가 잘 알고 있는 진시황의 분서갱유 때 모든 경서들이 다 타고 없어졌다. 그런데 한나라 무제 말년에 노(魯) 나라의 공왕이 궁전을 넓히려고 공자의 옛 집을 헐었을 때, 벽 속에서 옛 글자인 과두(蝌蚪) 문자로 쓰인 『상서(尙書)』, 『예기(禮記)』, 『논어(論語)』, 『효경(孝經)』 같은 많은 책들이 나왔다고 한다. 당시에 과두문자를 읽어낼 사람이 없었으나 공안국은 『상서』 45편 가운데 29편을 금문(今文:

당시의 문자)으로 읽어냈는데 이것을 『고문상서(古文尙書)』라고 한다. 이리하여 고문으로 된 경서를 연구할 수 있는 길이 열렸고 공안국은 많은 제자를 길렀는데 『사기』를 쓴 사마천이 바로 그의 제자이다.

그 뒤 위진시대에 와서 『고문상서』는 완전히 없어져버렸다. 공안국이 전한 『고문상서』는 동진의 매색(梅賾)이라는 사람이 찾아 황제에게 올렸지만, 내용의 진위문제로 인해 당대에도 말이 많았다. 청나라의 염약거(閻若璩)는 그 책은 매색이 위조한 것이라고 하였고, 정안(丁晏)은 매색이 발견하기 이전에 성립한 증거를 찾아, 위나라 왕숙(王肅)이 위조한 것이라고 하였다. 일본의 다케우치 요시오(武內義雄)는 왕숙의 제자인 공조(孔晁)의 자가 안국(安國)임을 확인하고 한나라의 공안국이 아니고 후대(晉)의 공조가 위조한 것이라고 했다.

이러한 위서 논란이 있지만 채희국은 "고구려족이 일찍이 자기의 독자적인 명칭을 가지고 있었다"[8]는 자료로 사용하였으며, 윤내현은 "중국의 서주(西周) 무왕(BC 1087~1043), 성왕 때에 이미 고구려는 주실(周室)과 왕래하였고, 서주가 건국된 BC 11세기 무렵, 즉 고조선시대에 고구려가 이미 존재하였으며, 이 고구려는 『삼국사기』에 보이는 BC 37년에 건국된 고구려와는 성격이 다른 고구려로서 고조선의 거수국이다."[9]라고 주장하였다.

우리가 보고 있는 『상서주소(尙書注疏)』는 당나라 공영달(孔穎達, 574~648)이 소(疏)를 붙여 펴낸 것이기 때문에 적어도 당시까지도 '망아지 구(駒)' 자를 쓴 '구리(駒麗)'라는 이름이 쓰이고 있다는 사실도 알 수 있다.

---

8) 채희국, 『고구려역사연구』, 종합대학출판사, 1985, 3쪽. 앞에서 보았듯이 손영종은 그 뒤 이 자료가 위서로 알려졌다는 사실을 밝히고 있다.

9) 尹乃鉉, 「高句麗의 移動과 建國」, 『白山學報』(45), 1995, 7~8쪽.

2) 송 위료옹^{魏了翁, 1178~1237}이 쓴 『상서요의』에 나타난 구리^{駒麗}

『상서요의(尙書要義)』는 송나라 위료옹(魏了翁, 1178~1237)이 지었다. 그는 『구경요의(九經要義)』253권을 지었는데, 이 책은 그 가운데 『상서』에 대한 설명(注疏)을 더한 것이다.

> 이 (공안국의) 전(傳)에서 말하는 동이란 회수 위의 오랑캐만을 말하는 것이 아니다. 그래서 해동의 여러 오랑캐인 구리(駒麗)·부여(扶餘)·한(馯)·맥(貊) 따위를 든 것이다. 이 나라들은 모두 공군(孔君) 시대에 있던 이름이다. 주례(周禮) 직방씨(職方氏)에 4방 오랑캐의 이름은 8만(蠻) 9맥(貉)이라 했다. 정현(鄭玄)은 북쪽은 맥(貉)이라 했고, 또 동북이(東北夷)라고 했다. 『한서(漢書)』에는 고구리(高駒麗)·부여(扶餘)·한(韓)은 있고 이 한(馯)이 없는데, 한(馯)은 바로 그 한(韓)으로, 소리는 같지만 글자가 다른 것이다.¹⁰⁾

이 자료에는 두 가지 새로운 해석이 나온다.

① 구리(駒麗)·부여(扶餘)·한(馯)·맥(貊) 같은 나라들은 모두 공자(孔君) 시대에 있던 이름이라는 것이다.

② 한서에 나온 나라이름과 연관지은 것이다. 구리(駒麗)＝고구리(高駒麗), 한(馯)＝한(韓)이라는 것이다. 특히 한서에는 한(馯)이 없는데, 한(韓)을 그렇게 썼다는 것을 알 수 있다.

그러나 시대가 아주 뒤떨어진 송대에 덧붙인 이러한 설명이 『상서』자체의 진위문제를 밝히는 데 큰 도움을 주지는 않는다.

---

10) 宋 魏了翁 撰, 『尙書要義』卷17, 立政 周官 君陳. 此傳言東夷 非徒淮水之上夷也. 故以爲海東諸夷 駒麗扶餘馯貊之屬. 此皆于孔君之時 有此名也. 漢書有高駒麗扶餘韓 周禮職方氏 四夷之名 八蠻九貉 鄭玄云 北方曰貉 又云東北夷也. 漢書有高駒麗扶餘韓 無此馯 馯卽彼韓也 音同而字異.

3) 기타 구리(駒麗)에 대한 보기

'망아지 구' 자를 쓴 나라이름 '구리(駒麗)'는 상서의 공안국전(傳)에서 시작되어 송·명·청으로 왕조가 바뀌는 동안 그 내용을 인용하는 여러 책에서 기록하였다.

〈표 1〉 구리(駒麗)를 인용한 책들

책이름	권수	지은이	세대	내용
宋高僧傳	卷 4	釋贊寧	송 919~1001	徧歷山川 於駒麗百濟風馬牛不相及地
詩地理攷	卷 3	王應麟	송	孔氏注 海東諸夷 駒麗扶餘犴貊之屬
漢制攷	卷 4	王應麟	송	注 海東諸夷 駒麗扶餘犴貊之屬
尚書埤傳	卷末	朱鶴齡	명(1606~1683)	孔傳 海東諸夷 駒麗扶餘犴貊之屬
經義考	권 260	朱彝尊	청(1629~1709)	孔安國曰 海東 駒麗扶餘犴貊之屬

한 가지 특이한 점은 『송고승전』 「당·신라국·의상전(唐, 新羅國, 義湘傳)」에서 의상이 돌아다닌 나라이름이 나오는데 그곳에도 구리(駒麗)를 쓴 것이다.

> 의상(湘)이 입국한 뒤 산천을 이리저리 널리 돌아다니다가 구리(駒麗)와 백제가 도저히 미칠 수 없는 땅[11]에서 말하였다. "이 가운데 땅은 영산이기 때문에 법을 전하기에 아주 빼어난 곳인데 어찌하여 사교(權宗異部)의 무리가 500명이나 모여 있는가?"[12]

의상이 10년 만에 당나라로 돌아온 해는 670년으로 고구리(高句麗)와 백제가 멸망한 지 2년이 된 해이다. 신라와 손을 잡고 고구리(高句麗)와 백제를 평정한 당나라가 신라마저 침략하기로 한 것을 안 의상이 본국에 그 사실을 알리려고 귀

---

11) 風馬牛不相及地이란 '암내가 난 말이나 소도 서로 오갈 수 없는 곳'이란 뜻으로 멀리 떨어져 미칠 수 없다는 뜻이다.

12) 『宋高僧傳』, 「唐·新羅國·義湘傳」. 湘入國之後 徧歷山川於駒麗百濟 風馬牛不相及地. 曰此中地靈山 秀雞雞轉法輪之所 無何權宗異部 聚徒可半千衆矣.

국했다고 한다. 백제가 660년 항복하고 고구리(高句麗)가 668년 항복하였지만 전쟁은 계속되고 있었다. 670년 고구리(高句麗) 검모잠이 안순을 임금으로 세우고 당나라와 싸웠고, 백제의 웅진도독부에서 당나라에 신라가 배반했다고 알려 외교적으로 아주 어려운 상태에 놓였다. 그렇기 때문에 의상이 고구리(高句麗)와 백제가 미칠 수 없는 곳을 찾아 절을 세웠는데, 그곳이 바로 부석사이다.

이 자료를 통해서 구리(駒麗)라는 나라이름이 고구리(高句麗) 조정이 항복하고 난 뒤까지 쓰였다는 것을 알 수 있다.

3. 부여의 건국신화에 나오는 고리高離

1) 고리(高離)

부여를 세운 동명은 고리(高離)라는 나라의 왕자였다는 기록이 있다. 이 기록이 가장 먼저 나온 것은 『삼국지(三國志)』「동이전(東夷傳)」이다.

『위략(魏略)』에서 이르고, 또 옛 책에서 말했다. 옛날 북녘에 고리(高離)라는 나라가 있었다. 나라 왕을 모시는 종이 아이를 갖자 왕이 죽이려고 했다. 종이 말했다.

"달걀 같은 기운이 있어 나에게 내려와 아이를 갖게 되었습니다."

나중에 아들을 낳자 왕이 돼지우리에 버리니 돼지가 주둥이로 불어주고 마구간에 옮겨두니 말이 입김을 불어 넣어주어 죽지 않았다. 왕이 하늘의 아들이기 때문에 그렇지 않는지 두려워하였다. 그래서 그 어머니에게 거두어 기르게 하고 이름을 동명(東明)이라 불렀다. 늘 말을 기르도록 했는데 동명은 활을 잘 쏘았기 때문에 왕은 자기 나라를 빼앗을까 두려워 죽이려고 하였다. 동명은 도망쳐 남쪽 시엄수(施掩水)에 이르러 활로 물을 치니 물고기와 자라들이 떠올라 다리를 만들어 동명이 건널 수 있었고, 이어서 물고기와 자라가 흩어지니 쫓아가던 군사들은 건널 수가 없었다. 그리하여 동명은 부여 땅에 도읍을 정하고 임금이 되었다.[13]

고구리(高句麗) 사람이 직접 세운 가장 믿을 만한 사료인 광개토태왕비에 고구리(高句麗)를 세운 추모(鄒牟, 주몽)는 북부여에서 나왔다고 했다. 그러므로 부여의 건국신화에 나온 고리(高離)는 부여와 고구리(高句麗)가 세워지기 이전에 이미 있었다고 할 수 있다. 이 '고리'에 대한 기록은 중국의 사서에 꽤 많이 인용되어 여러 가지 글자로 기록되었다. 여기서 고리(高離)라는 이름이 본디 한자가 아니라 부여에서 내려온 이름을 한자로 표현한 것이기 때문에 뜻보다는 소리에 중점을 두고 보아야 한다는 사실을 알 수 있다.

2) 탁리(橐離)

『위략』은 서진(西晉) 무제(武帝) 태강(太康) 연간(280~289)에 위(魏) 나라의 낭중(郎中)이었던 어환(魚豢)이 지은 책[14]이다. 그런데 이보다 시대가 앞선 후한시대 왕충(王充, 27년~1세기 말)[15]이 쓴 『논형(論衡)』에 똑같은 내용이 나오는데 나

---

13) 晉 陳壽, 『三國志』 권30 「東夷傳」 魏略 인용. 魏略 曰: 舊志又言, 昔北方有高離之國者, 其王者侍婢有身, 王欲殺之, 婢云: 「有氣如雞子來下, 我故有身.」後生子, 王捐之於溷中, 猪以喙嘘之, 徙至馬閑, 馬以氣嘘之, 不死. 王疑以爲天子也, 乃令其母收畜之, 名曰東明, 常令牧馬. 東明善射, 王恐奪其國也, 欲殺之. 東明走, 南至施掩水, 以弓擊水, 魚鱉浮爲橋, 東明得度, 魚鱉乃解散, 追兵不得渡. 東明因都王夫餘之地.
14) 국사편찬위원회, 『중국전사 조선전』 주석 1, 230쪽.
15) 발행 연도가 정확하지 않아 일본 위키백과에 나온 왕충의 생졸 년도를 참고하였다.

라이름이 '탁리(橐離)'라고 했다.

　　북쪽 오랑캐 탁리국(橐離國) 왕을 모시는 계집종이 애를 배자 왕이 죽이려 했다.[16]

　　후대의 많은 사서와 문집에서 부여의 건국신화를 쓸 때『논형』의 탁리국(橐離國)을 인용한 자료가 많다.

　　① 唐 張楚金 撰, 雍公叡 注,『한원(翰苑)』, 고종 현경5년(660년)

　　② 宋 李昉等 撰,『태평어람(太平御覽)』卷347

　　③ 元 梁益 撰,『시전방통(詩傳旁通)』卷11

　　④ 明 周嬰 撰,『치림(卮林)』卷6

　　⑤ 明 陳禹謨 撰,『변지(駢志)』卷30

　　⑥ 明 彭大翼 撰,『산당사고(山堂肆考)』卷142

　　⑦ 淸 御定『연감유함(淵鑑類函)』卷225

　　⑧ 淸 御定『패월운부(佩文韻府)』卷67-10

　　이 두 자료에 나온 고리(高離)와 탁리(橐離)는 어떤 것이 옳은 것인지 판단하기 어렵다. 먼저 시기적으로『논형』이 1세기나 빠르기 때문에 탁리(橐離)가 옳다고 볼 수 있다.

　　그러나 3세기 말에『삼국지』를 지은 진수(陳壽)가 같은 시대에 펴낸『위략』의 고리(高離)를 선택했다는 점도 무시할 수는 없을 것이다. 진수는 틀림없이 위의

---

16) 後漢, 王充,『論衡』2권 9, 吉驗篇. 北夷 橐離國 王侍婢有娠 王欲殺之 …….

두 가지 자료를 다 섭렵했을 것이고, 그 내용도 철저하게 비교하여 정사인 『삼국지』에 고리(高離)라고 기록했을 것이기 때문이다.

3) 색리(索離)

한편 5세기 중엽 범엽(范曄, 398~445)이 지은 『후한서』에서는 색리국(索離國)이라고 했다.

> 북이 색리국〔'索' 자는 탁(橐)라고도 쓴다. 소리(音)는 度+洛의 반절음이다.〕
> 北夷索離國(索或作橐 音度洛反) ……[17]

『삼국지』보다는 150년이나 뒤에 편집된 『후한서』는 색리국(索離國)이라고 했는데, 이는 탁리국(橐離國)의 '탁' 자를 잘못 읽은 것으로 보인다. 주석을 단 이현(李賢)도 색(索)이 틀렸다고는 하지 않았지만 '탁(橐)'이라고도 쓴다고 하여 『논형』을 참고하였다는 점을 밝혔다. 아울러 음을 '도(度)+락(洛)의 반절음'이라고 했는데 색(索)의 상고음은 'sǎk'으로 초성음이 [s]이고, 탁(橐)의 상고음은 'tǎk'으로[t] 음이기 때문에 탁(橐)이 옳다고 할 수 있다[18]. 그러나 색리(索離)도 후대의 많은 저서에서 인용되고 있다.

① 唐 李延壽 撰, 『北史』 卷94
② 唐 杜佑 纂, 『通典』 卷185

---

17) 劉宋 范曄, 唐 章懷太子 李賢 注, 『後漢書』 卷115 「東夷傳」 第75.
18) 周法高, 『漢字古今音彙』, 홍콩, 中文大學, 1979(再版).

③ 宋 鄭樵 撰『通志』卷194

④ 宋 樂史 撰『太平寰宇記』卷174

⑤ 宋 王欽若等 撰,『册府元龜』卷956

⑥ 宋·元 馬端臨 著,『文獻通考』卷324

⑦ 元 郝經 撰『續後漢書』卷81

⑧ 明 周嬰 撰『卮林』卷6

⑨ 明嬰 撰,『江漢叢談』卷2 子文

이런 자료들은 대부분『후한서』를 옮긴 것이라고 볼 수 있다.『후한서』에서 달 았던 주석을 그대로 단 자료들도 있다.

4) 고리(槀離)·고리(櫜離)·고리(膏離)

고리(槀離)는 고리(高離)와 같은 소리를 내지만 글자가 다른 경우이다. 4세기쯤 동진(東晉) 간보(干寶)가 편찬한『신수기(搜神記)』에 고리국(槀離國) 나온다.

고리국(槀離國)의 왕을 모시는 계집종이 애를 배자 왕이 죽이려고 했다. [19]

고리(槀離)는 명나라 때『옥지당담회(玉芝堂談薈)』[20]에서도 쓰이고『치림(卮 林)』에도 나온다. 소리가 같은 고리(櫜離)지만 '활집 고(櫜)'를 쓴 자료도 있다.『양 서(梁書)』고구리(高句麗)전에 보면 이렇게 나온다.

---

19) 晉 干寶 撰,『搜神記』卷14, ㅓ離國 王侍婢有娠 王欲殺之 …….
20) 明 徐應秋 撰,『玉芝堂談薈』卷10.

고구리(高句驪)는 일찍이 동명에서 나왔다. 동명은 본디 북쪽 오랑캐(北夷) 고리(槀離) 왕의 아들이다. 고리 왕이 행차했을 때 모시던 아이가 그 뒤 애를 뱄다.[21]

이 고리(槀離)는 청나라 『흠정만주원류고(欽定滿洲源流考)』에서는 자주 나온다. 송나라 때 편찬한 『태평어람(太平御覽)』에는 『위략』을 인용하면서 '고리(膏離)'라고 쓰기도 했다.[22]

고리(槀離)·고리(槀離)·고리(膏離)라는 이름은 모두 같은 음으로 한자만 달리 쓴 것이기 때문에 처음 『삼국지』에서 본 고리(高離)와 같은 맥락에서 볼 수 있다.

5) 고리에 대한 논의와 의의

위에서 본 것처럼 똑같은 부여 설화에 등장하는 나라이름이 서로 다르게 읽혔기 때문에 이에 대한 후대 사가들의 논의도 이어졌다.

명나라 주영(周嬰)이 지은 『치림(卮林)』에서는 이미 아주 먼 후대이기 때문에 정확히 결론을 내릴 수 없어 3가지 이름을 모두 소개하고 있다.

부여·북이에 색리국(索離國)이 있는데, 『논형』에서는 탁리(槀離), 위략에서는 고리(槀離)라고 했으며, 『위지(魏志)』에 한(韓)은 대방 남쪽에 있는데 고리국(高離國)·일리국(一離國)·초리국(楚離國)이 있다고 했다.[23]

---

21) 唐 姚思廉 撰, 『梁書』卷54, 列傳 第48, 諸夷, 高句驪. 高句驪者其先出自東明 東明本北夷槀離王之子 離王出行其侍兒於後任娠.

22) 宋 李昉等 撰, 『太平御覽』卷360, 人事部 1.

23) 明 周嬰 撰, 『卮林』卷6, 扶餘. 北夷有索離國 論衡作槀離 魏略作槀離 魏志 韓在帶方南 有古離國·一離國·楚離國·畢離國

마지막 문장은 『위지』에 나온 한(韓)의 소국들을 설명하면서 거기에도 '고리국(古離國)'이 있다는 것을 덧붙인 것이다.[24] 이 문제를 가장 많이 논의한 것은 청(1778년)나라 때 황제의 명에 따라 지은 『흠정만주원류고(欽定滿洲源流考)』다.

고리(高麗)는 부여에서 나왔고, 부여는 색리에서 나왔다. 색(索)은 탁(橐)이라고도 읽기 때문에 탁(橐)이라고도 쓰고, '탁(橐)' 자 모양이 '고(橐)' 자와 비슷하기 때문에 '고(橐)' 자로 바뀌었다. '고(橐)' 자는 '고(槀)' 자와 음이 같아서 『위략』과 『요지(遼志)』에서는 또 '고(槀)' 자를 썼는데 실제로는 고리(高麗)와는 다른 두 나라. 부여는 고리(高麗) 북녘에, 고리(槀離)는 또 부여의 북녘에 있다. 이 때문에 동명이 남쪽으로 달아나 부여에 이르고, 주몽도 남쪽으로 달아나 고리(高麗)에 이른 것으로, 그 일이 서로 같다는 이유로 한 가지 이야기라고 하는데 잘못된 것이다.[25]

『위략』에 옛날 북녘에 고리(槀離)라는 나라가 있다고 했다. 고리(槀離)를 살펴보면, 『후한서』에는 색리(索離)라고 하고, 주에서 색(索)의 음은 도(度)+락(洛)의 반절음이라고 했다. 『통전』에서는 탁리(橐離)라 했고 『양서』에서는 고리(橐離)라고 했으나 고구리(高句驪)를 말하는 고리(高麗)가 아니다. 다만 『수서』에 고리(高麗)와 같은 나라라고 했으나 잘못된 것이다.[26]

---

24) 『三國志』卷30, 「魏書」30, 〈韓在帶方之南, 東西以海爲限, 南與倭接, 方可四千里. 有三種, 一曰馬韓, 二曰辰韓, 三曰弁韓. 辰韓者, 古之辰國也. 馬韓在西. 其民土著, 種植, 知蠶桑, 作綿布. 各有長帥, 大者自名爲臣智, 其次爲邑借, 散在山海間, 無城郭. 有爰襄國‧牟水國‧桑外國‧小石索國‧大石索國‧優休牟涿國‧臣濆沽國‧伯濟國‧速盧不斯國‧日華國‧古誕者國‧古離國 ……〉.

25) 淸 『欽定滿洲源流考』卷1, 部族1. 按高麗出自夫餘 夫餘出自索離 索讀如橐 故或書爲橐 橐形似橐故 又轉爲槀 槀與橐音同 故魏畧及遼志復作槀 與高麗實二國也 夫餘在高麗北 槀離又在夫餘北 故東明南走 而至夫餘 朱蒙亦南走而至高麗然 其事彷彿相同 或傳聞之有一誤也.

26) 淸 『欽定滿洲源流考』卷1, 部族1. 三國. 魏略 昔北方有高離之國(按槀離 後漢書作索離 注云索音度洛反 通典作橐離梁書作橐離非高句麗之高麗也 惟隋書直作高麗合爲一國誤).

위에서 본 것처럼 여러 사서에 부여의 건국신화로 등장하는 나라 이름이 고리(高離, 槀離, 櫜離, 橐離)가 많이 등장하고 있다. 부여는 앞에서 본 『상서대전』의 전(傳)은 물론 『산해경』, 『사기』, 『한서』 같은 사서에 일찍이 기록되어 옛 조선(古朝鮮)과 함께 이미 국가로 성장하고 있었다는 점을 볼 때 추모가 고구리(高句麗)를 세우기 훨씬 이전에 추모의 선조 나라에 이미 '고리'라는 나라 이름이 존재했다는 것을 보여주는 자료가 된다.

4. 옛 조선(朝鮮)[27]과 고구리高句麗·구리句麗

1) 『한서』 「지리지」의 고구리高句驪

앞에서 추모(주몽)가 고구리(高句麗)를 세우기 이전 자료에 나타난 구리(句麗)에 대해서 보았다. 그런데 이 시기는 모두 옛 조선시대이다. 옛 조선에 대한 기록이 드물기 때문에 당시 고구리(高句麗)에 대한 자세한 내용을 파악하기는 쉽지 않지만 『후한서』에는 '예(濊)와 옥저·구리(句麗)는 본디 모두 조선 땅이었다'[28]고 한 것을 보면 구리(句麗)는 옛 조선에 있던 나라였음을 알 수 있다. 추모의 고구

---

27) 우리나라 역사에 고조선(古朝鮮)이란 나라는 없었다. 모든 사서에 조선(朝鮮)이라고 나와 있다. 『삼국유사』에서는 기자조선과 단군조선을 고조선으로, 위만조선을 조선으로 일컬었다. 현재는 기자조선설을 부정하여 위만조선을 기존의 고조선과 연속된 실체로 파악하려는 취지와 14세기 말에 옛 조선의 나라이름을 가져다 새로운 나라 이름으로 삼은 이성계의 조선왕조와 구분하기 위한 목적으로 고조선을 쓰는 용법이 정착되었다. 그러나 여기서는 고조선 자체가 나라이름이 아니기 때문에 옛 조선(朝鮮)이라고 해서 조선이란 이름을 살렸다. 후백제를 백제라고 하고, 원 백제를 고백제라고 하면 안 되기 때문이다. 논리적으로 한다면 (단군)조선-(이씨)조선-(김씨)조선, 이렇게 정리되어야 한다고 본다.
28) 劉宋 范曄 撰, 『後漢書』 권85, 「東夷列傳」 濊, 〈濊及沃沮句麗 本皆朝鮮之地也.〉

리(高句麗)가 세워지기 전 옛 조선에 고구리(高句麗)의 존재 사실을 가장 확실하게 증명해 주는 것은 『한서』「지리지」에 나오는 기록이다.

현도군(玄菟郡)❶은 45,006 호(戶)에 인구는 22만 1845명이다. ○ 3개 현(縣) : 고구리(高句麗)❷, 상은태(上殷台)❸, 서개마(西蓋馬)❹.

❶ 〈안사고 주〉 현도군 : 무제 원봉(元封) 4년(BC 107) 고구리(高句驪)를 설치했다. 왕망(王莽)은 하구리(下句驪)라고 불렀는데 유주(幽州)에 속한다. (『한서집해』를 쓴 後漢의) 응소(應劭)는 옛날 진번(眞番)으로 조선의 호국(胡國)이라고 했다.

❷ 〈안사고 주〉 고구리(高句驪) : 요산(遼山)에서 나온 요수(遼水)가 서남쪽으로 흘러 요대(遼隊)에서 대요수(大遼水)로 들어간다. 또 남소수(南蘇水)가 있어 서북으로 색외(塞外)를 지난다. (『한서집해』를 쓴 後漢의) 응소(應劭)는 말하길, 그래서 구리(句驪) 호(胡)다.

❸ 〈안사고 주〉 상은태(上殷台) : 하은(下殷)이다. 여순(如淳)은 태(台)의 음은 태(鮐)라고 했고, 사고(師古)는 태(胎)라고 했다.

❹ 〈안사고 주〉 서개마(西蓋馬) : 마자수(馬訾水) 서북에서 염난수(鹽難水)로 들어간다. 서남으로 흘러 서안평(西安平)에서 바다로 들어가는데 2개 군을 지나며 1,100리를 간다. (왕)망(莽)은 현도정(玄菟亭) 이라 했다.[29)]

『한서』의 주석을 달아 『한서집해』를 쓴 응소(應劭)는 현도군(玄菟郡)은 옛날의

---

29) 漢 班固 撰, 唐 顏師古 注, 『漢書』 卷28(下), 地理志 8(下). 〈玄菟郡(武帝元封四年開高句驪 莽曰下句驪 屬幽州 應劭曰 故眞番 朝鮮胡國) 戶四萬五千六口二十二萬一千八百四十五 ○縣三 高句驪(遼山遼水所出 西南至遼隊 入大遼水 又有南蘇水西北經塞外 應劭曰 故句驪胡) 上殷台(曰下殷如淳曰 台音鮐 師古曰音胎) 西蓋馬(馬訾水西北入鹽難水 西南至西安平入海 過郡二 行一千一百里 莽曰玄菟亭)〉.

진번이고, 진번은 조선(朝鮮)의 호국(胡國)이라고 했다. 결과적으로 조선(朝鮮)의 호국인 진번에 현도군을 세웠고, 그 진번에 고구리(高句驪)가 있었다는 것을 볼 때 이 고구리(高句驪)는 추모가 고구리(高句驪)를 세우기 전에 존재했던 조선의 한 소국(小國)이라는 것을 알 수 있다. 그리고 고구리(高句驪)를 구리(句驪) 호국(胡國)이라는 내용을 보면 고구리(高句驪)＝구리(句驪)라는 것을 알 수 있다. 같은 「지리지」에 이런 구절도 나온다.

현도와 낙랑은 무제 때 설치했는데, 모두 조선·예맥·구리(句驪) 같은 만이(蠻夷)다.[30]

한편 반고가 '요산(遼山)에서 나온 요수(遼水)가 서남쪽으로 흘러 요대(遼隊)에서 대요수(大遼水)로 들어간다. 또 남소수(南蘇水)가 있어 서북으로 색외(塞外)를 지난다'고 달았던 주에 대해 『한서집해』를 쓴 후한의 응소(應劭)는 그렇기 때문에 '구리(句驪)'라고 했다고 해서 '구리(句驪)'라는 이름이 그 나라에 있는 강 이름과 관련이 있다는 것을 말해 준다. 『사기집해(史記集解)』에서 장안(張晏)은 '조선에 습수(濕水)·열수(洌水)·산수(汕水)가 있는데 이 3개 강이 한데 만나 열수(洌水)가 된다. 낙랑과 조선은 여기서 이름을 취한 것으로 보인다'[31]고 했고, 당나라 사마정(司馬貞)이 지은 『사기색은(史記索隱)』에도 '산수(汕水) 때문에 조선이라 이름하였다'[32]고 했는데, '구리(句驪)'라는 이름도 강 이름에서 땄다고 본 것이다. 지금까지 고구리(高句麗)라는 이름의 뜻에 대해 많은 논란이 있었는데 다시 한번 생각해 볼 필요가 있다고 본다.

---

30) 漢 班固 撰, 唐 顔師古 注,『漢書』卷28(下), 地理志 8(下). 玄菟樂浪 武帝時置 皆朝鮮濊貉句驪蠻夷.
31) 漢 司馬遷 撰,『史記』, 권 115,「朝鮮列傳」55.
32) 漢 司馬遷 撰,『史記』, 권 115,「朝鮮列傳」55.

2) 왕망(王莽) 때의 고구리^{高句麗}와 구리^{句麗}

전한(前漢)을 무너뜨리고 임금이 된 왕망(王莽, AD 8~22)은 AD 5년 평제(平帝)를 죽이고 영(嬰)을 왕위에 오르게 하여 자기는 섭황제(攝皇帝)가 되었다가 8년에는 스스로 신황제(新皇帝)라 일컫고, 9년에는 나라 이름을 신(新), 연호를 시건국(始建國)이라 하였다.

스스로 황제가 된 9년 정월 초하루 이런 칙서를 내린다.

> 왕망(王莽)이 명하여 말하였다.
>
> "천하의 사방 바깥에 이르기까지 복종하지 않는 곳이 없으니, 동쪽으로 나가면 현도(玄菟)·낙랑(樂浪)·고구리(高句驪)·부여(夫餘)에 이르기까지……." 33)

이 기록은 BC 37년 추모가 고구리(高句麗)를 세운 뒤 46년이 지난 기록인데, 이때 현도(玄菟)·낙랑(樂浪)·고구리(高句驪)·부여(夫餘)를 함께 말한 것은 이때는 이미 현도군 안에 있는 고구리(高句麗)가 아닌 다른 고구리(高句麗)가 새로 세워졌다는 사실을 중국의 정사에 기록하고 있다는 것을 알 수 있다. 여기서 우리는 현도군에 안에 있는 고구리(高句麗)와 추모가 세운 고구리(高句麗)는 다르다는 사실을 알 수 있다.

같은 『한서』의 「왕망전」에 나온 시건국(始建國) 4년(AD12) 기사를 보면 이런 기록이 있다.

---

33) 『漢書』 卷99(中), 「王莽傳」 第69(中) 始建國 元年(AD 9). 〈莽策命曰 普天之下 迄于四表 靡所不至, 其東出者, 至玄菟·樂浪·高句驪·夫餘〉.

이전에 왕망이 고구리(高句麗) 군사를 내어 호(胡)를 치려 했으나 가려 하지 않았고, (현도)군에서 억지로 다그치자 모두 도망하여 변방으로 나가 법을 어기고 도둑질을 하였다. 요서 대윤 전담(田譚)이 뒤쫓아 가며 공격했으나 (오히려) 죽임을 당했다. 주군(州郡)에서는 그 허물을 고구리후(高句麗侯)인 추(騶)에게 물었다.

엄우(嚴尤)가 진언하였다. "맥인(貊人)이 법을 어긴 것은 추(騶)에게 복종하지 않고 일으킨 것이니 그의 마음을 알아주는 것이 바람직하기 때문에 주군(州郡)이 위로하여 마음을 편하게 해야 합니다. 지금 그에게 큰 죄를 씌운다면 반란을 일으킬까 봐 두렵습니다. 부여 같은 무리들도 따를 것이고 아직 흉노도 이기지 못했는데 부여·예맥들이 다시 일어나면 이는 큰 근심거리입니다."

왕망이 위로하지 않자 예맥이 반란을 일으키니 엄우에게 치게 하였다. 엄우는 고구리후(高句麗侯) 추(騶)를 꾀어내 목을 치고 그 목을 장안으로 전했다. 왕망은 크게 기뻐하며 글을 내려 말했다.

"지난번 용맹한 장수를 보내 천벌을 받들도록 하여 포로들을 죽이도록 하였는데, 12가지로 나누어 오른쪽 팔을 끊거나, 왼쪽 겨드랑이를 베거나, 가슴과 배를 문드러지게 하거나 양쪽 갈비뼈를 뽑아버리도록 하였다. 올해는 동녘을 벌하여 맥의 무리들을 먼저 쳐 없앤 것이다. 오랑캐 추(騶)를 찾아 머리를 베고 동성(東城)을 평정하니 오랑캐들을 모두 없애 틈을 살피게 되었다. 이는 하늘과 땅의 뭇 신들, 사직과 종묘가 도와준 복이니 공경·대부·사(士)·민(民)이 모두 한마음으로 울부짖는 범 같은 힘을 따라야 할 것이다. 나는 정말 기쁘다. 그 이름을 고쳐 고구리(高句麗)를 하구리(下句麗)로 하여 천하에 널리 알려 모두 알게 하라."

이에 맥인(貊人)이 더욱 변경을 범하게 되고 동북과 서남 오랑캐가 모두 난을 일으켰다고 한다.[34]

이 기사에 나오는 고구리(高句麗)는 추모가 세운 고구리(高句麗)가 아니고 현도 군에 속한 고구리(高句麗)라는 것은 이미 초기 연구자들부터 인정하고 있는 사실 이다.[35]

이 기사와 거의 같은 내용이 『삼국사기』 「고구리본기」 유리명왕 31년(AD 12년) 기사에 나온다. 그러나 2년 뒤인 33년(AD 14년) 추모의 고구리(高句麗)가 한나라 의 고구리(高句麗)현을 쳐들어가 차지한 기사가 나온다.

> (유리명왕) 33년 가을 8월 왕은 오이와 마리에게 명하여 군사 2만 명을 거느리고 서쪽으
> 로 가서 양맥(梁貊)을 쳐서 그 나라를 멸하고, 진군시켜 한나라 고구리현(高句麗縣)을 쳐
> 서 차지하였다(현은 현도군에 속한다).[36]

이 기사를 통해서 현도군에 속한 고구리(高句驪) 현과 추모가 세운 고구리(高句 麗)는 완전히 다르다는 것을 알 수 있다. 그렇게 보면 옛 조선에 속했던 고구리 (高句麗) 또는 구리(句麗)는 조선이 멸망하면서 현도군에 속하는 한 현이 되었는 데 AD 14년 추모가 세운 고구리(高句麗)가 다시 쳐서 빼앗았다는 것을 알 수 있

---

34) 『漢書』卷99(中), 「王莽傳」第69(中) 始建國 4年(AD 12). 先是 莽發高句驪兵 當伐胡 不欲行 郡强迫之 皆亡 出塞 因犯法爲寇. 遼西大尹田譚追擊之 爲所殺. 州郡歸咎於高句驪侯騶. 嚴尤奏言 貊人犯法 不從騶起 正 有它心 宜令州郡且尉安之. 今猥被以大罪, 恐其遂畔. 夫餘之屬必有和者 匈奴未克 夫餘穢貊復起 此大憂 也. 莽不尉安 穢貊遂反 詔尤擊之. 尤誘高句驪侯騶至而斬焉 傳首長安. 莽大說 下書曰 乃者 命遣猛將 共行 天罰, 誅滅虜知 分爲十二部 或斷其右臂 或斬其左腋 或潰其胸腹 或紬其兩脅. 今年刑在東方 誅貊之部先縱 焉. 捕斬虜騶 平定東域 虜知殄滅 在于漏刻. 此乃天地群神社稷宗廟佑助之福 公卿大夫士民同心 將率虓虎 之力也. 予甚嘉之. 其更名高句驪 爲下句驪 布告天下 令咸知焉. 於是貊人愈犯邊 東北與西南夷皆亂云.

35) 이병도, 『한국고대사연구』, 박영사, 1985, 180~181쪽, 鄭旱苗, 「漢書·後漢書·三國志の高句麗と句麗の名 稱について」, 『朝鮮學報』(89), 1978. 45쪽.

36) 『삼국사기』권13, 「고구리본기」 1, 유리명왕 33년. 三十三年 …… 秋八月 王命烏伊摩離領兵二萬 西伐梁 貊 滅其國 進兵襲取漢高句麗縣(縣屬玄菟郡).

다. 고구리(高句麗)나 구리(句麗)가 옛 조선에 속해 있었다는 인식은 후세까지 계속 이어졌다.

송나라 때 정대창(程大昌)은 이렇게 기록하였다.

> 조선은 후세에 고리(高麗)가 되었다. 수·당의 영토 확장 예봉을 이기지 못했다. 주나라
> 사람들은 기자로 하여금 나라를 세우게 했다.[37]

청나라 호위(胡渭, 1633년~1714년)는 조선과 고리(高麗)의 역사를 더 자세히 고증하였다.

> 『한서』「무제기」에 이르기를, 원봉 3년, 조선이 그 왕 우거를 베어 항복하여, 그 땅이 낙
> 랑·임둔·현도·진번군이 되었다. 「지리지」에 이르길, 현도·낙랑은 무제 때 설치했는데 모
> 두 조선·예맥(濊貊)·구리(句驪) 같은 만이(蠻夷)다. 응소가 가로되, '현도는 옛 진번국이
> 고, 낙랑은 옛 조선국이다'고 했다. 『후한서』「동이전」에 이르기를, '예(濊) 및 옥저(沃沮)·
> 구리(句驪)는 본디 모두 조선의 땅이다.'라고 했다.[38]

이런 사실은 고려시대 나온 『삼국유사』나 『제왕운기』에서도 볼 수 있다.

---

37) 宋 程大昌 撰, 『禹貢論』(下), 漢. 朝鮮於後世爲高麗 隋唐推混之之鋒不能克服 周人以箕子國焉.

38) 淸, 胡渭 撰, 『禹貢錐指』卷4, 〈漢書 武帝紀云 元封三年 朝鮮斬其王右渠 降以其地爲樂浪臨屯玄菟眞番郡.
地理志云 玄菟樂浪武帝時置 皆朝鮮濊貊句驪蠻夷. 應劭曰 玄菟故眞番國 樂浪故朝鮮國也. 後漢書東夷傳
云 濊及沃沮句驪 本皆朝鮮之地也.〉

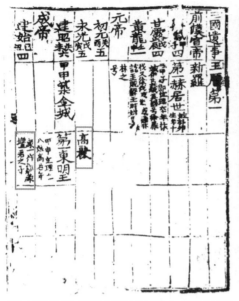

그림 1 『삼국유사』 왕력(王曆)에 나온 '추모는 단군의 아들'　　그림 2 제왕운기』에 나온 단군조선의 고례(高禮)

① 『삼국유사』

『삼국유사』 왕력(王曆)에 3국의 연표가 나오는데 고리(高麗) 시조는 동명왕(第
一東明王)이라 하고, 동명왕은 단군의 아들(壇君之子)이라고 했다.

② 『제왕운기』

단군은 조선지역을 바탕으로 왕이 되었기 때문에, 옛 시라(尸羅)·고례(高禮)·
남북 옥저·동북 부여·예와 맥은 모두 단군이 살아 있을 때의 나라이다. 1038년을
다스리다 아사달 산에 들어가 신이 되니 죽지 않았기 때문이다.[39]

---

39) 高麗 李承休, 『帝王韻紀』(下), 「前朝鮮紀」. 〈檀君據朝鮮地域爲王 故尸羅高禮南北沃沮東北扶餘濊與貊 皆
檀君之壽也. 理一千三十八年 入阿斯達山爲神 不死故也.〉

3) 고구리高句驪와 구리句驪의 리驪

앞에서 보았듯이 『상서주소(尙書注疏)』에서는 구리(句麗), 『한서』나 『후한서』에서는 고구리(高句驪) 또는 구리(句驪)라고 기록하고 있었다. 심지어는 '구(駒)' 자와 '리(驪)' 자에 모두 '말 마(馬)'를 부쳐 구리(駒驪)라고 쓴 경우도 있다.

주에 이르기를, '동해 구리(駒驪)·부여·한(駻)·맥(貊)의 무리들은 무왕이 상나라를 무너뜨리자 모두 길이 통하게 되었다'고 했다. 『주서』「왕해편」을 살펴보면 북쪽에 직신(稷愼)이 있고 동쪽은 예량(濊良)뿐이다. 그 때는 아직 구리(駒驪)·부여(扶餘) 같은 이름이 없었다. 또 구리(駒驪)는 시조 주몽이 한나라 원제(元帝) 건소(建昭) 2년(BC 37)에 처음 나라를 세워 국호를 기록하였다. 『동국사략』에서 안국승(安國承)이 글을 지어 올리기를, '「전(傳)」을 지을 때는 아직 구리(駒驪)·부여(扶餘)는 상국과 통하지 못했을 것이라는 의심이 듭니다.'라고 했다.[40]

모두 '고구리'나 '구리'라는 이름을 한자로 옮기는 과정에서 동물 이름을 붙인 것이다. 결국 외국의 나라이름을 그 나라의 발음에 따라 기록하는 과정에서 멋대로 비하하는 글자를 골라 쓴 것이다.

駒麗(구리) : 망아지 구(駒).
高句驪(고구리)·句驪(구리) : 가라말 리(驪).

---

40) 淸 鄭方坤 撰, 『經稗』 卷3「書經尙書古文可疑」. 注云 東海駒驪扶餘駻貊之屬 武王克商皆通道焉. 考周書王會篇 北有稷東則濊良而已. 此時未必卽有駒驪扶餘之名, 且駒驪主朱蒙以漢元帝建昭二年始建國號載. 東國史畧安國承詔作書 傳時恐駒驪扶餘尙未通於上國.

발음에는 차이가 없지만 뜻을 다르게 하여 주변 나라를 깎아내리는 중화주의(中華主義)에서 비롯된 것이다. 이런 보기는 고구리(高句麗)나 구리(句麗)뿐 아니라 예맥이나 현도 같은 홀이름씨를 비롯하여 주변 나라와 종족 이름에도 마찬가지였다.

▶濊貊(예맥) : 더러운 맹수 맥

　濊(예) = 더러움. 불결,

　貊(맥) = 나귀만한 크기의 곰 비슷한 맹수의 이름.

▶玄菟(현도) : 검은 토끼

　玄(현) = 검다. 현기증이 나다.

　菟(도) = 토끼, 호랑이.

▶突闕(돌궐) : 사나운 허물

　突(돌) = 갑자기, 사나운 말. 굴뚝, 대머리.

　闕(궐) = 모자라다, 뚫다, 허물.

▶匈奴(흉노) : 떠들썩한 놈

　匈(흉) = 오랑캐, 떠들썩하다, 흉흉하다.

　奴(노) = 종, 놈.

고대의 강대국들은 스스로를 중국(中國)이라 했고 주변 국가를 여러 가지 낱말로 낮추어 불렀다. 현재의 인도인 중천축국(中天竺國)은 스스로를 중국(中國)이라 하였고 주변 나라들을 변지(邊地)라고 불렀다.[41]

---

41) 고대 인도의 중국사상에 대해서는 〈고구리·고리사 연구〉 3권에서 자세하게 다룬다.

현재 중국의 고대에서도 자신을 중국(中國) 또는 중화(中華)라 하고 중국의 사방에 살면서 조정에 귀순하지 않은 나라나 민족들을 모두 오랑캐라고 불렀는데 방향에 따라 동이(東夷), 서융(西戎), 남만(南蠻), 북적(北狄)이라고 했다. 방향에 따라 다른 글자를 썼지만 이(夷) 융(戎), 만(蠻), 적(狄) 자는 모두 오랑캐란 뜻으로 이(夷)＝활 궁(弓), 융(戎)＝창 과(戈), 만(蠻)＝벌레 충(虫), 적(狄)＝개 견(犭)처럼 무기 이름이나 동물 이름을 쓴 글자를 써서 다른 나라나 민족을 업신여기고 깎아내렸다.[42]

　바로 이 같은 중화사상을 바탕으로 역사를 기록했기 때문에 주변의 나라나 민족이름에 대부분 좋지 않은 뜻을 가진 글자를 썼던 것이다.

---

42) 이런 중화사상의 주로 한민족(漢民族)이나 한인(漢人)을 위주로 쓰기 시작하였지만 그 뒤 수많은 이른바 오랑캐 나라들이 중원을 차지하면서 그들도 스스로를 중국(中國)이라 불렀다. 5호16국(五胡十六國)을 비롯하여 거란의 요(遼), 여진의 금(金), 몽골족의 원(元), 만주족의 청(淸) 같은 많은 주변 민족과 나라들이 중원을 차지하여 스스로를 중국이라 불렀기 때문에 중화사상은 패권 국가라는 의미로 자리잡았지 어떤 한 민족의 대명사로 쓰일 수 없게 되었다. 문화적 측면에서도 끊임없이 이어진 다른 민족들의 지배 때문에 벼 재배, 불교, 철기, 등자, 옷 같은 많은 문화들이 섞여 있어 어떤 민족적 전통은 거의 사라져버렸다. 그래서 현재 중화인민공화국에서는 옛 한인(漢人) 위주의 역사서술에서 '다민족 통일국가'라는 새로운 개념을 만들어 새로운 역사를 기록하지 않으면 안 되게 되었고, 그런 역사관은 주변 20개 국가와 이해관계가 얽혀 많은 충돌을 빚고 있다.

둘째 마당

추모(鄒牟)의 건국과
나라이름 고구리(高句麗)

1. 추모의 건국과 나라이름 고구리高句麗

앞에서 본 바와 같이 구리(句麗)·고구리(高句麗)란 이름이 가장 먼저 나오는 사서는 『한서』다. 한 무제가 점령한 나라 가운데 분명히 구리(句驪)가 들어 있고, 점령지에 설치한 현도군에 고구리(高句驪)현이 들어 있다. 이것은 BC 108년에 고구리(高句麗)가 이미 존재했다는 사실을 아주 뚜렷하게 보여주는 증거이다. 그러나 현도군에 속했던 구리(句麗)는 오래지 않아 대부분 독립을 쟁취한다.

〈후한서 예전〉

원봉 3년(BC108)에 이르러 조선에 이르러 낙랑·임둔·현도·진번 4군을 나누어 설치했다. 소제(昭帝) 시원(始元) 5년(BC 82), 임둔과 진번을 없애고 낙랑과 현도에 합쳤다. <u>현도는 다시 옮겨 구리(句驪)에 두었다.</u>[43]

---

43) 『後漢書』卷85,「東夷列傳」第75, 濊. 至元封三年, 滅朝鮮, 分置樂浪·臨屯·玄菟·眞番四郡. 至昭帝始元五年, 罷臨屯·眞番, 以幷樂浪玄菟. 玄菟復徙居句驪.

〈후한서 동옥저〉

무제가 조선을 멸하고 옥저 땅을 현도군으로 했다. 나중에 <u>오랑캐 맥(夷貊)의 침략을 받아 군(郡)을 고구리(高句驪) 서북쪽에 설치하고</u>, 옥저를 현으로 만들어 낙랑동부 위에 속하게 하였다.[44]

〈삼국지〉

한 무제 원봉 2년(BC109) 조선을 정벌하여 위만의 손자 우거를 죽이고, 그 지역을 나누어 4군을 설치하였는데 옥저성으로 현도군을 삼았다. 뒤에 <u>오랑캐(夷) 맥(貊)의 침략을 받아 군을 구리(句麗) 서북쪽으로 옮기니</u> 지금의 이른바 현도의 고부(故府)라는 곳이 바로 그곳이다.[45]

위의 세 사료 가운데『후한서』「예전」만 현도를 옥저에서 구리(句驪)로 옮겼다고 했고,『후한서』「동옥저전」과『삼국지』에서는 모두 '고구리(高句麗)의 서북쪽'으로 옮겼다고 했다.『후한서』「예전」이 틀린 것이다. 첫째,『삼국지』의 기록이『후한서』에 비해 신빙성이 있다. 둘째, 현도를 쫓아낸 맥이란 바로 맥(貊)=구리(句麗)인데 자기를 몰아낸 구리(句麗)로 치소를 옮길 수는 없는 것이다. 셋째, 사료를 인용할 때 '서북'을 빼먹을 수는 있지만 없는 '서북'을 더 넣을 수는 없다.

이렇게 해서 동쪽에는 독립을 얻은 구리(句麗)와 아직도 현도군에 남아 있는 서쪽에 있는 구리(句麗)라는 두 개의 구리(句麗)가 존재하게 되는 것이다. 이때

---

44)『後漢書』卷85,「東夷列傳」第75, 東沃沮. 武帝滅朝鮮, 以沃沮地爲玄菟郡. 後爲夷貊所侵, 徙郡於高句驪西北, 更以沃沮爲縣, 屬樂浪東部都尉.

45)『三國志』卷30,「魏書」30 烏丸鮮卑東夷傳 第30. 漢武帝元封二年, 伐朝鮮, 殺滿孫右渠, 分其地爲四郡, 以沃沮城爲玄菟郡. 後爲夷貊所侵, 徙郡句麗西北, 今所謂玄菟故府是也.

이미 고구리(高句麗)는 대부분 한나라의 지배를 벗어난 것으로 보인다. 한나라가 고구리(高句麗) 땅에서 할거한 지 25~32년 만의 일이다.

① 한나라 때 북치고 피리 부는 악공을 내리면, 늘 현도군에 나아가 조복(朝服)과 의책(衣幘)을 받아갔는데 (현도군의) 고구리(高句麗) (현)령(縣令)이 그에 명부(名籍)를 맡아보았다. ② 나중에 점점 잘난 체하고 건방져져 다시는 (현도)군에 오지 않았다. 이에 (현도군은) 동쪽 경계에 작은 성을 쌓고 조복과 의책을 놓아두면 그 때가 되면 와서 가져갔다. 지금도 그 성을 책구루(幘溝漊)라고 하는데 '구루'란 구리(句麗)에서 성(城)을 일컫는 말이다.[46]

결국 한나라의 고구리(高句麗) 통치는 강력한 것이 아니었고, 불과 몇십 년 만에 실질적인 통치가 불가능해졌다는 것을 알 수 있다.

이어서 한나라의 지배를 벗어난 동쪽의 구리(句麗)는 '소수맥(小水貊)'이라는 나라를 세운다. 『삼국지』를 보면 앞 절에서 본 고구리(高句麗)의 현도 편입기록에 이어서 벌어진 군현의 이탈을 언급하고, 바로 이어서 작은 강(小水)에 사는 구리(句麗)의 한 갈래(別種)가 새로 나라를 세웠다는 기록하고 있다.

① …… 其馬皆小, 便登山. 國人有氣力, 習戰鬪, 沃沮·東濊皆屬焉.
…… (고구리는) 모든 말이 작지만 산에 오르기 편리하다. 나라 사람들이 기력이 좋아 전투에 익숙하기 때문에 옥저와 동예가 모두 속국이 되었다.
② 又有小水貊.

---

46) 『三國志』 권30, 「魏書 東夷傳」, 高句麗. 漢時賜鼓吹技人, 常從玄菟郡受朝服衣幘, 高句麗令主其名籍. 後稍驕恣, 不復詣郡, 於東界築小城, 置朝服衣幘其中, 歲時來取之, 今胡猶名此城爲幘溝漊, 溝漊者, 句麗名城也.

또 '작은 강에 사는 맥(小水貊)'이 있다.

③ 句麗作國, 依大水而居.

(현도에 편입된) 구리(句麗)는 나라를 일으켜 큰 강(大水) 유역에 살고 있었다.

④ 西安平縣北有小水, 南流入海. 句麗別種依小水作國, 因名之爲小水貊. 出好弓, 所謂貊弓是也.

서안평현(西安平縣) 북쪽에 작은 강(小水)이 있어 남쪽을 흘러 바다로 들어간다. (현도에 편입된) 구리(句麗)의 한 갈래(別種)가 이 작은 강(小水) 유역에 나라를 일으켰으므로 나라 이름을 '소수맥(小水貊)'이라 하였다. 좋은 활이 나니 이른바 맥궁이 그것이다.[47]

①은 『삼국지』 고구리(高句麗)전에 나오는 앞부분으로 현도에 소속된 구리(句麗)에 대한 기록이다. 그리고 ③은 구리(句麗)가 있었던 지역을 밝히는 것으로 '큰 강(大水)' 유역이라는 것을 알 수 있다. 그러니까 예부터 내려오던 구리(句麗)가 한 무제의 침략으로 구리현(高句麗縣)에 소속된 구리(句麗)를 말하는 것이다.

②는 바로 그런 큰 강(大水)에 있던 구리(句麗)가 아닌, 작은 강(小水) 지역에 사는 맥(貊)을 이어서 이야기하겠다(又)는 제목이다. 그리고 ④에서 자세하게 설명하고 있다. ④의 고갱이는 큰 강에 세운 구리(句麗)의 한 갈래(別種)가 '작은 강(小水)'에 나라를 일으켰고(作國), '작은 강의 맥'이란 뜻을 가진 '소수맥(小水貊)'이라고 (나라) 이름을 붙였다(名之爲)는 것이다. '소수맥(小水貊)'이란 새로운 나라가 태어난 것(作國)이다.

이것을 정리하면 맥(貊)족이 세운 나라는 다음 두 나라이다.

---

47) 『三國志』 권30, 「魏書」 30, 烏丸鮮卑東夷傳 第30. 高句麗.

① 큰 강에 사는 맥=대수맥(大水貊)=일으킨 나라(作國) : 구리(句麗)

② 작은 강에 사는 맥=소수맥(小水貊)=일으킨 나라 (作國) : 소수맥(小水貊)

①은 한나라에 패하여 현도군에 속한 구리(句麗)로 대수맥에 위치하고 있다. 반면에 ②는 한나라 현도군을 몰아내고 소수맥에 새로 세운 '소수맥(小水貊)'이란 나라다. 이 두 나라 이야기는 모두 추모가 새로 고구리(高句麗)를 세우기 이전의 나라들이다. 글쓴이는 바로 이 소수맥(小水貊)이 추모의 고구리(高句麗) 건국과 관련이 있다고 본다.

「광개토태왕비」와 『삼국사기』에서 추모(鄒牟)가 나라를 세운 부문을 보기로 한다.

〈광개토태왕비〉

아, 옛날 시조 추모왕께서 처음으로 (나라의) 기틀을 세우셨도다. (추모왕은) 북부여 출신 이시니, 천제(天帝)의 아들이시고 어머니는 하백의 따님이시다. 알을 가르고 세상에 내려오시니 나면서부터 거룩한 □을 갖추셨도다. □□□□□□명(命), 수레를 타고 순행(巡幸)하며 남쪽으로 내려가시는데, 부여의 엄리대수(奄利大水)를 지나게 되었다. 왕께서 (대수에) 이르셔서 곧 "나는 하늘의 아들이고 어머니가 하백의 따님인 추모왕이다. 나를 위하여 갈대를 잇고 거북을 띄워라"고 말씀하시었다. 그 말씀에 따라 바로 갈대가 이어지고 거북들이 떠오르자 건너셨도다. 비류곡(沸流谷) 홀본(忽本) 서쪽에서 산 위에 성을 쌓고 도읍을 세우셨도다.[48]

〈삼국사기〉

주몽은 마침내 그들의 능력을 헤아려 각각 일을 맡기고, 함께 졸본천(卒本川)[『위서』에서는 '흘승골성(紇升骨城)에 이르렀다.'고 이른다.]에 이르렀다. 그곳 토양이 기름지고 아름다우며, 산하가 험하고 견고한 것을 보고 마침내 도읍으로 정하려고 하였다. 하지만 궁실을 지을 겨를이 없었으므로 다만 비류수(沸流水) 가에 초막을 짓고 살았다. 나라이름을 고구려(高句麗)라 하고, 이로 인하여 고(高)를 성씨로 삼았다.[다른 설로, 주몽이 졸본부여(卒本扶餘)에 이르렀을 때 그곳의 왕에게 아들이 없었는데 주몽을 보고는 비상한 사람인 것을 알고 그의 딸을 아내로 삼게 했고, 왕이 돌아가시자 주몽이 왕위에 올랐다는 이야기도 있다.] 이때 주몽의 나이 22세였다. 한(漢)나라 효원제(孝元帝) 건소(建昭) 2년(기원전 37), 신라 시조 혁거세(赫居世) 21년 갑신년이었다.[49]

BC 37년 북부여의 추모(鄒牟)[50]가 남쪽으로 내려와 자리를 잡은 곳이 비류곡(沸流谷) 홀본(忽本)이라는 사실을 알 수 있다. 비류곡(沸流谷)을 『삼국사기』에서 비류수(沸流水)라고 했는데 비류수가 흐르는 계곡이라고 볼 수 있고, 그곳 땅이름은 홀본(忽本, 삼국사기의 졸본)이라는 것을 알 수 있다. 『삼국사기』에서는 '졸본부여'라는 설도 있다고 했는데, 부여에서 도망왔기 때문에 부여 영역을 벗어났다고 보아야 한다. 부여에서 남쪽으로 국경을 넘으면 구리(句麗)다. 그런데 그 구리(句麗)는 BC 108년 한나라 고구리현(高句麗縣)으로 편입되었기 때문에 만일 현도

---

48) 「광개토태왕비문」, 고구려연구회 윤독본. 惟昔始祖鄒牟王之創基也. 出自北夫餘, 天帝之子, 母河伯女郎. 剖卵降世, 生而有聖□□□□□□命, 駕巡幸南下, 路由夫餘奄利大水. 王臨津言曰, "我是皇天之子, 母河伯女郎, 鄒牟王. 爲我連葭浮龜" 應聲卽爲連葭浮龜, 然後造渡. 於沸流谷忽本西, 城山上而建都焉.

49) 『삼국사기』 권13, 「고구리본기」 1. 遂揆其能 各任以事 與之俱至卒本川[魏書云 至紇升骨城]. 觀其土壤肥美 山河險固 遂欲都焉 而未遑作宮室, 但結廬於沸流水上 居之. 國號高句麗 因以高爲氏[一云 朱蒙至卒本扶餘 王無子 見朱蒙知非常人 以其女妻之 王薨 朱蒙嗣位] 時 朱蒙年二十二歲 是漢孝元帝建昭二年 新羅始祖赫居世二十一年甲申歲也.

50) 광개토태왕비는 414년에 고구리 사람들이 직접 세운 것이고, 『삼국사기』는 고려 때인 1145년 김부식이 쓴 것으로 731년이나 차이가 난다. 그렇기 때문에 두 자료에 나온 홀이름씨(고유명사)는 광개토태왕비에 따른다.

의 고구리현(高句麗縣) 영역이라면 한나라 영역으로 들어가게 되고, 그렇다면 한나라가 그곳에 나라를 세우라고 놔둘 리가 없다. 또 나라를 세웠다면 이미 이때 건국과 함께 옛땅을 완전히 회복하였다는 의미가 되는데 역사적 사실과도 맞지 않는다.

그렇다면 옛 고구리 땅에서 나라를 세울 수 있는 안전한 곳은 어디일까? 그곳이 바로 작은 강(小水) 유역이고, 맥족이 현도군을 몰아내고 차지한 땅에 구리(句麗)의 한 갈래(別種)가 세운 '소수맥(小水貊)'이라고 보아야 한다. 다시 말해 작은 강(小水)은 비류수(沸流水)이고, 그 계곡이 비류곡(沸流谷)이며, 홀본(위서에서 말하는 흘승골성)이라는 곳이다.

『삼국사기』에 "주몽이 졸본부여(卒本扶餘)에 이르렀을 때 그곳 왕에게 아들이 없었는데 주몽을 보고는 비상한 사람인 것을 알고 그의 딸을 아내로 삼게 했고, 왕이 돌아가시자 주몽이 왕위에 올랐다는 이야기도 있다"고 했는데[51], 앞에서 보았듯이 이미 부여를 떠나 남쪽 다른 나라로 망명하였기 때문에 졸본부여(卒本扶餘)에서 '부여'를 빼야 하고 그렇게 되면 졸본=홀본(忽本)[52]이 된다. 그 홀본에 왕이 있었다는 것은 나라가 있었다는 뜻이고, 현도를 벗어나 나라를 세운 유일한 기록은 '소수맥(小水貊)=구리(句麗)'이라는 나라이기 때문에, 그 왕은 '소수맥(小水貊)'이란 나라의 왕이었음에 틀림이 없다. 이런 측면에서 '소수맥'이라는 나라

---

51) 『삼국사기』는 1,145년(인종 23) 무렵 김부식 등이 고려 인종의 명을 받아 편찬하였기 때문에 고구리(高句麗)가 멸망하고 447년 뒤에야 지은 책이다. 그렇기 때문에 곳곳에 '고기(古記)'를 인용하고 있다. 이 고기(古記)는 어떤 한 가지 책을 뜻하는 것이 아니라는 주장이 있고(李康來, 「三國史記와 古記」, 『龍鳳論叢』(17·18), 1989, 83~107쪽), 삼국시대에 대한 역사서가 따로 있었다는 주장도 있다(鄭求福, 「三國史記의 原典資料」, 『三國史記의 原典檢討』, 한국정신문화연구원, 1995, 15~18쪽).

52) 고구리 사람들이 직접 세운 광개토태왕비에 홀본이라고 했는데 나중에 북위가 그 소리를 한자로 적으면서 하인이라는 뜻을 가진 '졸(卒)' 자로 바꾼 것이다. 『삼국사기』를 지을 때는 태왕비를 보지 못했기 때문에 『위서』를 참고하여 졸본이라고 했을 것이다.

는 길게는 BC 82년부터 짧게는 BC 75년부터 BC 37년 사이에 언젠가 세워진 나라라고 볼 수 있다.

홀로 부여를 도망 나온 추모는 도중에 함께 하는 몇 명을 만났지만, 그 몇 명으로 나라를 세울 수 없었을 테고, 초막을 짓고 살다가 몇 명이 갑자기 나라를 세울 수도 없다. 그렇기 때문에 초막을 짓고 살다가 그곳 왕의 사위가 되어 왕위를 이어받고 나라이름을 '고구리(高句麗)'라고 하였다고 봐야 한다. 맥족은 맥궁이 유명하듯이 활을 잘 쏘는 것이 중요했다. 그런데 추모의 이름은 '활을 잘 쏘는 사람'이라는 뜻이다.[53]

그렇기 때문에 왕의 사위가 되는 것은 어렵지 않았을 것으로 보인다. 나중에 송양왕과의 대결에서도 활쏘기로 싸우지 않고 이기는 것을 보면 당시 그 지역에서는 활쏘기 솜씨가 인물을 좌우했다는 것을 알 수 있다.

이리하여 현도의 한 현으로 존재하는 구리(句麗)와 추모왕이 새로 세운 고구리(高句麗)라는 맥족의 나라가 함께 존재하게 되었다. 청나라 학자 정겸(丁謙)[54]은 BC 107년 현도군에 편입된 고구리(高句麗)를 옛 고구리(古高句麗), BC 37년 추모가 세운 고구리(高句麗)를 새 고구리(新高句麗)라고 했다.

> 고구리 나라는 둘이 있다. 첫째, 옛 고구리(古高句麗)는 지금의 봉천성 성(城) 동북쪽 영
> 액변문(英額邊門) 밖에 있는 혼하(渾河)가 발원하는 곳이다. 혼하는 지리지 및 수경(水經)

---

53) 『삼국사기』권13, 「고구리본기」 1. 年甫七歲 嶷然異常 自作弓矢 射之 百發百中 扶餘俗語 善射爲朱蒙 故以名云

54) 丁謙(1843~1919): 청말 절강성 인화(仁和, 지금의 杭州) 사람. 자는 익포(益甫). 邱樹森 主編, 『中國史學家辭典』(河北敎育出版社, 1990)에 따르면 다음과 같은 저서가 있다. 『蓬萊軒興地理考証』(『浙江圖書館叢書』라고도 한다) 69권(由浙江圖書館出資 刊行), 『蓬萊軒地理學叢書』 69권, 『漢書匈奴傳地理考証』, 『漢書西域傳地理考証』, 『新唐書突厥傳地理考証』, 『元秘史地理考証』, 『元經世大典圖地理考証』, 『明史外國傳地理考証』 等.

주에 소요하(小遼河)라고 했다. 다른 하나는 새 고구리(新高句麗)로 지금의 조선 북쪽 국경인 평안도 성천군이다. (『삼국지』를 지은) 진씨(陳壽)가 두 나라의 원류를 다 알지 못해 하나로 혼동한 것으로, (고구리)전의 첫머리에 요동 동쪽 1000리고 남쪽으로 조선과 예맥 등과 접했다고 한 말은 옛 고구리 국경이다. 환도 아래 도읍했다는 것은 새 고구리(新高句麗) 국경이다. 이 책은 처음부터 잘못된 것으로 범엽(范曄, 자:蔚宗)의 『후한서』에서 비롯되었다. 다만 범씨는 (고구리) 본전(本傳) 후반에 소수맥전을 나누어 왕망 이후의 고구리와 중국의 교섭 사실을 소수맥전에 넣은 것은 잘못이고 또 잘못이다.[55]

정겸의 주장에서 옛 고구리(古高句麗)와 새 고구리(新高句麗)를 세운 곳은 글쓴이와 생각이 다르지만, 추모의 고구리(高句麗) 이전에 이미 고구리(高句麗)가 있었다는 주장은 평가할 만한 관점이라고 본다.

글쓴이는 먼저 『삼국사기』를 바탕으로 공부할 때는 찬찬히 살펴보지 못했는데, 이번에 25사에서 고구리(高句麗)와 고리(高麗)를 뽑아 정리하면서 전면적으로 다시 공부하면서 많은 부분을 새롭게 볼 수 있었다. 용어 문제나 두 고구리(高句麗)의 위치 비정처럼 앞으로 더 많이 연구되어야 할 것으로 보인다. 어쨌든 이러한 고구리(高句麗) 현의 기사는 그 뒤 BC 37년에 설립된 고구리(高句麗)와는 다른 것으로, 중화인민공화국 학자 가운데서도 초기에는 현도의 고구리(高句麗) 현과 추모가 세운 고구리(高句麗)는 다르다는 것을 강조하는 글들이 있다.[56] 그것은 역사적 사실이었다.

---

55) 國史編纂委員會, 『中國正史朝鮮傳』譯注 1, 181쪽. 〈주석〉 高句麗國有二. 一古高句麗 在今奉天省城東北 英額邊門外 渾河發源處. 渾河, 則地理志及水經注, 小遼河. 一新高句麗 在今朝鮮北境 平安道成川郡也. 陳氏未悉兩國原流 牽混爲一 如傳首在遼東之東千里及南接朝鮮濊貊等語 乃古高句麗國境. 都於丸都之下 則新高句麗國境. 此書旣誤 范蔚宗後漢書因之. 但范氏 又將本傳後半 分爲小水貊傳 竝將王莽後高句麗與中國交涉諸事 盡入小水貊傳中 則誤而又誤矣.

위의 추모의 건국과정에서 본 25사의 기록에서 구리(句麗)와 고구리(高句麗)를 어지럽게 섞어 써서 보는 사람들을 혼란스럽게 만든다. 우선 결론부터 이야기하면 추모가 소수맥이란 나라를 이어받아 새로운 나라를 건국하면서 '고구리(高句麗)'란 나라이름을 쓰기 이전의 나라는 구리(句麗)였고, 당시 현도군에 속한 현도 구리현(句麗縣)이라고 본다. 추모가 새로운 포부를 가지고 새로운 나라이름을 지을 때 맨 먼저 고려한 것이 소수맥을 세운 사람들이 구리(句麗)의 한 갈래(別種)이기 때문에 '구리(句麗)'라는 나라이름일 것이다. 그런데 구리(句麗)는 한나라의 침략을 받아 일부가 아직도 현도군의 현으로 존재하기 때문에 그 구리(句麗)보다 더 강대한 나라라는 표현을 쓰기 위해 '고(高)' 자를 덧붙였다고 볼 수 있다.

나라이름을 지은 유일한 기록이 앞서 나온 『삼국사기』의 기록인데, 거기에 "나라이름을 고구려(高句麗)라 하고, 이로 인하여 고(高)를 성씨로 삼았다(國號高句麗 因以高爲氏)"고 했다. 여기서 우리는 구리(句麗)에 '고(高)' 자를 덧붙여, 곧 '고(高)+구리(句麗)=고구리(高句麗)'라는 나라이름을 지었다는 것을 알 수 있다.

『한어대사전(漢語大詞典)』을 보면, '고(高)' 자는 높다(高)·높은 곳(高處)이라는 뜻도 있지만 '크다(大)·크고 훌륭하다(盛大)'는 뜻이 있다고 했다.

①《戰國策·齊策一》: "家敦而富, 志高而揚." 高誘注 : "高, 大也."

『전국책』「제책」(1) : "집은 도탑고 넉넉하며, 뜻(志)은 크고(大) 가득하다." 고유(高誘) 주 : 고(高)는 대(大)를 말한다.

②《史記·項羽本紀》: "勞苦而功高如此."

---

56) 朴燦奎, 『三國志·高句麗傳研究』, 吉林人民出版社, 2000년, 14~15쪽; 張博泉, 『東北地方史稿』, 吉林大學出版社, 1985년, 83~84쪽. 孫進己·王綿厚, 『東北歷史地理』, 黑龍江人民出版社, 1988, 261쪽.

『사기』「항우본기」: "힘쓰고 애쓴 공이 이렇게 크다(高)".

③ 唐杜甫《湖中送敬十使君適廣陵》詩 : "秋晚嶽增翠, 風高湖湧波."

당, 두보의 『호중송경십사군적광능』시 : "가을이 깊어가니 산이 더욱 푸르고, 바람 크니(高) 호수 물결 솟아오르네."

이렇게 보면 추모는 나라이름을 '위대한(高) 구리(句麗)'라고 지어, 구리(句麗)의 전통을 이어받고, 옛 구리(句麗)를 되찾아 성대한(高) 구리(句麗)를 이룩하겠다는 뜻을 천명한 것이라고 볼 수 있다. 그렇기 때문에 이처럼 구리(句麗) 앞에 붙은 '고(高)'를 스스로 성으로 삼아 고추모(高鄒牟)라고 했던 것이다. 조선시대 고종이 한(韓)을 대한(大韓)이라 하고, 영국이 대영(大英, Great Britain)이라 하고, 일본이 대일본(大日本)이라고 한 것과 같은 원리인 것이다.

여기서 한 가지 문제가 되는 것은 추모가 고구리(高句麗)를 세운 BC 37년 이전의 기사에도 고구리(高句麗)라는 이름이 나온 것이다. 이는 『한서(漢書)』, 『후한서』, 『삼국지』가 모두 추모의 고구리(高句麗)가 이미 널리 알려진 뒤에 편찬된 사서들이어서 섞어서 쓰게 되었다고 보아야 한다. 『한서』를 쓴 반고(班固, AD 32~92)는 AC 54년 아버지 반표(班彪)가 죽자 그때까지 아버지가 편찬해 오던 『사기후전(史記後傳)』을 바탕으로 25년을 노력한 끝에 AD 89년(東漢 和帝 永元 원년) 『한서』를 펴냈다. AD 53년, 고구리(高句麗)는 이미 태조대왕이 즉위하여 나라의 기틀을 튼튼하게 다졌고, 후한과도 영토전쟁이 잦았기 때문에 반고는 고구리(高句麗)라는 나라이름이 일반화되었을 때이다. 그래서 옛 기록의 구리(句麗)와 당시의 고구리(高句麗)를 섞어서 사용했다고 본다. 280년 편찬된 『삼국지』나 445년 편찬된 『후한서』에서도 같은 이유로 구리(句麗)와 고구리(高句麗)를 섞어서 사용했고, 추모가 나라이름이 고구리(高句麗)로 바뀐 뒤에도 구리(句麗)를 계속 사용한 경우가 많았던 사례를 보면, 두 이름이 나온 경위를 분명히 이해하지 못하고 있었다는 것을 알 수 있다.

2. 고구리^{高句麗} 시조의 이름은 추모^{鄒牟}

앞에서 고구리(高句麗)라는 나라이름을 한자로 옮기는 과정에서 일부러 얕잡아보기 위해 '말 마(馬)' 변을 썼다는 내용을 언급하였다. 그런데 고구리(高句麗)의 시조 이름도 그렇게 왜곡되었다고 보고 여기서 짚어보려고 한다. 나라이름은 아니지만 그만큼 중요한 홀이름씨(固有名詞)이기 때문이다. 현재 고구리사(高句麗史)에 관계되는 자료 대부분에서는 고구리(高句麗)를 세운 시조를 주몽(朱蒙)이라고 썼는데 광개토태왕비에서는 '추모(鄒牟)'라고 했다. 광개토태왕비는 고구리(高句麗)가 직접 세운 비석이고, 고구리(高句麗)에 관한 가장 오래된 명문이기 때문에 '추모'가 가장 믿을 만한 이름이다. 그렇다면 '주몽'이란 이름은 어디서 비롯되었을까? 갖가지 자료에 나온 시조 이름들을 정리해서 그 연원을 찾아보려고 한다.

1) 고구리^{高句麗} 비문에 나온 추모^{鄒牟}

(1) 『광개토태왕비(廣開土太王碑)』(414년) : 추모(鄒牟)

아, 옛날 시조 추모(鄒牟)왕께서 처음으로 (나라의) 기틀을 세우셨도다. (추모왕은) 북부여 출신이시니, 천제(天帝)의 아들이시고 어머니는 하백의 따님이시다.[57]

(2) 『모두루묘지(牟頭婁墓誌)』(5세기 중엽) : 추모(鄒牟)

대사자(大使者) 모두루(牟頭婁)⋯⋯ 하백(河泊)의 후손이고, 해와 달의

아들이신 <u>추모(鄒牟)</u> 성왕은 본디 북부여에서 나셨다.[58]

그림 3 광개토태왕비의 추모(鄒牟)

위 두 사료에서 보듯이 고구리 때 고구리 사람들이 직접 쓴 기록

에는 주몽(朱蒙)이라는 이름이 나오지 않고 추모(鄒牟)라고만 했다

는 것은 '추모(鄒牟)'가 정확한 이름이라는 것이다.

2) 25사(二十五史)에 나온 주몽(朱蒙)

그렇다면 주몽이라는 이름은 어디서 비롯되었는가? 주몽(朱蒙)이라는 이름은

후대의 『위서(魏書)』(551)에서 처음 썼고, 그 뒤 많은 사서들이 그대로 인용했다

는 것을 알 수 있다.

(1) 『위서(魏書)』(551) : 주몽(朱蒙)

고구리(高句麗)는 부여에서 나왔다. 스스로 선조가 <u>주몽(朱蒙)</u>이라고 하는데 주몽의 어

머니는 하백녀다.[59]

(2) 『주서(周書)』(7세기 중엽) : 주몽(朱蒙)

고리(高麗)는 그 선조가 부여에서 나왔다. 스스로 말하기를, 시조는 <u>주몽(朱蒙)</u>이라 부

---

57) 『廣開土太王碑』. 惟昔始祖鄒牟王之創基也. 出自北夫餘, 天帝之子 母河伯女郎.

58) 『牟頭婁墓誌』. 大使者牟頭婁 ⋯⋯ 河泊之孫 日月之子 鄒牟聖王 元出北夫餘.

59) 『魏書』卷100, 「列傳」88, 高句麗. 高句麗者, 出於夫餘, 自言先祖朱蒙. 朱蒙母河伯女.

르는데, 하백의 딸이 햇빛의 감응을 받아 아이를 가졌다고 한다. 주몽이 커서 재주가 있자 부여 사람들이 싫어 쫓아버렸다.[60]

(3) 『북사(北史)』(7세기 중엽) : 주몽(朱蒙)

그가 다 자라자 이름을 주몽(朱蒙)이라고 했다. 그 (나라) 속된 말로 주몽이란 활을 잘 쏜다는 뜻이다. 부여 사람들이 주몽(朱蒙)은 사람이 낳지 않았다고 해서 없애버릴 것을 청했다.[61]

(4) 『수서(隋書)』(7세기 중엽) : 주몽(朱蒙)

고리(高麗)의 선조는 부여에서 나왔다. 부여왕은 일찍이 하백의 딸을 잡아 방안에 가두어 두었는데, 햇빛이 따라다니면서 그녀를 비추었다. (그 햇빛에) 감응되어 드디어 아이를 뱄는데 큰 알을 하나 낳았는데, (그 알에서) 한 사내아이가 껍질을 깨고 나오니 이름을 주몽(朱蒙)이라 하였다.[62]

3) 일본 사료에 나온 추모(鄒牟)·중모(仲牟)·주몽(朱蒙)

(1) 『일본서기(日本書紀)』(668년) : 중모왕(仲牟王)

겨울 10월, 대당 대장 영공이 고리(高麗)를 쳐서 없앴다. 고리(高麗)의 중모왕(仲牟王)은

---

60) 『周書』卷49, 「列傳」第41, 異域(上) 高麗. 高麗者 其先出於夫余. 自言始祖曰朱蒙 河伯女感日影所孕也. 朱蒙長而有材略 夫餘人惡而逐之.

61) 『北史』卷94, 「列傳」第82, 高句麗. 及長 字之曰朱蒙. 其俗言 朱蒙者 善射也. 夫餘人以朱蒙非人所生 請除之.

62) 『隋書』卷81, 「列傳」第46, 東夷, 高麗. 高麗之先, 出自夫餘. 夫餘王嘗得河伯女 因閉於室內 爲日光隨而照之. 感而遂孕, 生一大卵, 有一男子破殼而出, 名曰主味蒙.

나라를 처음 세울 때 2,000년을 다스리려 했었다. 모부인(母夫人)이 "만일 나라를 잘 다스렸다면 차지할 수 없었을 터인데, 오직 700년만 다스릴 수 있었다." 라고 말했다. 이제 이 나라가 망한 것은 700년의 마지막 부분이다.[63]

(2) 『신찬성씨록(新撰姓氏錄)』(815년) : 추모(鄒牟), 일명 주몽(朱蒙)

① 고리(高麗) / 장배련(長背連) : 추모(鄒牟)[一名朱蒙]의 후손(出)이다.[64]

② 고리(高麗) / 고정조(高井造) : 고리나라(高麗國) 시조(主)인 추모왕(鄒牟王) 20세손 여안기왕(汝安祁王) 후손(出)이다.[65]

4) 『삼국사기(三國史記)』(1145년) : 주몽(朱蒙)·추모(鄒牟)·중해(衆解)

(1) 「고구리본기」 시조동명성왕 : 朱蒙(鄒牟·衆解) / 주몽(추모·중해)

시조 동명성왕은 성이 고(高)씨이고 이름이 주몽〔추모(鄒牟)이나 중해(衆解)라고도 한다〕이다. 옛날 부여왕 해부루가 늙었으나 아들이 없어 산천에 제사를 지내 대를 이을 아들을 구했다. 왕이 탄 말이 곤연(鯤淵)에 이르러 큰 돌을 보고 마주보며 눈물을 흘렸다. 왕이 야릇하게 여겨 사람을 시켜 그 돌을 옮기자 어린아이가 있었는데 금빛 개구리〔개구리는 달팽이라고도 한다〕모양이었다.[66]

---

63) 『日本書紀』卷27, 天智 7년(668). 冬十月 大唐大將軍英公 打滅高麗. 高麗仲牟王 初建國時 欲治二千歲也. 母夫人云 若善治國不可得也 但當有七百年之治也. 今此國亡者 當在七百年之末也.

64) 『新撰姓氏錄』, 右京諸蕃下 高麗 長背連條 및 山城國諸蕃 高麗 高井造條. 高麗 長背連 鄒牟[一名朱蒙]出.

65) 『新撰姓氏錄』, 右京諸蕃下 高麗 長背連條 및 山城國諸蕃 高麗 高井造條. 高麗 高井造 高麗國主 鄒牟王二十世孫 汝安祁王出.

66) 『三國史記』卷13, 「高句麗本紀」 第1, 始祖東明聖王·琉璃王. 始祖東明聖王 姓高氏 諱朱蒙(一云鄒牟 一云衆解). 先是 扶餘王解夫婁 老無子 祭山川求嗣. 其所御馬至鯤淵 見大石 相對流淚. 王怪之 使人轉其石 有小兒 金色蛙形(蛙一作蝸).

(2) 「백제본기」 시조 온조왕 : 추모(鄒牟), 주몽(朱蒙)

백제 시조 온조왕의 아버지는 추모(鄒牟) 또는 주몽(朱蒙)이다. 북부여에서 도망쳐 나와 졸본부여에 이르렀다. 부여 왕은 아들이 없고 딸만 3명이었는데 주몽(朱蒙)이 뛰어난 사람이라는 것을 알고 둘째 딸을 아내로 삼게 하였다.[67]

(3) 「신라본기」 문무왕 : 중모(中牟)

안승을 고구리(高句麗) 왕에 봉하였다. 그 책문에 이렇게 말했다.

"함형(咸亨) 원년 경오(670) 가을 8월 1일(신축) 신라 왕은 고구리(高句麗)의 후임자 안승에게 명을 내리노라. 공의 태조 중모왕(中牟王)은 북산(北山)에 덕을 쌓고, 남해에 공을 세워 위풍이 청구에 떨쳤고 어진 가르침이 현도를 덮었다. 자손이 대대로 이어져 끊이지 않았으며 천리 땅을 열었고 햇수로 800년에 이른다."[68]

(4) 「三國年表」 : 주몽(朱蒙)

갑신, 시조 동명성왕, 성은 고씨, 이름 주몽(朱蒙), 즉위 원년.[69]

---

67) 『三國史記』卷23, 「百濟本紀」第1, 始祖溫祚王. 百濟始祖溫祚王 其父鄒牟 或云朱蒙. 自北扶餘逃難 至卒本扶餘. 扶餘王無子 只有三女子 見朱蒙 知非常人 以第二女妻之. 68) 『三國史記』卷6 「新羅本紀」第6, 文武王(上) 十年 春正月. 封安勝爲高句麗王 其冊曰, 維咸亨元年歲次庚午秋八月一日辛丑 新羅王致命高句麗嗣子安勝. 公太祖中牟王 積德比(北)山 立功南海 威風振於靑丘 仁敎被於玄菟. 子孫相繼 本支不絶 開地千里 年將八百.

68) 『三國史記』卷6 「新羅本紀」第6, 文武王(上) 十年 春正月. 封安勝爲高句麗王 其冊曰, 維咸亨元年歲次庚午秋八月一日辛丑 新羅王致命高句麗嗣子安勝. 公太祖中牟王 積德比(北)山 立功南海 威風振於靑丘 仁敎被於玄菟. 子孫相繼 本支不絶 開地千里 年將八百.

69) 『三國史記』卷29, 「三國年表」 高句麗. 甲申 始祖東明聖王, 姓高氏, 諱朱蒙, 卽位元年.

5) 『삼국유사_{三國遺事}』(1281년 무렵) : 추모(鄒牟)·주몽(朱蒙)·추몽(鄒蒙)

(1) 「왕력(王曆)」제1, 고리(高麗) : 추모(鄒牟)·주몽(朱蒙)·추몽(鄒蒙)

첫째 동명성왕. 갑신년 (왕위에) 올라 18년 다스림. 성은 고(高), 이름은 주몽(朱蒙)인데 추몽(鄒蒙)이라고도 한다. 단군의 아들이다.[70]

(2) 「기이(紀異)」고구리(高句麗) : 주몽(朱蒙)

고구리(高句麗)는 바로 졸본부여다. 오늘날의 화주나 성주라고 하지만 다 잘못된 것이다. 졸본주는 요동지역에 있다. 국사 고리본기(高麗本記)에 말했다. "시조 동명성제는 성은 고(高)씨, 이름은 주몽(朱蒙)이다. 전날 북부여왕 해부루가 동부여로 피신했는데, 부루가 죽자 금와가 임금자리를 이었다.[71]

(3) 「남부여·전백제(南扶餘·前百濟)」 : 추모(鄒牟)·주몽(朱蒙)

부여군은 전백제의 왕도이다.…… 사본기(史本記)[72]에서 말했다. "백제 시조는 온조다. 그 아버지는 추모왕(鄒牟王)인데 주몽(朱蒙)이라고도 한다. 북부여에서 도망하여 졸본부여에 이르렀다. (졸본)주(州)의 왕이 아들이 없고 딸만 3명이었는데 둘째 딸을 아내로 삼게 하였다. 얼마 가지 않아 부여주 왕이 죽자 주몽이 임금 자리를 이었다.[73]

---

70) 『三國遺事』,「王曆」第1, 高麗. 第一 東明聖王. 甲申立 理十八. 姓高 名朱蒙 一作鄒蒙. 壇君之子.

71) 『三國遺事』,「紀異」第2, 高句麗. 高句麗卽卒本扶餘也. 或云今和州又成州等 皆誤矣. 卒本州在遼東界. 國史高麗本記云. 始祖東明聖帝姓言[高]氏諱朱蒙. 先是 北扶餘王解夫婁 旣避地于東扶餘. 及夫婁薨 金蛙嗣位.

72) 여기서 사본기(史本記)는『삼국사기』본기를 말한다. 리상호 옮김,『삼국유사』(과학원 출판사, 1960)에서는 '사기 본기'라고 했다.

73) 『三國遺事』卷2,「南扶餘·前百濟」. 扶餘郡者, 前百濟王都也 …… 史本記云. 百濟始祖溫祚. 其父雛牟王. 或云朱蒙. 自北扶餘逃難. 至卒本扶餘. 州之王無子. 只有三女. 見朱蒙知非常人. 以第二女妻之. 未幾. 扶餘州王薨. 朱蒙嗣位.

〈표 2〉 각종 문헌에 나타난 고구리(高句麗) 시조의 이름

	문헌		연도	시조 이름
1	광개토태왕비(廣開土太王碑)		414년	추모(鄒牟)
2	모두루묘지(牟頭婁墓誌)		5세기 중엽	추모(鄒牟)
3	위서(魏書)	열전	551년	주몽(朱蒙)
4	주서(周書)	열전	7세기 중엽	주몽(朱蒙)
5	북사(北史)	열전	7세기 중엽	주몽(朱蒙)
6	수서(隋書)	열전	7세기 중엽	주몽(朱蒙)
7	일본서기(日本書紀)	천지(天智) 7년	668년	중모(仲牟)
8	신찬성씨록(新撰姓氏錄) (1)	장배련(長背連)	815년	추모(鄒牟)·주몽(朱蒙)
	신찬성씨록(新撰姓氏錄) (2)	고정조(高井造)		
9	삼국사기(三國史記) (1)	고구려본기	1,145년	주몽(朱蒙)·추모(鄒牟)·중해(衆解)
	삼국사기(三國史記) (2)	백제본기		추모(鄒牟)·주몽(朱蒙)
	삼국사기(三國史記) (3)	신라본기		중모(中牟)
	삼국사기(三國史記) (4)	삼국연표		주몽(朱蒙)
10	삼국유사(三國遺事) (1)	왕력(王曆)	1,281년 무렵	주몽(朱蒙)·추몽(鄒蒙)
	삼국유사(三國遺事) (1)	기이(紀異)		주몽(朱蒙)
	삼국유사(三國遺事) (1)	남부여·전백제		추모(鄒牟)·주몽(朱蒙)

　　위에서 정리한 각종 자료에 나온 고구리(高句麗) 시조 이름들을 정리해 본 것이 〈표 2〉다. 이 표에 나온 이름은 추모(鄒牟)·주몽(朱蒙)·중모(仲牟)·중모(中牟)·중해(衆解)·추몽(鄒蒙)처럼 이름이 여러 가지라는 것을 알 수 있다. 그러나 시조의 이름이 이처럼 비슷하게 여럿일 수가 없다. 이것은 틀림없이 후대에 기록하면서 잘못 쓴 것이라고 볼 수 있다.

　　먼저 결론부터 이야기하면 고구리(高句麗) 시조의 이름은 추모(鄒牟)다. 앞에서 본 바와 같이 고구리(高句麗) 사람들이 직접 세운 비석에 쓴 이름이고 지금까지 남아 있는 가장 오래된 기록이기 때문이다. 또 한 가지 중요한 것은 이 이름이 한자 이름이 아니라 당시 고구리(高句麗) 말로 불리던 것을 당시 한나라에서 한자의 소리에 따라 옮겼다(音借, 借字)는 사실이다. 그렇기 때문에 당시 한자의 상

고음을 볼 필요가 있다.

鄒(추)는 동동화(董同龢)의 상고음에서 [tsug]이기 때문에[74] 현재 한국 한자의 음과 같이 '추'라고 읽을 수 있다(마지막 g는 탈락한 소리). 牟(모)는 동동화(董同龢)의 상고음 [miŏg]는[75] '머'에 가깝지만 '어(ŏ)'와 '오(ɔ)'는 아주 가까운 소리이기 때문에 한자로 옮긴 음이라는 점을 감안한다면 '모(ɔ)'로 읽을 수 있다. 그렇기 때문에 鄒牟를 추모라고 소리 내는 것은 본디 소리와 아주 가깝다는 것을 알 수 있다.[76]

다음에 볼 것이 주몽(朱蒙)이다. 주몽이라는 기록을 가장 먼저 한 것은 고구리(高句麗)와 나란히 국경을 대하고 있던 북위(北魏, 386~534)의 역사를 쓴 『위서(魏書)』 열전이다. 그런데 이 『위서(魏書)』에서 추모를 주몽(朱蒙)이라는 아주 나쁜 뜻을 가진 글자로 바꾸어 기록하였다.

『한한사전』[77]에서 주몽(朱蒙)을 보면 다음과 같은 뜻이 있다.

【주(朱)】: ❶ 붉다 ❷ 붉은 빛깔을 띤 물건 ❸ 적토(赤土) ❹ 나무이름 ❺ 둔하다 ❻ 줄기 ❼ 연지(화장품) ❽ 난쟁이 ❾ 닭을 부르는 소리

【몽(蒙)】: ❶ 입다 ❷ 숨기다 ❸ 덮개 ❹ 무릅쓰다 ❺ 어지럽히다 ❻ 흐트러진 모양 ❼ 섞이다 ❽ 만나다 ❾ 속이다 ❿ 어리석다 ⓫ 어린 사람 ⓬ 어린 모양

---

74) 周法高 主編, 『漢字古今音彙』, 香港, 中文大學出版社, 1979(재판), 359쪽, 10048번.

75) 周法高 主編, 『漢字古今音彙』, 香港, 中文大學出版社, 1979(재판), 191쪽, 5283번.

76) 김영황은 『고구려의 언어유산』(김일성종합대학 출판사, 2010, 293쪽)에서 "'朱蒙'은 [tsio-muŋ]이고 '鄒牟'는 [tsiu-miu]이고 '東明'은 [toŋŋ-mən]이니 당시의 우리 한자음으로 같은 말의 음역이 되자면 '도모, 두무'로 되어야 할 것이다."고 하였다. [tsiu]는 '추' 음으로 읽을 수 있어 고구리 당시 '추모'와 같기 때문에 '추모'로 읽는 것이 좋을 것이다. 물론 당시 고구리 서녘의 나라에서 들을 때는 '都' 음인 [to]나 [tou]로 들려 그렇게 옮겼을 수도 있을 것이다. 이 문제는 앞으로 더 깊은 논의가 필요할 것이다.

77) 동아출판사 편집국, 『東亞새漢韓辭典』, 동아출판사, 1992(3쇄).

여기서 보면 둔하고, 난쟁이고, 어지럽고, 흐트러지고, 속이고, 어리석은 어린 사람이란 아주 나쁜 뜻으로 쓰였음을 알 수 있다. 북위(北魏)와 북위의 역사서인 『위서』를 쓴 시기인 북제(北齊)는 남북조시대 북조의 정권으로, 남쪽의 제(齊)나 양(梁)과는 달리 모두 북방민족들이 세운 나라이다. 이른바 5호 16국에 들어간 나라들이다. 그렇기 때문에 많은 정권이 서로 중화사상을 내세워 중원을 차지하려는 투쟁이 계속되던 때이다. 고구리(高句麗)는 광개토태왕과 장수왕 대를 거치면서 역사상 가장 강성한 세력을 확보한 시기였다. 북위와 고구리(高句麗)는 서로 이웃하고 있기 때문에 교류가 깊었고, 특히 장수왕 23년(435)에는 북위의 사신 이오(李傲)가 직접 고구리(高句麗)에 와서 당시 상황을 자세히 보고 가서 기록하였다. 앞에서 보았지만 장수왕 2년(414)에 세운 광개토태왕비에 시조 이름을 추모(鄒牟)라고 했고, 거의 같은 시대에 쓴 모두루 묘지에도 추모(鄒牟)라고 했기 때문에 이오(李傲)는 당시 고구리(高句麗)에서 널리 알려진 시조 이야기에 대해서 정확하게 알았고, 그것이 『위서』에 반영되었다고 할 수 있다. 그럼에도 불구하고 '추모(鄒牟)' 대신 발음이 비슷하고 뜻이 좋지 않은 '주몽(朱蒙)'이라고 기록한 데에는 추모의 위상을 의도적으로 깎아내리기 위한 나쁜 의도가 있었다고 볼수밖에 없다.

『위서』에서 처음 이렇게 왜곡시켜 쓴 고구리(高句麗) 시조의 이름 주몽(朱蒙)은 그 뒤 7세기 중엽 당나라 때 편찬된 주서(周書), 북사(北史), 수서(隋書) 같은 사서에서 그대로 쓰면서 일반화되었다. 그러나 『일본서기』에서는 고구리(高句麗)가 멸망한 668년 기사에서 중모(仲牟)라고 했다. 『위서』를 따르지 않고 '추(鄒)' 자 대신 '중(仲)' 자를 썼지만 추모(鄒牟)에서 비롯되었음을 알 수 있다. 815년 발행된 『신찬성씨록(新撰姓氏錄)』에도 두 군데 모두 '추모(鄒牟)'를 시조라고 했으며, 다만 이미 나온 『위서』를 비롯한 중국 사서들을 바탕으로 '주몽(朱蒙)'이라고도 한다(一名朱蒙)'고 덧붙였다. 『신찬성씨록』에 나온 성씨는 실제 고구리(高句麗) 후손들의 성씨를 조사한 것이기 때문에 정확하다는 사실을 알 수 있다.

　6~7세기 중국의 여러 사서들이 좋지 않은 뜻을 지닌 주몽(朱蒙)이라는 글자를 집중적으로 쓰면서 나중에 12~13세기 편찬된 『삼국사기』와 『삼국유사』에 큰 영향을 미쳤다. 『삼국사기』에는 시조 이름이 모두 4군데가 나오는데, 추모(鄒牟)와 주몽(朱蒙)이라는 두 이름을 두고 고심한 흔적이 역력하다. 먼저 「고구리(高句麗) 본기」에서는 주몽(朱蒙)을 먼저 쓰고 '추모(鄒牟)라고도 한다(一云 鄒牟)'고 했고, 「백제본기」에서는 추모(鄒牟)를 먼저 쓰고 '주몽(朱蒙)이라고도 한다(或云朱蒙)'고 하여 책을 엮은 김부식이 전통적으로 고기(古記)에 내려온 추모(鄒牟)와 중국 사서에 쓰인 주몽(朱蒙)을 놓고 저울질한 것임을 쉽게 알 수 있다. 그러나 전체적으로 보면 중국 사서에 더 무게를 두었음을 알 수 있다. 「고구리(高句麗) 본기」에서 주몽을 먼저 쓴 점, 그리고 나머지 「신라본기」와 「삼국연표」에서 모두 주몽이라고만 쓴 것을 보면 알 수 있다. 한편 '중해'라는 이름이 등장하는데, 어느 자료를 인용하였는지 알 수 없지만 『삼국사기』「고구리(高句麗) 본기」를 빼놓고는 다른 자료에서는 볼 수 없다. 발음구조로 보아도 추모(鄒牟)와 근사 점을 찾을 수 없다는 점에서 혹시 추모를 뜻으로 푼 게 아닌지 조심스럽게 추론해 본다.[78]

　『삼국유사』는 『삼국사기』보다 140년 가까이 늦게 편찬되었고, 『삼국사기』도 자주 인용하였기 때문에 주몽을 주로 썼다고 볼 수 있다. 그러나 『삼국유사』를 편찬한 당시에도 아직 옛 기록들이 남아 있었기 때문에 그런 자료를 인용하면서 '구기(舊記)에는 주몽(朱蒙)과 함께 추몽(鄒蒙)이라고도 쓴다(一作鄒蒙)'고 덧붙인

---

78) 解자의 상고음은 keg와 reg 두 가지 소리가 있다.

것은 주(朱)와 추(鄒)자를 가지고 고심했다는 것을 뜻한다. 그리고 「남부여·전백제」에서는 『삼국사기』와 똑같이 '추모(鄒牟)'를 먼저 썼는데, 이것은 백제 관계 자료에서는 추모(鄒牟)라고 기록되어 있었다는 것을 알 수 있다.

위에서 본 바와 같이 고구리(高句麗) 시조의 이름 주몽(朱蒙)은 북위에서 고구리(高句麗) 역사를 깎아내리기 위해 쓴 이름이고 고구리(高句麗)에서는 추모(鄒牟)라고 쓴 게 확실하다. 따라서 앞으로는 추모(鄒牟)라고 써야 마땅하다.[79]

첫 수도인 졸본(卒本)도 광개토태왕비에 나온 '홀본(忽本)'이라고 써야 한다. 홀본(忽本)은 고구리(高句麗) 사람들이 직접 쓴 가장 오래된 기록에 나온 이름이고, 병졸이나 하인(심부름꾼)이란 뜻을 가진 '졸(卒)' 자 보다는 '북해를 맡아 다스리는 제왕'이라는 뜻이 있는 '홀(忽)' 자가 보다 낫기 때문이다.

3. 구리^{高句麗}와 고구리^{高句麗}에 대한 북한의 새로운 학설

1) 고구리^{高句麗}는 구리^{高句麗}를 이은 나라

북한의 역사연구는 1970년대 들어서면서 새로운 국면에 들어선다. 1976년 발행된 리지린·강인숙의 『고구려사연구』에서 글쓴이는 이렇게 주장한다.

우리가 고구려의 기원 문제와 국가형성 시기 문제를 옳게 해명하고 새롭게 체계화하는

---

79) 이 부분은 앞으로 교과서를 편찬하는 분들이 참고하여 반드시 바꾸어 주기를 바란다.

것은 주체적 립장에서 우리 민족발전사를 옳게 서술함에 있어서나 고구려의 유구성과 강대성을 론증하는 데서 필수적 요구로 된다.[80]

해방 이후 식민주의 사가들에 의해 『삼국사기』 「고구리 본기」 가운데 동명왕 대부터 모든 왕대(37~145)에 이르는 5대 왕들의 기록은 믿을 수 없다는 주장에 정면으로 반기를 들고 이 문제를 연구한 것이다. 그래서 먼저 『삼국사기』의 기록이 맞는다는 것을 증명하는데 중점을 두면서, 더 나아가 기원전 108년까지 올려 잡을 수 있다고 주장한다. 기원전 108년은 한나라가 조선을 멸망시키고 현도군 안에 고구리현(高句麗縣)을 세운 때를 말한다. 이렇게 올려잡을 수 있는 근거로 다음과 같은 3가지 사료를 제시하였다.

첫째로, 《광개토왕릉비문》에는 주몽이 북부여에서 남쪽으로 내려와 건국한 시기를 다만 옛날이라고만 하였고 그 년대를 건소 2년(기원전 37)으로 찍어 전하지 않고 있는 사실을 들 수 있다. 고구려 사람들이 건국 년대를 건소 2년으로 알고 있었다면 《광개토왕릉비문》에 그 년대를 찍어 전했으리라고 보는 게 옳을 것이다.

둘째로, 《삼국사기》 신라본기 문무왕 15년(670)조에는 고구려 사람 안승에게 주는 책명문에 고구려가 거의 800년 간이나 유지되어 오다가 망했다는 것을 쓰고 있는 사실을 들 수 있다. 670년서 800년을 추산해서 올라가면 기원전 132년경으로 되며 고조선이 아직 망하기 전 시기로 된다.

셋째로, 《당서》 고구려전에는 당나라 태종의 시어사인 가언충이란 사람이 태종에게 고구려의 유구성에 대하여 한 말을 전하고 있는바, 거기에는 《고려비기》라는 책에 고구

---

80) 리지린·강인숙, 『고구려사 연구』, 사회과학출판사, 1976, 2쪽.

려가 900년이 되기 전에 80살 나는 대장이 와서 멸망시킬 것이라는 말이 있는데 그의 말대로 고씨가 한나라 때로부터 나라를 세워 지금 900년이 되었고 리적의 나이 80이라고 하였다는 기록이 있다.[81]

이와 같은 북한의 고구리사(高句麗史) 연구는 1979년 발행된 『조선전사』에서 체계화되었다. 특히 이 책에서는 삼국시대를 '중세사회'로 규정하므로 해서 현재까지 고대사회로 기술해 온 남한과 큰 차이를 보였다. 이러한 시대구분은 중국의 시대구분과 맞닿아 있어서 중국과 똑같이 중세봉건사회로 규정되었다. 『조선전사』에서는 만주지역의 많은 고고학적 성과를 인용하여 고구리(高句麗)가 우리 역사에서 가장 강대한 봉건국가로 서술하였다. 글쓴이가 1990년 전후부터 만주지역 성을 답사하며 연구하는 과정에서 바로 이 『조선전사』가 만주지역 중국 사학자들이 고구리사(高句麗史)에 관심을 두고 연구하게 된 직접적인 계기가 되었다는 이야기를 많이 들었다.

1979년 판 『조선전사』에서는 고구리(高句麗)의 건국연대를 『삼국사기』에 나오는 기원전 37년을 기정사실화하고 그 이전까지 올라간다는 점을 적시하였는데, 이 문제는 80년대 들어와서 더욱 활발하게 논의되었다.

1985년 채희국은 『고구려 력사 연구』에서 앞 장에서 보았던 『상서』 「주관」 22에 나온 자료를 통해 기원전 12세기 중엽에 고구리(高句麗)는 맥(貊)이나 부여와 다른 구리(句麗), 즉 고구리(高句麗)가 있었다는 점을 들었다. 이어서 『한서』 「지리지」에 나오는 현도군의 고구리현(高句麗縣)을 보기로 들면서 추모가 나라를 세운 기원전 37년 이전에 이미 고구리(高句麗)가 존재했다는 것을 주장하였다.

---

81) 리지린·강인숙, 『고구려사 연구』, 사회과학출판사, 1976, 26~27쪽.

고구려족은 여러 고대 조선족들 중의 하나이며 인류학적으로는 다 같은 조선 옛 유형 사람들이었다. 고구려족은 일찍부터 고대국가를 세우고 살았다. 물론 이 시기의 고구려국가는 작은 나라였으며 이러한 작은 나라들이 고대에는 무수히 많았다. 고대의 고구려소국은 《고리국》이라고 불리웠다. 그것은 《고리》라는 말이 《구려》라는 말과 같았기 때문이었다. 《대동운부군옥》에서는 '부여의 북방에 옛날 고리국이 있었다. 그 시비가 아들을 낳았는데 그 이름은 동명이라고 하였다. 고리는 곧 고려의 와전이다'라고 하였다.[82]

『대동운부군옥』은 1589년에 편찬 된 자료지만 부여의 '고리국(槀離國) = 구리(句麗)'라는 등식을 통해 "고구려는 주몽에 의하여 봉건국가로 성립되기 전부터, 적어도 수백 년간 발전하여온 고대국가 고조선의 판도 안에서 소국으로 존재하였다. 그러므로 주몽에 의한 고구려 봉건국가의 건국은 고구려 사람들에게 있어서 최초의 국가의 출현은 결코 아니었다"[83]고 주장하였다.

그 뒤 1990년 손영종의 『고구려사』에서는 고구리(高句麗)의 건국을 논하는 장 첫머리에서 전신 국가로 기원전 5~3세기 구리국(句麗國)을 한 절로 구성하여 쓰고 있다. 손영종의 연구를 보면 구리국(句麗國)의 형성을 이렇게 보고 있다.

'구려' 라는 종족집단 또는 국가의 이름은 오래전부터 세상에 알려지고 있다.
《상서》 전(주관 제22)에는 기원전 12세기에 구려, 부여, 한, 맥 등이 주나라와 통하였다는 기록이 있다. 또한 기원전 12세기의 사실에 대하여 썼다는 《일주서》 왕회해편에 대해 진

---

82) 채희국, 『고구려력사연구 - 고구려 건국과 삼국통일을 위한 투쟁, 성곽』, 종합대학출판사, 1985, 4~5쪽.
83) 權文海, 『大東韻府群玉』, 1589년(선조 22). 『대동운부군옥』은 중국 송나라 음시부의 『운부군옥』의 체제를 본떠서 우리나라의 역사, 지리, 문학, 철학, 예술, 풍속, 인물 등의 분야에서 조선 명종때까지의 모든 사항을 20권 20책으로 정리한 책이다.

나라 사람 공조의 주석에도 「고이는 동북이인데 고구려이다」라는 말이 있다. 물론 전자는 위서라는 말도 있고 후자는 후세사람의 주석이므로 믿기 어렵다고들 한다.

  그러나 《위략》에는 부여가 건국되기 전에 「고리국」이 있었다고 전하므로 「고리」, 「구리」, 「구려」 등이 오래전부터 오늘의 중국 동북지방에 있었다고 볼 수 있다.[84]

그 동안 자료에 대한 논란이 심했던 『상서』와 『일주서』의 문제점을 짚으면서 앞에서 본 채희국의 '고리국(槀離國)＝구리(句麗)' 설을 그대로 이은 것이다.

다음 해인 1991년에 나온 『조선전사』(2) 「고대편」에는 '구려사'라는 장이 설치되어 새로운 시대구분이 등장한다. 이 책에서는 동명제(고주몽)가 졸본에 나라를 세웠고, 그 졸본지역의 나라는 연나부왕실의 국가였는데, 연나부가 점차 미약해져서 계루부가 이를 대신하게 되었고, 추모가 계루부왕조의 시조가 되었다는 것이다. 그리고 연나부왕조는 '구리(句麗)'고, 그 뒤를 이은 계루부왕조는 '고구리(高句麗)'가 되는 것이다.

  고구려 이전 연나부왕조 시기의 나라 이름은 《구려》였다. 《상서》 권11 주관 제22 주서에 대한 주석에서는 주 무왕이 상나라를 멸망시킨 뒤 구려가 서주(기원전 1066년경~기원전 771년) 왕실과 길이 통하게 되었다고 하였다. 이로써 구려라는 명칭이 유래가 매우 오래다는 것을 알 수 있다. 기원 3세기 응소는 한대의 고구려현을 주석하여 《옛구려호》라고 하였다. 이것을 통하여 전한 때(기원전 206년~기원 24년)의 고구려를 그 이전에는 '구려'라고 불렀다는 것과 고구려 이전에 구려가 있었다는 것, 그리고 구려에 뒤이은 것이 고구려였다는 것을 알 수 있다.[85]

---

84) 손영종, 『고구려사』, 과학백과사전종합출판사, 1990, 13~14쪽.

1990년 손영종은 『상서』에 대한 주를 아주 소극적으로 인용하고 있지만 『고구려전사』에서는 그 주석을 바탕으로 구리(句麗)라는 이름이 오래되었다는 것을 적극적으로 증명하고 있다. 이러한 논리를 바탕으로 이미 있었던 구리(句麗)라는 이름에 '고'를 붙여 고구리(高句麗)라는 나라이름이 생겨났다고 주장한다.

> 고구려본기 시조 동명성왕조의 고구려 건국전설에 의하면, 주몽이 '국호를 고구려라 하고 따라서《고》로써 성을 삼았다.'고 하였다. 이에 의하면 국호《고구려》의《고》에서 주몽의 성《고》가 유래한 것으로 되어 있을 뿐 고구려 국호의 유래는 밝혀져 있지 않았다. 그러난 주몽이란 이름 우에《고》자가 붙어 고주몽이 된 것과 꼭 같은 원리로 선행한 나라의 이름《구려》우에《고》자를 붙여《고구려》라는 국호가 나왔다고 해석할 수 있다.[86]

그리고 구리(句麗)라는 나라가 선 것은 기원전 5세기 이전이라고 보았다.[87]

2) 고구리(高句麗) 건국 연대

한편 추모가 고구리(高句麗)를 세운 해도 『삼국사기』의 37년보다 240년이 앞선 기원전 277년으로 올려 잡았다. 리지린이나 채희국은 고구리(高句麗)의 건국 연대가 기원전 37년보다 더 올라간다고 했지만 그 연구 자체는 미완성이었던 것을 손영종의 『고구려사』에서는 구체적인 작업이 진행되어 고구리(高句麗)의 건국은 기원전 277년으로 확정된다. 그는 먼저 지금까지 고구리(高句麗)에 앞서는

---

85) 사회과학원 력사연구소, 『조선전사』(2) 「고대편」, 과학백과사전종합출판사, 1991(제2판), 167쪽..
86) 사회과학원 력사연구소, 『조선전사』(2) 「고대편」, 과학백과사전종합출판사, 1991(제2판), 168쪽.
87) 사회과학원 력사연구소, 『조선전사』(2) 「고대편」, 과학백과사전종합출판사, 1991(제2판), 169쪽.

구리(句麗)가 옛 조선의 한 소국이라는 기존의 학설을 뒤집는다.

> 지난 시기 고구려 건국 년대를 기원전 1세기 초 이상으로 올려보지 못하였던 중요한 리
> 유는 고구려가 고조선 말기에 그 한 개 지방소국으로 되어 있었다고 본 데 있다. … 구려
> 가 본래 고조선의 땅이었다는 것은 오직《후한서》예전에만 나오고 같은 책의 고구려전
> 이나《사기》《한서》의 조선 력사에도 나오지 않으며,《삼국지》예전이나 고구려 전에도
> 없는 말이다. 그러므로 이 구절은《후한서》의 편찬자 범엽이 자기 개인 생각으로 써넣은
> 것일 뿐이다.
>
> 　한 무제가 고조선을 멸망시키고 옛 땅에 이른바 4군의 하나로서 현도군을 설치하려 한
> 것은 고구려를 고조선의 한 부분으로 잘못 보았기 때문이라고 할 수 있다.
>
> 　그러나 력사적 현실은 그렇지 않았다. 다시 말해 고구려는 고조선에 속한 땅, 속국이
> 아니라 이미 오래 전에 독자적인 나라로 되어 있었고, 기원전 108년 당시에는 당당한 큰
> 나라로 되어 있었던 것이다.[88]

그렇게 해서 손영종은 추모가 나라를 세운 년대를 현존『삼국사기』보다 240년
더 올려보고, 또한 그 사이에 5세대의 왕이 더 있었다고 계산해서 '고구리(高句
麗) 초기 일부 연대 추정표'를 제시한다. 그리고 그러한 손영종의 연구결과는 다
음해 발행되는『조선전사』제2편인「중세편」고구려사에서 그대로 반영되어 정
설로 확정된다. 손영종의 저서와 내용은 비슷하지만『조선전사』에서는 더 정확
성을 기하고 질서 있게 정리하였기 때문에『조선전사』를 바탕으로 좀 더 보기로
한다.

---

88) 손영종,『고구려사』, 과학백과사전종합출판사, 1990, 51~52쪽.

1979년 판 『조선전사』에서는 『삼국사기』와 『삼국유사』와 같이 기원전 37년으로 보았던 건국연대를 277년으로 올린 이유를 다음 몇 가지로 들고 있다.

지난 시기에는 ❶ (이하 원문자 숫자는 글쓴이 추가) 《삼국사기》 권22 고구려 본기 보장왕 27년조에 《고구려비기》에 이르기를, '고씨가 한나라 때부터 나라를 세워 지금 900년이 되었다'고 한 기록과 ❷ 같은 책 권6 신라본기 문무왕 10년(670) 7월조에 고구려 태조 추모왕이 나라를 세운 지 '장차 800년이 되어온다'는 기록에 근거하여 고구려가 기원전 230년대 또는 기원전 130년대부터 고조선에 속한 나라로 되었다고 보았다.

그러나 ❸ 《삼국사기》 고구려 본기의 마지막 사론(역사평론) 부분에는 고구려가 중국의 '진나라, 한나라 때 이후 중국의 동북쪽 모서리에 있었다.'라고 하였으며 《당회요》(권95 고구려)에는 《고구려비기》를 인용하면서 고구려가 '1,000년이 못될 것이다'라고 한 구절이 있다. ……

다음으로 ❹ 광개토왕릉비에는 광개토왕이 추모왕(동명왕)의 17세손이라고 하였는데, 《삼국사기》에 의하면 그는 시조왕의 12세손으로 밖에 되지 않는다. 그러므로 《삼국사기》에는 5세대의 왕들이 누락되었다고 볼 수 있다. ……그러므로 고구려 초기 왕세대는 ① 동명왕, ② 유류왕, ③ 여률왕, ④ 대주류왕(막래), ⑤ ○○(실명)왕, ⑥ 류리명왕, ⑦ 대무신왕으로 되어야 할 것이다.[89]

이처럼 ❶, ❷의 기록을 바탕으로 하면 기원전 230~130년 사이가 되지만 ❸을 바탕으로 하여 기원전 277년까지 올리고 ❹를 바탕으로 5명의 왕을 새로 더한 것이다.

---

89) 사회과학원 력사연구소, 『조선전사』(3) 「중세편」, 과학백과사전종합출판사, 1991(제2판), 167쪽.

이렇게 해서 현재 북한에서는 『조선전사』(2) 「고대편」에 고조선사, 부여사, 구리사(句麗史), 진국사를 장으로 설치하였고, 『조선전사』(3) 「중세편」 1권을 모두 고구리사(高句麗史)로 시대구분을 하였다. 그리고 이러한 시대구분은 북한에서 나오는 모든 역사서의 근간이 되고 있다. 2003년 발행된 『조선의 력대 국호』의 목차도 이 시대구분을 똑같이 준용하고 있다.[90]

90) 공명성, 『조선의 력대 국호』, 사회과학출판사, 2003.

셋째 마당

고구리(高句麗) 유물에 나타난 고리(高麗)

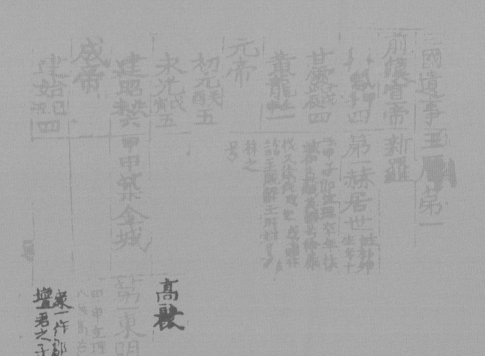

고구리(高句麗)의 나라이름을 고리(高麗)라고도 불렀다는 것은 이미 많이 논의되었다. 그렇지만 아직도 고구리(高句麗)는 추모(주몽)가 삼국시대(BC 37~ AD668) 세운 나라이고, 고리(高麗)는 왕건(王建)이 세운 왕조(918~1392)라고 아는 사람이 많으며, 아직도 "고리(高麗)는 고구리(高句麗)에서 '구(句)' 자를 빼고 줄여서 부른 이름이다"[91]고 하는 이들도 있기 때문에 이 점을 분명히하려고 한다. 다시 말해 고구리(高句麗) 때 이미 고리(高麗)라고 나라이름을 바꾸었고, 나중에 왕건의 고리(高麗, 918~1392)는 그 이름을 그대로 이어받은 것이다. 이 점은 우리가 한국사를 이해하는 데 아주 중요한 맥락이다.

　고구리(高句麗)가 나라이름을 바꾸었다는 것은 당시 만들었던 유물이나 갖가지 사서에서 뚜렷이 기록되어 있다.

---

91) 馬大正 外, 『古代中國高句麗歷史總論』, 黑龍江敎育出版社 ; 2001, 마대정 외 지음·서길수 옮김, 2007, 『중국이 쓴 고구려 역사』, 여유당, 126~140쪽.

1. 충주고리비의 고리

고구리(高句麗) 사료 가운데 가장 믿을 만한 것은 고구리(高句麗) 때 고구리(高句麗) 사람들이 직접 기록한 유적이나 유물이다. 그렇다면 고구리(高句麗)가 남긴 기록 가운데 가장 오래된 광개토태왕비에는 자기 나라 이름을 무엇이라고 써 놓았을까? 가장 먼저 떠오르는 생각이다. 그러나 아쉽게도 광개토태왕비에는 나라이름이 나오지 않는다. 심지어는 높을 '고(高)' 자가 한 자도 나오지 않아 비문 탁본에서 나라이름을 집자해 보려다 실패한 경험도 있다.

'고구리(高句麗)'의 나라이름이 뚜렷하게 나온 비석은 1979년 충주에서 발견된 충주고리(高麗)비다. 이 비는 비문 첫 구절에 "五月 中 高麗 太王"이란 구절이 있

6	5	4	3	2	1	
夷	伊	尙	奴	上	**五**	1
寐	者	教	主	下	**月**	2
錦	賜	上	薄	上	**中**	3
	之	共		和?	**高**	4
還		看		守	**麗**	5
節		節		天	太	6
教		賜		東	王	7
賜		大		來	祖	8
		蘿?		之	王	9
	奴	?		寐?	公	10
	客	教		錦?		11
		食?		忌?	新	12
		?		太	羅	13
				子	寐	14

그림 2 충주고려비에 나타난 고리(高麗)

그림 3 충주고려비 3면(적외선 촬영)

어 이 비석을 세운 당시는 나라이름이 고구리(高句麗)가 아니고 '고리(高麗)'였음을 알 수 있다. 이 비석은 연구결과 광개토태왕 때 세워졌다는 설과 장수왕 때 세워졌다는 설이 있다. 비를 세운 시기 문제는 지금까지 많은 토론이 거듭되었기 때문에 다음 장에서 자세히 보겠지만 이 비석이 나라이름을 바꾼 시기를 알아내는 중요한 자료가 된다. 일단 여기서는 고구리(高句麗) 때 나라 이름을 고리(高麗)로 썼다는 사실만 밝힌다.

2. 불상에 쓰인 나라이름 고리나라高麗國

고구리(高句麗) 때 만들었던 불상에서 당시 나라이름이 무엇인가를 뚜렷하게 볼 수 있는 유물이 있다.

1) '연가 7년'이란 글이 새겨진(延嘉七年銘) 금동여래입상金銅如來立像 광배 뒷면의 고리高麗

기년(紀年)을 통해서 만든 연대를 밝힐 수 있는 글이 새겨진 금동여래입상 가운데 가장 오래된 것이다. 1963년 옛날 가야와 신라 땅인 경남 의령에서 나왔으며, 현재 대한민국 국보 119호로, 국립중앙박물관에 전시되어 있다.

이 불상 광배 뒤에 다음과 같은 글월(銘文)이 새겨져 있다.[92]

---

92) 황수영, 「고구려 금동불상의 신례 이좌」, 『이상백박사회갑기념논총』, 을유문화사, 1964 ; 김원룡, 「연가칠년명금동여래상 명문」, 『고고미술』50, 한국미술사학회, 1964 ; 박경원, 「연가칠년명 금동여래상의 출토지」, 『고고미술』47·48, 한국미술사학회, 1964.

그림 4 고리나라(高麗國) 그림 5 광배 뒷면의 글월 그림 6 '연가 7년' 금동여래입상

延嘉七年歲在己未 高麗國樂良 東寺主敬 弟子僧演 師徒卅人 共造賢劫千佛流布 第卅九回現義

佛 比丘法穎所供養

연가 7년 기미년, 고리나라(高麗國) 낙랑 동사(東寺)의 주지 경(敬)과 그 제자 비구(僧) 연

(演)을 비롯한 스승과 제자(師徒) 40명이 함께 현겁천불[93]을 만들어 세상에 널리 퍼뜨리

---

93) 현의불(現義佛) : 현겁(賢劫)에 출현한 1,000명의 붇다를 뜻한다. 현겁(賢劫)이란 현재의 1대겁(大劫)으로,
   이 기간에 수많은 현인(賢人)들이 나타나 중생을 구제한다고 하여 현겁이라고 한다. 불경에 따르면 이 기
   간 중 구류손불·구나함모니불·가섭불·사캬무니(釋迦牟尼)붇다 같은 모두 1,000명의 붇다가 출현한다고
   한다. 우리가 잘 아는 사캬무니(釋迦牟尼)붇다는 4번째 붇다다.

기로 하였는데, 그 29회 현의불(現義佛)[94]은 비구 법영(法穎)이 공양하는 바이다.

이 1,000불 가운데 29번째인 불상이 당시 가야·신라 땅이던 경상남도 의령에서 출토되었다는 점은 동시에 만들어진 다른 불상들이 주위 여러 지역에 흩어진 것으로 볼 수 있다.

2) '연가 7년' 글이 새겨진(延嘉七年銘) 금동일광삼존상(金銅日光三尊像) 뒷면의 고리나라高麗國

이 불상은 현재 평양 국립박물관에 소장되어 있는데 나온 곳이 '평양의 고구리(高句麗) 왕궁터로 전해지고 있다'[95]는 자료도 있고, 재일교포가 기증했다고도 전해진다. 불상 뒷면에 쓰인 내용은 다음과 같다.

延嘉七年歲在己未 高麗國樂良 東寺敬 弟子僧演 師徒此人 共造賢劫千佛流布 第卄九回現歲佛 比丘法穎所供養

연가 7년 기미년, 고리나라(高麗國) 낙랑 동사(東寺)의 경(敬)과 그 제자 비구(僧) 연(演)을 비롯한 스승과 제자(師徒) 이사람(此人)이 함께 현겁천불을 만들어 세상에 유포하기로 하였으니 그 29번째 현세불(現歲佛)[96]은 비구 법영(法穎)이 공양하는 바이다.

---

94) 인현의불(因現義佛)과 현세불(現歲佛)이라는 두 가지 설이 있다. 장충식, 『한국불교미술연구』, 시공사, 2004, 32쪽.

95) 『조선유적유물도감』 4권, 고구려(2), 253쪽 ; 『특별기획전 고구려』, 2002, 184쪽.

96) 장충식은 앞에서 본 책에서 현세불(現歲佛)은 남한에서 현의불(現義佛)을 잘못 읽은 것인데 그것을 그대로 썼기 때문에 가짜라고 주장한다. http://blog.joins.com/skc0706/5822880. 실제 현세불(現歲佛)이란 분다는 불경에 나오지 않지만 현의불(現義佛)은 『佛本行經』, 『佛祖統紀』, 『一切佛菩薩名集』 같은 불서에 자주 등장한다. 특히 『佛祖統紀』(大正藏第 49 册 No. 2035)에 보면 "구류손불(拘留孫佛)은 사람 목숨이 4만 세일 때

그림 7 '연가 7년' 금동일광삼존상

그림 8 광배 뒷면의 글월과 고리나라(高麗國)

　　광배 뒷면에 나온 내용은 앞에서 본 금동여래입상과 거의 비슷하다. 다만 주지
를 뜻하는 '주(主)'가 빠져 있고, 40명을 뜻하는 사십(卌)이란 글자가 '차(此)' 자로

나타나고, 구나함무니불(拘那含牟尼佛)은 3만세 때 나타나고, 가섭불(迦葉佛)은 2만 세 때 나타나고, 석
가불(釋迦佛)은 100세 때, 미륵불(彌勒佛)은 8만 4,000세 때, 사자불(師子佛)은 7만 세 때, 광염불(光炎佛)
은 9만 세 때, 유인불(柔仁佛)은 6만 세 때, 화씨불(華氏佛)은 50만 세 때, 다시 화씨불이 9억 세 때 계시고,
선월불(善月佛)은 7만세 때, 현의불(現義佛)은 100세 때 나타난다. …… 1,000번째 혜업불(慧業佛)이 사람
목숨이 8만 세 때 나오면, 현겁(賢劫)의 1,000불이 다 지나간다."라고 했다.〈拘留孫佛人壽四萬歲時出. 拘
那含牟尼佛. 三萬歲時出. 迦葉佛. 二萬歲時出. 釋迦佛百歲時. 彌勒佛八萬四千歲時. 師子佛七萬歲時. 光
炎佛九萬歲時. 柔仁佛六萬歲時. 華氏佛五十萬歲時. 次復有華氏九億歲時. 善月佛七萬歲時° 現義佛百歲
時出(云云). 第一千慧業佛(卽樓至之華言)人壽八萬歲時出. 賢劫千佛過已〉. 현재 많은 논문이나 책에서 인
현의불(因現義佛)이라고 쓰는데 인현의불이란 붇다는 경전에 나오지 않는다. 그렇기 때문에 '인(回)' 자는
第卄九回로 읽어야 할 것이다. 그럴 경우는 因보다는 回로 읽는 것이 더 타당하다. 참고로 국립중앙박물
관 전시 설명에 539년(기미년) 인현의불(因現義佛)이라고 설명하고 있다.

되어 있다는 차이가 있을 뿐이다. 전체적으로 만드는 법이 비슷하고 글 내용도 같은 것으로 보아 같은 해 같은 곳에서 만들어진 것이라고 보는 견해가 많다. 그러나 이처럼 드물지만 고구려 때 만들어진 불상들은 당시 나라이름이 고리(高麗)였다는 것을 뚜렷이 보여주었다는 증거이고, 나아가 이 불상을 만든 시기가 고구리(高句麗)가 고리(高麗)로 나라이름을 바꾼 뒤라는 사실을 알 수 있다.

3) 연가(延嘉) 7년에 대한 논의

이 불상에 나온 연가(延嘉) 7년이 언제인가에 대해서도 논란이 있다. 먼저 연가라는 연호가 중국 역사에서는 나오지 않기 때문에 고구리(高句麗)가 스스로 연호를 썼다는 것을 보여주는 중요한 증거가 된다. 그러나 고구리(高句麗) 사료에 연가가 언제인지는 자료가 없기 때문에 기미(己未)년이란 간지로 논의되고 있다.

다음에 보겠지만 고구리(高句麗)가 고리(高麗)로 나라이름을 바꾼 때는 장수왕 원년(413)이라고 보고 전후 기미년을 보면 다음과 같다.

① 419년(장수왕 7년)

② 479년(장수왕 67년)

③ 539년(안원왕 9년)

④ 599년(영양왕 10년)

위의 4가지 가운데 북한의 손영종[97]과 중국의 손진기[98]가 ① 419년 (장수왕 7

---

97) 손영종, 「금석문에 보이는 삼국시기 몇 개 년호에 대하여」, 『력사과학』, 사회과학원출판사, 1966.

98) 孫進己, 『東北民族史研究』, 中州古籍出版社, 1994. 273~274쪽.

년) ② 479년 (장수왕 67년) 설을 주장하였다. 이와 같은 주장은 고구리(高句麗)가 고리(高麗)로 이름을 바꾼 장수왕 11년 전후의 기미년에서 답을 찾았던 것으로, 설득력이 있다고 본다. 연가 7년과 장수왕 7년이라는 햇수가 맞아떨어진 것은 419년밖에 없기 때문이다. 그렇다면 장수왕의 연호는 연가(延嘉)이고, 연가 7년은 419년이고, 장수왕 7년은 419년이기 때문이다.

그러나 한국 미술사학계에서는 '③ 539년(안원왕 9년)' 설이 가장 인정을 받고 있다. 불상의 양식 면에서 그렇게 이른 시기까지 올라갈 수 없다고 보기 때문이다.[99] 그러나 연가가 장수왕의 연호이고 연가 7년에 고리(高麗)라는 나라이름을 썼다면 고구리(高句麗) 나라이름을 바꾼 연대를 확정하는데 중요한 역할을 할 수 있는 자료가 될 것이다.[100] 이 문제는 뒤에서 자세히 다룬다.

3. 『삼국유사』 「왕력^{王曆}」의 고리^{高麗}

『삼국사기』와 『삼국유사』에서 고구리(高句麗)와 고리(高麗)를 어떻게 썼는지에 대해서는 왕건의 고려시대에 다시 자세히 논의하고, 여기서는 『삼국유사』 머리에 나오는 왕력(王曆) 표에 신라와 함께 나온 고구리(高句麗)를 고리(高麗)라고

---

99) 황수영, 「국보 연가7년명 금동여래입상」, 한국미술사학회 『고고미술』(42), 1964; 박경원, 「연가7년명 금동여래상이 출토지」, 한국미술사학회 『고고미술』(47·48), 1964; 김원룡, 「연가칠년명 금동여래상 명문」, 한국미술사학회 『고고미술』(50), 1964; 윤무병, 「연가7년명 금동여래상의 명문에 대하여」, 한국미술사학회 『고고미술』(51), 1964.

100) 이 문제는 다음 논문에서 많이 논의되었다. 김영태, 「高句麗 因現義佛像의 鑄城時期 : 延嘉·延壽의 長壽王 年號 가능성 試考」, 『불교학보』(34), 1997; 정운찬, 「金石文에 보이는 高句麗의 年號」, 고려사학회 『한국사학보』(5), 1998 ; 주수완, 「삼국시대 年號銘 金銅佛像의 제작연대에 관한 연구」, 고려사학회 『韓國史學報』(44), 2011; 최성은, 「중국 남북조시대 불교조각을 통해 본 고구려 延嘉 7년명 금동여래입상」, 韓國古代學會, 『先史와 古代』(51), 2017.

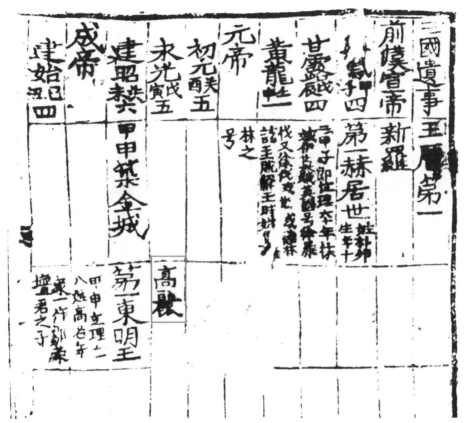

그림 9 『삼국유사』 왕력(王曆)에 나온 고리(高麗)

한 부분만 보기로 한다. 이 표는 한(漢)나라, 신라, 고구리(高句麗), 백제 같은 나라에서 일어난 사실을 시대적으로 비교해 보기 위해 만든 연표인데, 고구리(高句麗)는 "고리(高麗) 제일 동명왕(第一東明王)"이라고 기록하여 나라이름이 '고리(高麗)'라는 것을 뚜렷하게 하고 있다.

그림 10 **당 염립본 왕회도(唐 閻立本 王會圖) [고리 나라(高麗國)]**

4. 양(梁)나라 직공도職貢圖의 고리나라高麗國 101)

양나라 직공도(職貢圖)는 양(梁, 502~557) 무제(武帝)의 일곱째아들 소역(蕭繹, 508~554)이 형주자사(荊州刺史)로 있을 때 무제의 즉위 40년(541)을 기념하여 불교 나라인 양나라에 조공하는 사절들의 모습을 그린 것이다.102)

직공(職貢)이란 바로 조공이란 뜻이기 때문에 양나라에 조공하는 그림이라고 해서 「양 직공도(梁職貢圖)」라고 부른다. 이 양직공도에 대해서는 양서(梁書)를

그림 11 남당 고덕겸이 그린 양 원제의 번객입조도(南唐 顧德謙 摹 梁 元帝 蕃客入朝圖) [고리 나라(高麗國)]

비롯하여 여러 사료에 언급이 되어 있었으나 실물이 발견되지 않았는데 1960년 남경박물원(南京博物院)에서 송나라 때 본떠서 그린 그림(模寫圖)이 발견되어 처음으로 그 존재가 밝혀졌다.[103] 그 뒤 1987년 대만 고궁박물원에서 새로 2가지 본뜬 그림이 발견(模寫圖)되었다.

〈그림 10〉과 〈그림 11〉을 보면 우리나라 삼국시대 세 나라의 이름이 나오는데

---

101) 職貢 : 공물(貢物) 또는 방물(方物)을 뜻한다.

102) 深津行德, 「臺灣古宮博物院所藏‘梁職貢圖’模本について」, 學習院大學 東洋文化硏究所 調査硏究報告 No. 44, 『朝鮮半島に流入した諸文化要素の硏究』, 1999, 42쪽.

103) 金維諾, 「職貢圖的年代與作者-讀畵札記」, 『文物』, 1960-7.

여기서 모두 고리나라(高麗國)·신라나라(新羅國)·백제나라(百濟國)라고 기록하였다. 이 그림을 그린 시대가 양(梁, 502~557)나라 때이기 때문에 여기서 고리나라(高麗國)란 당연히 왕건의 고리(高麗)가 아닌 고구리(高句麗)의 바뀐 이름이라는 것을 쉽게 알 수 있다.

양직공도 중 가장 사료 가치가 높다고 평가받는 남경박물관 소장본에는 본디 25개국 이상의 사신이 그려져 있었으나 현재는 12개국 사신 그림만이 남아 있고 아쉽게도 고리(高麗)와 신라가 없다. 남경박물관에 소장본은 중국 역사박물관으로 옮겨졌는데 역사박물관이 국가박물관으로 통합됨에 따라 지금은 북경의 국가박물관이 간직하고 있다.

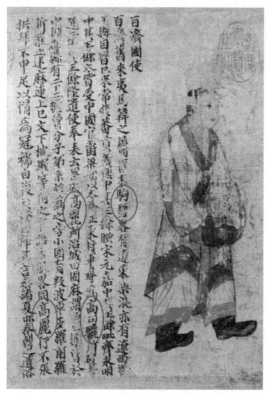

그림 12. 양직공도(중국역사박물관) 백제 사신도.
고리(高麗)·구리(駒麗)·고구리(高句驪)

〈그림 12〉의 설명 글에는 고리(高麗) 나라이름이 모두 4회 나온다. 고구리(高句驪)나 구리(句驪)라고 '가라말 리(驪)'을 써서 낮추어 부르기도 하지만 고리(高麗)라는 나라이름이 이때는 완전히 일반화되었다는 것을 알 수 있다.

양 직공도는 〈고구리·고리사 연구〉 총서 4권에서 다시 자세히 다루기 때문에 여기서는 간단히 나라이름만 보았다.

5. 7개 나라 인물이 그려진 은합_{都管七個國六瓣銀盒}에 새겨진 고리_{高麗}

1979년 중국 시안시(西安市) 교통대학 안에서 발견된 은합에도 고리(高麗)라는 나라이름이 나온다.[104]

이 유물의 뚜껑 위쪽은 마치 6개의 달걀꼴 꽃잎처럼 배치하여 만들고, 한 가운데는 6각형에 코끼리를 탄 모습을 돋을새김으로 새겼다. 코끼리 탄 인물의 앞쪽, 곧 왼쪽에 '도관7개국(都管七個國)'이라고 쓰여 있는데 이것은 당나라가 설치한 도호부(都護部)가 관할하는 7개 나라를 뜻하는 것이라고 본다. 이 그림의 특징은 각 나라 이름을 써넣었다는 것이다. 한 가운데 ① 곤륜왕국(崑崙王國)이라는 글자와 그림 가운데 장래(將來)라는 글자가 있다. 그리고 그 둘레에 시계방향으로 ② 바라문국(婆羅門國), ③ 토번국(土蕃國), ④ 소륵국(疏勒國), ⑤ 고리나라(高麗國), ⑥ 백척△국(白拓△國), ⑦ 오만인(烏蠻人) 이라고 7개 나라이름이 나온다.

여기 나오는 고리나라(高麗國)는 왕건의 고리(高麗)가 아닌 고구리(高句麗) 후기에 개정된 나라이름인 고리(高麗)라는 것은 쉽게 알 수 있다. 위의 7개 나라 가

---

104) 張達宏·王長啓, 「西安市文管會收藏的幾件珍貴文物」, 『考古與文物』 1984-4.

그림 13 7개 나라 인물이 그려진 은합에 새겨진 고리(高麗)

그림 14 7개 나라 인물이 그려진 은합에(都管七個國六瓣銀盒)

그림 15 선으로 본뜬 그림(오른쪽)

운데 우리가 쉽게 알 수 있는 토번(吐蕃)은 티베트고원의 중앙에 성립된 고대왕
국으로, 7세기 송첸캄포에서 9세기 중순 랑다르마에 이르기까지 200년 남짓 이
어간 티베트 지역 역사상 국력이 가장 강했던 왕조였다. 따라서 이 시기는 왕건
의 고리(高麗)가 성립되기 이전이기 때문에 고구리(高句麗)때 의 나라이름 고리
(高麗)를 가리키는 것이고, 다른 나라들은 대부분 당나라를 중심으로 주변에 있
는 나라들이라는 것을 알 수 있다. 이 내용도 『고구리·고리사 연구』〈권4〉에서
다시 자세히 다룬다.

이렇게 여러 자료를 통해 보았듯이 고구리(高句麗) 때 나라이름을 고리(高麗)
로 바꾸었다는 것이 뚜렷하게 드러났다. 다시 말해 고구리(高句麗) 때 이미 고리
(高麗)라는 이름을 썼기 때문에 고구리(高句麗) = 고리(高麗)가 되어 같은 나라의
이름이라는 것을 알 수 있는 것이다. 그렇다면 언제 나라이름을 고리(高麗)로 바
꾸었을까?

다음 장에서 중국의 정사들을 검토하고 분석하는 과정에서 밝혀질 것이다.

넷째 마당

나라이름을 고리(高麗)로 바꾸기 이전의
25사(二十五史) 기록

고구리(高句麗)가 세워져 668년 고구리(高句麗) 왕이 당에 항복할 때까지 705년의 역사를 기록한 사서들이 『고기(古記)』를 비롯하여 존재하였으나 현재 우리나라에 남아 있는 것은 『삼국사기』가 가장 빠르다. 그러나 『삼국사기』는 고구리(高句麗) 조정이 당나라에 항복한 뒤 5세기가 지난 뒤인 12세기에 발행되었기 때문에 우리나라에서 전해 내려온 사료를 인용한 것도 있지만 적지 않게 『한서』나 『당서』 같은 사서들을 바탕으로 만들어졌다는 것은 잘 알려진 사실이다. 그렇기 때문에 고구리(高句麗)가 존재했던 시기 주변 나라에서는 고구리(高句麗)를 어떻게 부르고 기록하였는지를 살펴보는 것은 아주 중요하다. 주변 나라의 역사서 가운데 가장 권위 있고 양이 많은 사서는 바로 25사(二十五史)이다. 그래서 이제부터는 25사에서 고구리(高句麗)의 나라이름이 어떻게 불렸고, 어떻게 변천하였는지 보고자 한다.

〈표 3〉 중국 정사에 기록된 고구리(高句麗)傳과 고리(高麗)傳

편찬 연대	서명	편찬자	시대	高句麗·高麗傳
전 1세기 초	史記	漢 司馬遷	五帝~漢武帝(BC101)	없음(朝鮮傳)
1세기 말	漢書	後漢 班固	前漢(BC202~AD7)	없음(朝鮮傳)
5세기 중	後漢書	劉宋 范曄	BC107~AD169	高句麗
3세기 말	三國志	晋 陳壽	國初~244	高句麗
7세기 중	晋書	唐 房玄齡 등		없음
5세기 말	宋書	梁 沈約	413~476	高句麗國
6세기 초	南齊書	梁 蕭子顯	463~496	高麗
7세기 초	梁書	唐 姚思廉	동명~548	高句麗
7세기 초	陳書	唐 姚思廉		없음
6세기 중	魏書	北齊 魏收	주몽~550	高句麗
7세기 중	周書	唐 令狐德棻 등	주몽~577	高麗
7세기 중	隋書	唐 魏徵 등	주몽~616	高麗
7세기 중	南史	唐 李延壽	413~548	高麗
7세기 중	北史	唐 李延壽	주몽~616	高麗
10세기 초	舊唐書	後晋 劉昫	619~700	高麗
11세기 중	新唐書	宋 歐陽修·宋祁	618~9세기 초	高麗

고구리(高句麗)가 705년 동안 긴 역사를 쌓아가는 동안 고구리(高句麗)의 서녘
(현재의 중화인민공화국)과 북서녘(현재의 몽골)에서는 35개 나라가 생겼다가 이내
없어졌다. 그런 35개 나라들의 역사를 보는데 가장 권위 있는 기록은 바로 25사
이고, 그 가운데 고구리(高句麗)가 존재했던 시기에 대한 기록은 〈표 2〉의 16가지
사서이다.

앞으로 〈표 2〉의 16가지 사서를 각각 분석하겠지만, 우선 각 사서의 열전에서
고구리전(高句麗傳)를 기록하면서 가장 먼저 쓰는 제목을 어떤 이름으로 했는지
보기로 한다. 흔히 말하는 고구리(高句麗)전, 또는 고리(高麗)전에 대한 구분을 보
자는 것이다.

『사기』와 『한서』는 '조선전'만 있고 고구리(高句麗)·고리(高麗)는 전(傳)이 없
다. 『진서(晉書)』와 『진서(陳書)』에는 고구리전(高句麗傳) 자체가 없다. 『후한서』,

『삼국지』,『송서』,『양서』,『위서』같은 5가지 사서에서는 고구리전(高句麗傳)으로,
『남제서』,『주서』,『수서』,『남사』,『북사』,『구당서』,『신당서』같은 7가지 사서에서
는 고리전(高麗傳)으로 기록하고 있다. 여기서 우리는 전기에는 고구리(高句麗),
후기에는 고리(高麗)라는 나라이름을 썼다는 사실을 쉽게 알 수 있고, 또한 이것
은 고구리(高句麗) 역사 705년 가운데 언젠가 나라이름을 고리(高麗)로 바꾸었다
는 사실을 이야기해 준다.

앞으로 각 사서를 분석해 가는 과정에서 이 문제는 정확히 밝혀보고자 한다.

1.『한서漢書』의 구리句麗·고구리高句麗

중국 정사 본문에 고구리(高句驪)가 가장 먼저 나온 책은『한서(漢書)』「지리
지」로 후한(後漢)시대의 역사가 반고(班固)가 저술한 기전체(紀傳體) 역사서이다.

이『한서』에는 고구리(高句驪)가 6회, 하구리(下句驪)가 1회, 구리(句驪)가 1회,
나라이름이 모두 8회 나온다. 주로「지리지」의 무제 원봉(元封) 4년에 현도군을
설치하고 그 아래 고구리현(高句驪縣)을 두었던 기사와 왕망전에서 그 고구리(高
句驪)를 이용해 흉노를 치려다 실패한 기사다. 여기서 우리는『한서』를 쓴 반고
는 주로 조선과 고구리를 한나라가 지배하면서 설치한 고구리(高句驪)현에 대한

〈표 4〉『한서』에 나오는 고구리(高句驪)·구리(句驪) 나라이름

나라 이름	권(卷)	횟수
구리(句驪)	28(하) 지리지	1
고구리(高句驪)	28(하) 지리지	1
	99(중) 왕망전	5
하구리(下句驪)	99(중) 왕망전	1
		8

기록에서 나왔다는 것을 알 수 있다.

이미 앞에서 자세히 보았기 때문에 여기서는 그 원문만 보면 다음과 같다.

〈지리지의 기사〉

① 玄菟郡, 戶四萬五千六, 口二十二萬一千八百四十五. 縣三 高句驪, 上殷台, 西蓋馬.[105]

② 玄菟, 樂浪, 武帝時置, 皆朝鮮·濊貊·句驪蠻夷.[106]

〈왕망전의 기사〉

③ 莽策命曰:「普天之下, 迄于四表, 靡所不至.」 其東出者, 至玄菟·樂浪·高句驪·夫餘, …… 捕斬虜騶, 平定東域, 虜知殄滅, 在于漏刻. 此乃天地群神社稷宗廟佑助之福, 公卿大夫士民同心將率虓虎之力也. 予甚嘉之. 其更名高句驪爲下句驪, 布告天下, 令咸知焉.」 於是貉人愈犯邊, 東北與西南夷皆亂云.[107]

④ 初, 五威將帥出, 改句町王以爲侯, 王邯怨怒不附. 莽諷牂柯大尹周歆詐殺邯. 邯弟承起兵攻殺歆. 先是, 莽發高句驪兵, 當伐胡, 不欲行, 郡强迫之, 皆亡出塞, 因犯法爲寇. 遼西大尹田譚追擊之, 爲所殺. 州郡歸咎於高句驪侯騶. 嚴尤奏言:「貉人犯法, 不從騶起, 正有它心, 宜令州郡且尉安之. 今猥被以大罪, 恐其遂畔, 夫餘之屬必有和者. 匈奴未克, 夫餘·穢貉復起, 此大憂也.」 莽不尉安, 穢貉遂反, 詔尤擊之. 尤誘高句驪侯騶至而斬焉.[108]

『한서(漢書)』 「지리지」에 나온 두 가지 기사 가운데 특히 자료 ② 기사가 주목

---

105) 『漢書』 卷28(下), 「地理志」 第8(下).

106) 『漢書』 卷28(下), 「地理志」 第8(下).

107) 『漢書』 卷99(中), 「王莽傳」 第69(中) 시건국(始建國) 원년

108) 『漢書』 卷99(中), 「王莽傳」 第69(中), 始建國 4년.

할 만하다.

②현도·낙랑은 무제 때 설치한 것인데, 모두 조선·예맥·구리(句驪) 같은 만이(蠻夷)다. (玄菟·樂浪, 武帝時置, 皆朝鮮·濊貊·句驪蠻夷.)

①의 사료에서 보듯이 현도군은 한 무제 원봉 4년(BC 107)에 설치했는데, 이런 현도군과 낙랑군은 모두 그 전에 존재하고 있던 조선·예맥·구리(句驪) 같은 국가나 종족이었다고 하여, 현도군을 설치하기 전에 이미 구리(句驪)라는 민족이나 국가가 먼저 존재했다는 내용을 정확히 기록하고 있다. 다시 말해 구리(句驪)에서 고구리(高句驪)가 나왔다는 것이다.

2. 『후한서後漢書』의 구리句驪·고구리高句驪

『한서』에 구리(句驪)와 고구리(高句驪)라는 나라이름이 나오는데, 『후한서』에도 이 두 이름이 거의 같이 이어서 기록되어 있다. 『한서』에 비해 『후한서』에서는 고구리(高句驪)에 대한 기사가 훨씬 많아져서 고구리(高句驪)가 22회, 구리(句驪)가 12회가 나오며, 『한서』에서도 나왔던 왕망의 기사 때문에 하구리(下句驪)가 1회 나와서 모두 35회[109]가 나온다.

앞으로 각 사서를 보면서 본기(本紀)·제기(帝紀)와 열전을 나누어 분석하려고 한다. 나라이름에 대한 기록이 본기(또는 제기)와 열전에서 크게 차이가 나기 때

---

[109] 목록에도 한 번 나오지만 셈하지 않았다. 目錄 卷85, 「東夷列傳」第75, 夫餘·挹婁·高句驪·東沃沮·濊·三韓·倭.

『후한서』 권	황제 연대	고구리(서기)	고구리 高句驪	구리 句驪	하구리 下句驪
권1(하)	光武帝 8년 光武帝23년	다루왕 5년(32) 민중왕 4년(47)	2		
권4	元興 원년	태조대왕 53년(105)	1		
권5	安帝 3년	태조대왕 57년(109)	1		
	安帝 5년	태조대왕 59년(111)	1		
	安帝 建光 원년	태조대왕 69년(121)	2		
	安帝 延光 원년	태조대왕 70년(122)	2		
권33	郡國志		1		
권48	列傳 臧宮		1		
권50	列傳 肜		1		
권81	列傳 橋玄		1		
권104(하)	列傳 康		1		
권115	東夷列傳		8		
권115	東夷列傳			12	
권115	東夷列傳				1
			22	12	1

문이다. 본기의 기사는 주로 나라의 책봉이나 조공 같은 공식 일정이 원본 그대로 기록되는 반면 열전은 기록하는 사관의 주관이나 기준에 따라 나라이름을 다르게 쓰기 때문이다. 그래서 전체 빈도수를 계량적으로 분석할 때는 나눌 필요가 없지만 나라이름을 바꿔 쓴 연대를 추출하기 위한 분석 같은 중요한 문제를 접근할 때는 정사의 기록이 특히 중요하다.

1) 『후한서』 「본기」에 나온 고구리高句驪

『후한서』의 「본기」에서는 모두 9개의 기사들이 나온다. 서기 25년 광무제가 후한(後漢)을 세운 뒤 처음으로 외교관계가 이루어진 기사[110]와 대무신왕 15년인

서기 32년 조공을 바쳐 시황제 때 하구리(下句麗)로 낮추었던 왕호를 회복하였다,[111]는 기록이다. 그 뒤 서기 44년 광무제가 낙랑을 쳐들어오게 되고, 3년 뒤인 47년 잠지부락의 1만 집(家) 남짓한 고구리(高句麗) 백성들이 한나라에 투항하였다는 기사다.[112]

나머지 7개 기사는 모두 태조대왕 때 일이다. 태조대왕은 오랫동안 고구리(高句麗)를 다스리며 나라를 굳건히 하였다. 요서 지방에 10개의 성을 쌓아 방비를 튼튼히 하고(55년), 한편으로는 한나라 조정에 공물을 보내고, 또 한편으로는 옛날 조선 땅이었던 현도를 되찾기 위해 자주 쳐들어갔다. 그렇기 때문에 자료에서처럼 두 나라 사이에 오랜 전쟁이 계속되었다. 이 기사들을 보면, 고구리(高句麗)는 예맥, 마한과 손잡고, 한나라는 요동과 현도군의 군사와 당시 고구리(高句麗)와 세력을 다투고 있던 부여 군사를 이용하여 대적했다는 사실을 알 수 있다.

위에서 본 9개 기사는 모두 '고구리(高句驪)'라는 나라이름을 썼다. 9개 기사는 모두 추모가 세운 고구려와의 관계이기 때문에 당연한 것이다.

2) 『후한서』 지(志)와 열전에 나온 고구리(高句驪)와 구리(高句驪)

권33에 나오는 기사는 군국지(郡國志)에 나온 고구리(高句驪)[113] 기사이고, 이어서 열전의 기사들이 이어진다. 권48의 장궁(臧宮)[114], 권50의 융(肜)[115], 권81의

---

110)『後漢書』卷1(下),「光武帝紀」第1(下). 八年 十二月, 高句驪王遣使奉貢.

110)『後漢書』卷1(下),「光武帝紀」第1(下). 八年 十二月, 高句驪王遣使奉貢.

111)『삼국사기』 권14,「고구리본기」 제2, 대무신왕 15년.

112)『後漢書』卷1(下),「光武帝紀」第1(下). 二十三年 十月, 高句驪率種人詣樂浪內屬.『삼국사기』 권14,「고구리본기」 제2, 민중왕 4년.

113)『後漢書』志 第33, 郡國 5, 高句驪. 西蓋馬 上殷台 高顯. 候城. 遼陽).

114)『後漢書』卷48,「吳·蓋·陳·臧 列傳」第8, 臧宮.

115)『後漢書』卷50,「銚期·王霸·祭遵 列傳」第10, 祭遵 從弟肜.

교현(橋玄)[116] 권104의 강(康)[117] 같은 열전에 언급된 이름인데 모두 고구리(高句驪)를 쓰고 있다. 모두 5회의 고구리(高句驪)가 나온다.

지금까지 나온 기사들에는 하나같이 고구리(高句驪)를 쓰고 있는데 권115에 나온『동이열전(東夷列傳)』에는 구리(句驪)가 꽤 많이 나온다.「동이열전(東夷列傳)」제75에 나온 나라이름을 정리해 보면 다음과 같다.

부여국(夫餘國) : 고구리(高句驪) 1.

고구리(高句驪) : 고구리(高句驪) 4, 구리(句驪) 6, 하구리(下句驪) 1.

동옥저(東沃沮) : 고구리(高句驪) 2, 구리(句驪) 3.

예(濊) : 고구리(高句驪) 1, 구리(句驪) 3.

고구리(高句驪)는 부여(1), 고구리(4), 동옥저(2), 예(1)에서 8회 나오고, 구리(句驪)는 고구리(6), 동옥저(3), 예(3)에서 12회 나오며, 고구리(高句驪) 전에서 앞에 본 왕망의 기사 가운데 하구리(下句驪)가 1회 나왔다. 그렇기 때문에「동이열전」에만 고구리(高句驪)가 8회, 구리(句驪)가 12회, 하구리(下句驪)가 1회 나와서 모두 21회가 나온다.

위에서 본 바와 같이『후한서』「동이열전」에서는 고구리(高句驪)보다 구리(句驪)가 더 많이 나온다. 그러므로 어떤 학자는『후한서』에서는 고구리전(高句驪傳)과 구리전(句驪傳)이 두 개로 나뉘어 있다고 주장하였다.[118]

그런데『후한서』에서는『한서』와 달리 고구리(高句驪)와 구리(句驪)가 시대 차

---

116)『後漢書』卷81,「李·陳·龐·陳·橋 列傳」第41, 橋玄.

117)『後漢書』卷104(下),「袁紹·劉表 列傳」第64(下) 康.

118) 鄭早苗,「『漢書』『後漢書』『三國志』の高句麗と句麗の名稱について」,『朝鮮學報』(89), 1978. 41쪽 이하.

이가 있는 나라이름으로 나오지 않고 단순히 고구리(高句驪)에서 고(高)를 빼고 구리(句驪)로 쓰는 보기도 자주 나온다.

① 왕망 초, 구리(句驪) 군사를 내어 흉노를 치려 했는데, 군사들이 가려고 하지 않아 억지로 다그치자 모두 도망하여 변방으로 나가 법을 어기고 도둑질을 하였다. 요서 대윤 전담(田譚)이 뒤쫓아 갔으나 싸우다 죽었다. 왕망은 다시 엄우(嚴尤)에게 뒤쫓게 하였는데, 엄우가 구리 후 추(句驪侯騶)를 꾀어 성에 들어가 목을 치고 그 목을 장안으로 전했다. 왕은 크게 기뻐하고 그 고구리 왕(高句驪王)를 하구리 후(下句驪侯)로 바꾸어 불렀다. 이에 맥인들이 변방을 더욱 심하게 약탈했다.[119)

이 기사는 『한서』에 나온 왕망의 기사를 그대로 기록하였는데, 이 『후한서』에서는 '고구리 군사(高句驪兵)는 구리 군사(句驪兵)'로, '고구리 후 추(高句驪侯騶)는 구리 후 추(句驪侯騶)'로 '고(高)' 자를 빼고 썼다.

② 예(濊)는 북으로 고구리(高句驪)·옥저와 이웃하고, 남으로 진한과 만나고, 동으로 큰 바다에 막히며, 서로 낙랑에 이른다. 예 및 옥저·구리(句驪)는 모두 조선의 땅이다.[120)

이 기사에서는 고구리(高句驪)와 구리(句驪)는 같은 나라인데 '고(高)'를 빼고 기록했다는 것을 알 수 있다.

---

119) 『後漢書』 卷85, 「東夷列傳」 第75, 高句驪. 王莽初, 發句驪兵以伐匈奴, 其人不欲行, 彊迫遣之, 皆亡出塞爲寇盜. 遼西大尹田譚追擊, 戰死. 莽令其將嚴尤擊之, 誘句驪侯騶入塞, 斬之, 傳首長安. 莽大說, 更名高句驪王爲下句驪侯, 於是貊人寇邊愈甚.

120) 『後漢書』 卷85, 「東夷列傳」 第75, 濊. 濊北與高句驪·沃沮 南與辰韓接 東窮大海 西至樂浪. 濊及沃沮·句驪 本皆朝鮮之地也.

③-1 : <u>고구리(高句驪)</u>가 부족 사람들이 낙랑으로 투항하였다. [121]

③-2 : <u>구리(句驪)</u>의 잠지락(蠶支落)·대가(大加)·대승(戴升) 같은 1만 명 남짓이 낙랑으로 투항하였다. [122]

③에 나오는 두 기사가 같은 해 일어난 똑같은 이야기지만 ③-1은 「본기」 무제 23년에 나온 기사이고, ③-2는 「열전」에 나온 기사다. 「본기」에서는 고구리(高句驪)라고 기록했는데, 「열전」에서는 구리(句驪)라고 한 것은 특별한 뜻이 있어서가 아니라 고구리(高句驪)에서 '고(高)' 자를 빼고 구리(句驪)로 썼다. 「열전」에서는 의도적으로 낮추어 부르기 위해 '높을 고(高)' 자를 뺐다고 볼 수 있다.

④-1 (건무) 25년(AD 49) 봄 정월, 요동 변경 요새 밖에 사는 맥인(貊人)들이 우북평(右北平)·어양(漁陽)·상곡(上谷)·태원(太原)을 쳐들어와 요동 태수 제융(祭彤)이 부르자 항복하였다. [123]

④-2 (건무) 25년(AD 49) 봄, 구리(句驪)가 우북평(右北平)·어양(漁陽)·상곡(上谷)·태원(太原)을 쳐들어와 요동 태수 제융(祭彤)이 사랑과 믿음으로 불러서 타이르니 모두 다시 관문을 두드렸다(국경을 통해 귀순하였다). [124]

④의 기사도 「본기」에 나오는 기사와 「열전」에 나오는 기사인데, 맥인(貊人)을

---

121) 『後漢書』 卷1(下), 「光武帝紀」 第1(下), 23年 冬10月(丙申). 高句驪 率種人詣 樂浪內屬.

122) 『後漢書』 卷85, 「東夷列傳」 第75, 高句驪. 句驪 蠶支落·大加·戴升等 萬餘口詣 樂浪內屬.

123) 『後漢書』 卷1(下), 「光武帝紀」 第1(下), 25年. 二十五春正月, 遼東徼外貊人 寇右北平·漁陽·上谷·太原 遼東太守祭彤招 降之.

124) 『後漢書』 卷85, 「東夷列傳」 第75, 高句驪. 二十五年春, 句驪寇右北平·漁陽·上谷·太原 而遼東太守祭彤以 恩信招之 皆復款塞.

구리(句驪)와 똑같은 낱말로 쓰고 있다는 것도 알 수 있다. 이런 보기들을 보면 열전에서 고구리(高句驪)와 구리(句驪) 한 나라를 두 가지 이름으로 불렀다는 것, 아울러 맥인(貊人)＝구리(句驪)＝고구리(高句驪)라는 것을 알 수 있다.

이처럼 『후한서』에서 추모가 세운 고구리(高句麗)와 그 이전에 있던 고구리(高句麗)에 대한 기록들이 섞여 있어 정확히 둘로 나누기 어려운 점이 있지만, 다음에 보는 『삼국지(三國志)』 기록을 보면 고구리현(高句麗縣)에서 독립하여 '구리(句麗)＝소수맥(小水貊)'이란 나라가 새로 세워지는 기록이 뚜렷이 나오면서 고구리전(高句驪傳)과 구리전(句驪傳)이 나뉘어 있다고도 볼 수 있는 실마리를 제공한다. 그리고 추모의 고구리(高句麗)는 바로 새로 일어난 그 '구리(句麗)＝소수맥(小水貊)'을 이었다는 것을 알 수 있다. 이어지는 『삼국지(三國志)』 분석에서 다시 보기로 한다.

3. 『삼국지(三國志)』의 고구리(高句驪)와 구리(句驪)

삼국시대는 3세기 초 후한(後漢)이 망한 뒤 조조가 세운 위(魏, 220~265), 유비가 세운 촉(蜀, 221~263), 손권이 세운 오(吳, 221~280) 나라가 서로 다툴 때였다.

앞에서 본 후한(後漢)의 역사를 다룬 『후한서(後漢書)』는 5세기 중엽에 나왔고, 여기서 다루려는 진수(陳壽, 233~297)의 『삼국지(三國志)』는 그보다 130년이나 빠른 3세기 말에 나왔기 때문에 『삼국지(三國志)』의 사료 가치는 『후한서(後漢書)』보다 훨씬 크다고 할 수 있다.

『삼국지』에 나온 고구리(高句麗) 나라이름은 다음 〈표 6〉에서처럼 모두 37회

<표 6> 『삼국지』에 나오는 고구리(高句驪)·구리(句驪)

『삼국지』「魏書」	황제 연대 열전	고구리 高句驪	구리 句驪	고구리 高句麗	구리 句麗	하구리 下句驪	
권3	明帝 靑龍 4(236)	1					1
권3	明帝 景初 1(237)	1					1
권4	齊王 정시 7(246)	1					1
권8	公孫度傳	1					1
권28	母丘儉傳	1	3				4
권30	東夷 序文			1			1
권30	夫餘			1	2		3
권30	高句麗			5	12	1	18
권30	挹婁			1			1
권30	濊			1	4		5
권30	樂浪				1		1
		5	3	9	19	1	37

나온다. 본기에서 고구리(高句驪) 5회, 구리(句驪) 3회로 모두 8회 나왔는데 모두 말 마 변(馬)이 붙은 '가라말 리(驪)' 자를 쓰고 있다. 열전에서는 위나라 신하의 열전과 동이전에 나오는 열전의 기록이 다르다. 위나라 신하의 열전에서는 고구리(高句驪) 2회, 구리(句驪) 3회가 모두 가라말 리(驪)자를 쓰고 있다. 이에 반해 동이 열전에 나오는 29회의 나라이름은 모두 '가라말 리(驪)' 자를 쓰지 않고, '나라이름 리(麗)'를 썼다는 것이 가장 큰 특징이다. 고구리(高句麗) 9회, 구리(句麗) 19회, 하구리(下句麗) 1회로 구리(句麗)를 가장 많이 썼다.

1) 『삼국지三國志』「본기」에 나온 고구리高句麗

삼국시대 세 나라는 위나라 45년, 촉나라 43년, 오나라 59년으로 아주 단명한 나라들이기 때문에 많은 교류가 있었던 것은 아니다. 세 나라 가운데 고구리(高句麗)와 바로 가까이 있었던 위나라와 관계가 깊었기 때문에 고구리(高句麗)에 관한 기사는 「위지(魏志)」에만 나온다. 비록 짧은 기간이지만 세 나라가 서로 다툴 때이기 때문에 고구리(高句麗)와 가까운 위나라와 남쪽에 있는 손권의 오나라가 서로 고구리(高句麗)의 힘을 이용하려 하였다. 「위서」 본기에는 다음 3가지 기사가 나온다.

① 236년 7월, 고구리(高句驪) 왕 궁(宮)이 손권의 사신 호위(胡衛) 등의 목을 베어 보냈다.[125]

② 237년 7월, 손권의 장수 주연(朱然)을 비롯하여 2만 군사가 강하군(江夏郡)을 에워쌌다 형주자사 호질(胡質) 들이 쳐부수자 그만두고 도망갔다. 처음 손권이 사신 바다를 건너 고구리(高句驪)와 통하고 요동을 치려하였다. 유주자사 관구검(毌丘儉)은 여러 군대와 선비·오환을 거느리고 요동 남쪽 경계에 진을 치고 옥새가 찍힌 문서를 들고 공손연(公孫淵)을 불렀으나 공손연이 군사를 내어 배반했기 때문에 관구검 군대가 나아가 토벌하였다.[126]

③ 246년 봄 2월 유주자사 관구검이 고구리(高句驪)를 토벌하였다.[127]

234년 위나라가 사신을 보내 화친을 청해 오고, 2년 뒤인 236년에는 오나라 손권이 사신을 보내 화친하기를 청하였다. 손권이 사신을 보낸 것은 위나라를 협공하기 위해 위(魏)와 고구리(高句麗) 사이에 있었던 공손연(公孫淵)과 고구리(高句麗)의 군사력을 이용하기 위해 사신을 보냈다. ①번 기사는 바로 그때의 상황이

---

125) 『三國志』卷3,「魏書」3, 明帝紀 第3. 靑龍 四年(236) 秋七月, 高句驪王宮 斬送孫權使胡衛等首.
126) 『三國志』卷3,「魏書」3, 明帝紀 第3. 景初 元年(237) 秋七月丁卯, 孫權遣將朱然等二萬人圍江夏郡, 荊州刺史胡質等擊之, 然退走. 初, 權遣使浮海與高句驪通, 欲襲遼東. 遣幽州刺史毌丘儉率諸軍及鮮卑·烏丸屯遼東南界, 璽書徵公孫淵. 淵發兵反, 儉進軍討之.
127) 『三國志』卷4,「魏書」4, 少帝紀 第4. 齊王 七年(246) 春二月, 幽州刺史毌丘儉討高句驪.

다. 고구리(高句麗)는 가까운 위나라와의 충돌을 피하려고 촉나라 사신들을 잡아

두었다가 5개월 뒤 목을 베어 위나라에 보낸 기사가 『삼국사기』에도 실려 있

다.[128]

②번 기사는 바로 손권이 고구리(高句麗)와 함께 요동을 치려고 또다시 시도하

였다는 것을 알 수 있다. 이 해에 위나라는 유주자사인 관구검에게 위나라와 고

구리(高句麗) 사이에 있는 공손연을 토벌하게 하고, 이때 받은 타격으로 다음 해

인 238년 공손연이 멸망하자 이때부터 고구리(高句麗)는 강국인 위나라와 국경

을 맞대게 되었다. 그 뒤 242년 고구리(高句麗)가 서안평을 치고, 246년에는 관구

검이 고구리(高句麗)를 치게 되는데 ③의 기사가 바로 그때의 상황이다. 이때 관

구검이 환도성을 함락하자 동천왕이 남옥저로 달아났다. 고구리(高句麗) 역사에

서 가장 치욕적인 패배 가운데 하나였다.

『삼국지(三國志)』「본기」의 기사에 나온 나라이름 3개가 모두 고구리(高句驪)

라고 했음을 알 수 있다.

2) 『삼국지』^{三國志} 열전에 나온 고구리^{高句麗}와 구리^{高麗}

(1) 공손도와 관구검 열전에 나온 고구리(高句麗)·구리(句麗)

『삼국지』「위서」에서 본기는 후비(后妃)까지 다 해도 5권밖에 안 되고 6권에서

30권까지 25권의 열전이 실려 있다. 이 가운데 24권에 들어 있는 두 사람의 열전

---

128) 『삼국사기』 권17, 「고구리본기」 제5, 동천왕 10년.

에서 고구리(高句麗) 이름이 나오고, 마지막 권인 30권 동이전에 많은 고구리(高句麗) 나라이름이 나온다. 먼저 24권의 열전에 나온 두 사람 이야기를 보자.

① 공손도(公孫度)의 자는 승제(升濟)이고 본디 요동 양평(襄平) 사람이다. …… 군(郡) 안의 이름난 호족이며 대성(大姓)인 전소(田韶)처럼 평소 은혜롭게 대하지 않은 이들을 모두 법에 따라 죄를 물어 죽이니, 없앤 것이 100가(家)가 넘어 군(郡) 안이 무섭고 두려워서 몸을 떨었다. 동쪽으로 고구리(高句驪)를 치고 서쪽으로 오환(烏丸)을 공격하여 위엄을 해외에 떨쳤다.[129]

공손도는 요동 사람이지만 현도로 이주해서 현도군의 관리가 되었고 끝내는 요동태수(遼東太守)가 되었다. 그 뒤 이 지역에서 크게 세력을 떨쳐 아들 공손강(公孫康)과 손자 공손연(公孫淵)까지 세력이 이어지다가 238년에 망한다. 이 기사는 바로 공손도가 현도를 다스릴 때 고구리(高句麗)를 쳤다는 기사이다. 앞의 「본기」 기사에서 나온 공손연은 바로 이 공손도의 손자이다.

② 관구검(毌丘儉)의 자는 중공(仲恭)이고 하동(河東) 문희(聞喜) 사람이다. …… 정시(正始, 240~248) 연간에 관구검은 고구리(高句驪)가 여러 번 배반해 쳐들어오므로 여러 군사와 보병·기마병 1만 명을 이끌고 현도에 출병하여 여러 길을 따라 토벌하였다. 구리(句驪) 왕 궁이 보병과 기병 2만 명을 비류수에 진군시켜 양구(梁口)에서 큰 싸움이 벌어졌는데, 궁이 잇달아 패해 달아났다. 관구검은 드디어 말을 묶고 수레를 들어 환도에 올라가 구리(句驪)의 수도를 무찌르고, 수 천 명의 목을 베고 사로잡았다. 구리(句驪)의

---

129)『三國志』卷8,「魏書」8, 公孫度傳. 公孫度字升濟, 本遼東襄平人也. …… 郡中名豪大姓田韶等宿遇無恩, 皆以法誅, 所夷滅百餘家, 郡中震慄. 東伐高句驪, 西擊烏丸, 威行海外.

패자(沛者) 벼슬을 하는 득래(得來)가 여러 차례 (왕인) 궁에게 간했으나 궁은 끝내 그 말을 듣지 않았다.[130]

관구검 이야기도 「본기」의 기사에 나왔던 내용인데, 『열전』 관구검전에서 아주 구체적으로 그 내용을 싣고 있다.

이 두 기사를 보면, ①에서는 고구리(高句驪)라고 기록하였는데, ②에서는 처음 1회는 고구리(高句驪)라고 쓰고, 이어서 나오는 나라이름 3회는 모두 고(高)를 빼고 구리(句驪)라고 기록하였다. 이것은 의도적으로 좋은 뜻을 가진 고(高)를 빼고 나머지 구리(句驪)만 썼다고 해석할 수 있다. 결과적으로 나라이름이 모두 5회 나오는데 고구리(高句驪) 2회, 구리(句驪)가 3회이다.

(2) 「동이열전(東夷列傳)」에 나온 고구리(高句麗)·하구리(下句麗)와 구리(句麗)

『삼국지』 권30, 「위지」 권30, 「동이열전」에는 부여, 고구리(高句麗), 동옥저, 읍루, 예, 마한, 진한, 변진, 왜인 같은 9개 나라를 다루고 있는데, 그 가운데 6개 나라 기록에서 고구리(高句麗)가 나온다.

① 동이 서문(1) : 고구리(高句麗) (1)

② 부여(3) : 고구리(高句麗) (1), 구리(句麗) (2)

③ 고구리(18) : 고구리(高句麗) (5), 구리(句麗) (12), 하구리(下句麗) (1)

④ 읍루(1) : 고구리(高句麗) (1)

---

130) 『三國志』 卷28, 「魏書」 28, 毋丘儉傳. 毋丘儉字仲恭, 河東聞喜人也. …… 正始中, 儉以高句驪數侵叛, 督諸軍步騎萬人出玄菟, 從諸道討之. 句驪王宮將步騎二萬人, 進軍沸流水上, 大戰梁口(梁音渴). 宮連破走. 儉遂束馬縣車, 以登丸都, 屠句驪所都, 斬獲首虜以千數. 句驪沛者名得來, 數諫宮, 宮不從其言.

⑤ 예(濊)(5) : 고구리(高句麗) (1), 구리(句麗) (4)

⑥ 낙랑(1) : 구리(句麗)

고구리(高句麗)가 9회, 하구리(下句麗)가 1회, 구리(句麗) 19회로, 나라이름이 모두 29회 나오는데, 이 중에서 하구리(下句麗)는 이미 앞에서 보았듯이 왕망의 기사에서 나왔다. 그리고 각 열전의 처음 시작 부분인 위치를 이야기할 때는 대부분 줄이지 않고 고구리(高句麗)를 쓰고, 그밖에는 구리(句麗)로 줄여 쓰는 경향을 볼 수 있다. 앞에서 보았듯이 『삼국지』「동이열전」에는 모두 말 마 변(馬)을 뗀 '나라이름 리(麗)' 자를 썼다.

4) 추모 고구리^{高句麗}의 전신 "소수맥국^{小水貊國}"

앞에서 『후한서』에 추모가 세운 고구리와 그 이전에 있던 고구리에 대한 기록들이 섞여 있어 정확히 둘로 나누기 어려운 점이 있다고 했다. 그런데 『후한서』보다 130년이나 먼저 쓰인 『삼국지(三國志)』에 소수맥(小水貊)이란 나라가 세워졌다는 기록이 뚜렷이 나온다. 먼저 두 기록을 견주어 보면 다음과 같다.

〈삼국지〉

서안평현(西安平縣) 북쪽에 작은 강(小水)이 있어 남쪽을 흘러 바다로 들어간다. (현도에 편입된) (고)구리(句麗)의 한 갈래(別種)가 이 작은 강(小水) 유역에 나라를 일으켰으므로 그 나라 이름을 '소수맥(小水貊)'이라 하였다. 좋은 활이 나니 이른바 '맥궁'이 그것이다 (西安平縣北有小水, 南流入海. 句麗別種依小水作國, 因名之爲小水貊. 出好弓, 所謂貊弓是也).[131]

〈후한서〉

구리(句驪)는 맥(貊)이라고도 한다. (구리의) 한 갈래(別種)가 소수(小水) 유역에서 살고 있었는데, 그 때문에 소수(에 사는) 맥(小水貊)이라 불렸다. 활을 좋아하는데, 이른바 '맥궁(貊弓)'이 그것이다(句驪一名貊(耳). 有別種, 依小水爲居, 因名曰小水貊. 出好弓, 所謂「貊弓」是也).[132]

『삼국지』에서는 구리(句麗)의 한 갈래가 '나라를 세워 나라이름을 소수맥(小水貊)이라 했다'고 했는데, 『후한서』에서는 '소수 유역에 살고 있어 소수맥이라 불렸다'고 해서 '나라를 세워 그 이름을 소수맥이라고 했다'는 내용을 줄여버렸다.

『삼국사기』에 "주몽(추모)이 졸본부여(卒本扶餘)에 이르렀을 때 그곳 왕에게 아들이 없었는데 주몽을 보고는 비상한 사람인 것을 알고 그의 딸을 아내로 삼게 했고, 왕이 돌아가시자 주몽이 왕위에 올랐다는 이야기도 있다."고 했는데, 글쓴 이는 바로 그 소수맥이 졸본부여라고 본다. 추모가 이미 부여를 떠나와 남쪽 다른 나라로 망명하였기 때문에 졸본부여(卒本扶餘)에서 '부여'를 빼야 하고 그렇게 되면 졸본=홀본(忽本)[133]이 된다. 그 홀본에 왕이 있었다는 것은 나라가 있었다는 뜻이고, 현도를 벗어나 나라를 세운 유일한 기록은 '소수맥(小水貊) = 구리(句麗)'이라는 나라이기 때문에, 그 왕은 소수맥(小水貊)이란 나라의 왕이었음에 틀림이 없다. 그리고 홀본은 바로 소수(小水) 가에 있었다고 볼 수 있다.

---

131) 『三國志』 권30, 「魏書」 30, 烏丸鮮卑東夷傳 第30.

132) 『後漢書』 卷85, 「東夷列傳」 第75. 句驪一名貊(耳). 有別種, 依小水爲居, 因名曰小水貊. 出好弓, 所謂「貊弓」是也.

133) 고구리 사람들이 직접 세운 광개토태왕비에 홀본이라고 했는데 나중에 북위가 그 소리를 한자로 적으면서 하인이라는 뜻을 가진 '졸(卒)' 자로 바꾼 것이다. 『삼국사기』를 지을 때는 태왕비를 보지 못했기 때문에 『위서』를 참고하여 졸본이라고 했을 것이다.

이 문제는 '고구리의 건국과 나라이름 고구리'에서 이미 다루었기 때문에 간단히 자료만 확인한다.

4. 『진서(晉書)』의 고구리(高句麗)와 구리(高麗)

『진서(晉書)』는 서진(西晉, 265~316)과 동진(東晉, 317~419)의 역사를 기록한 정사이다. 위·촉·오 삼국시대 말인 263년, 위(魏)나라 조조(曹操)의 권신이었던 사마의(司馬懿)의 아들 사마소(司馬昭, 246~265)가 촉나라를 멸망시키고, 손자 사마염(司馬炎)이 위나라까지 빼앗아 3국을 통일하여 황제(武帝)에 오르고 낙양(洛陽)에 도읍한 나라가 서진(西晉)이다.

그 뒤 280년에 오(吳)나라를 평정하여 3국을 통일했으나 290년 8왕의 난과 영가(永嘉)의 난으로 낙양과 장안(長安)은 5호(五胡)에게 파괴되고, 311년에는 3대인 회제(懷帝)가 살해되었으며, 316년에는 4대의 민제(愍帝)도 잡혀 서진(西晉)은 불과 36년 만에 남흉노에게 멸망하였다. 이에 앞서 오(吳)나라 옛 도읍지 건업(建業, 현재의 南京)에 있던 서진(西晉) 왕족 사마예(司馬睿, 318~322)는 낙양과 장안이 함락되자 건업을 도읍으로 동진(東晉)을 세웠다. 동진은 419년 공제(恭帝) 때 군벌인 유유(劉裕)에게 제위를 빼앗겨 멸망하였다. 유유가 420년 세운 송나라가 남북조시대 남조의 첫 나라가 된다.

동진과 서진의 154년 역사를 기록한 『진서』는 후대의 기록인 『송서』, 『남제서』, 『양서』, 『위서』 들보다 늦은 7세기 중반인 당나라 때 만들어졌다. 그러나 여기서는 시대별로 정리하기 위해 『진서』를 먼저 다루었다. 『진서』 본기에는 고구리(高句麗) 관련 기사가 4건밖에 없고, 지(志)와 열전에도 각각 1건씩밖에 없으며,

	『晉書』卷	연대·열전	高句驪	高句麗	句驪	句麗	
1	권6, 本紀6	太興 2년(319)	1				1
2	권7, 本紀7	咸康 2년(336)	1				1
3	권7, 本紀7	建元 원년(343)	1				1
4	권10, 本紀10	義熙 9년(413)	1				1
5	권14, 志4	地理(上)		1			1
6	권56, 列傳	第26, 江統傳			1		1
7	권105 載記5	後趙① 石勒(下)		2			2
8	권106 載記6	後趙② 石季龍(上)		1			1
9	권108 載記8	前燕❶ 慕容廆	1	2			3
10	권109 載記9	前燕❷ 慕容皝		4		2	6
11		前燕❸ 慕容翰		2			2
12	권110 載記10	前燕❹ 慕容儁		1			1
13	권111 載記11	前燕❺ 慕容暐		1			1
14		前燕❻ 慕容恪		1			1
15	권113 載記13	前秦① 苻堅(上)		2		1	3
16	권123 載記23	後燕❶ 慕容垂	3				3
17	권124 載記24	後燕❷ 慕容盛	2				2
18		後燕❸ 慕容熙	4				4
19		北燕① 慕容雲			1		1
20	권125 載記25	北燕② 馮跋	3				3
			17	17	2	3	39

열전에 고구리(高句麗)전이 아예 없다. 그러나 이른바 5호16국을 기록한 「재기(載記)」에는 무려 36회나 되는 나라이름 고구리(高句麗)가 나온다. 남조인 동진의 본기 기록에는 고구리(高句麗)가 불과 5회밖에 나오지 않은 것에 비해 5호16국 기록에서 나라이름 고구리(高句麗)가 훨씬 더 많이 나오는 것은 바다 건너 있는 동진에 비해 그만큼 고구리(高句麗)와의 관계가 더 깊었기 때문이다.

1) 본기에 나타난 고구리(高句驪)와 고구리(高句麗)

『진서(晉書)』「제기(帝紀)」에는 고구리(高句麗)에 관련된 기사가 다음과 같이 4

개가 나온다.

① 319년(원제 태흥 2년, 미천왕 20년), 선비 모용외(慕容廆)가 요동을 치자 동이
교위(東夷校尉) 평주자사 최비(崔毖)가 고구리(高句驪)로 달아났다.[134]

② 336년(함강 2년, 고국원왕 6년) 1월, 고구리(高句驪)가 사신을 보내 토산품(方
物)을 바쳤다.[135]

③ 343(건원 원년, 고국원왕 13년) 12월, 고구리(高句驪)가 사신을 보내 알현하고
(토산품을)을 바쳤다.[136]

④ 413(의희 9년, 장수왕 원년) 12월, 이 해에 고구리(高句麗)·왜국 및 서남이(西
南夷)인 동두대사(銅頭大師)가 함께 토산품을 바쳤다.[137]

316년에 서진이 멸망하고 317년에 동진이 섰기 때문에 「본기」에 대한 기사는
모두 동진 때의 기사임을 알 수 있다. 서진이 혼란에 빠져 있을 때 고구리(高句麗)
의 서쪽인 요하(遼河) 유역에서는 선비족인 모용(慕容)씨가 서서히 세력을 키워
가고 있었다. 그러자 진(晉) 나라의 평주자사(平州刺史)·동이교위(東夷校尉)인 최
비(崔毖)가 다른 선비족인 단부(段部)·우문부(宇文部) 및 고구리(高句麗)를 끌어들
여 모용외(慕容廆)를 쳤다. 그러나 결국 실패하고 최비는 고구리(高句麗)로 망명
을 온 사건이 바로 미천왕 20년(319)의 기사이다.

그 뒤 모용외의 아들인 모용황(慕容皝)이 337년 연왕(燕王)이라고 칭하고 나라

---

134) 『晉書』 卷6, 「帝紀」 제6 元帝 太興2年. 十二月乙亥, 鮮卑慕容廆襲遼東 東夷校尉平州刺史崔毖 奔高句驪.
135) 『晉書』 卷7, 「帝紀」 제7 成帝 咸康二年. 二月庚申, 高句驪遣使貢方物.
136) 『晉書』 卷7, 「帝紀」 제7 康帝 建元元年. 十二月高句驪遣使朝獻.
137) 『晉書』 卷10, 「帝紀」 제10 安帝. 義熙九年. 冬十二月 是歲高句麗倭國及西南夷銅頭大師 並獻方物.

를 세웠는데 바로 전연(前燕)이다. 전연은 수도를 용성(龍城, 현재 요령성 朝陽)에
두고 바로 고구리(高句麗)와 이웃하고 있었기 때문에 이때부터 고구리(高句麗)와
큰 전쟁을 치렀으며, 상대적으로 바다를 건너가야 하는 동진과의 외교관계는 빈
번하지 않았다.

「본기」에 나온 기사 4개 가운데 최비에 관한 내용을 뺀 3개가 바로 두 나라와
의 외교관계를 나타내는 기사들이다. 145년 동안 이어진 진나라와의 외교관계는
그다지 활발하지 못했다는 것을 말해준다. 첫 번째 기사(336)는 연나라가 세워지
기 직전의 해이고, 343년은 연나라의 침공을 받은 다음 해 일이다. 그리고 세 번
째 기사는 장수왕이 왕위에 오른 뒤 첫 외교 사절이라고 할 수 있다. 그리고 3년
뒤인 419년 동진은 멸망한다.

나라이름에 관해서 보면, 고구리(高句驪)가 3회, 고구리(高句麗)가 1회 나온다.
앞의 3개 기사에서는 고구리(高句驪)라고 기록하였으나 장수왕 원년 시기에는
'가라말 리(驪)' 자를 쓰지 않고 '나라이름 리(麗)' 자를 써서 고구리(高句麗)라고
했다. 장수왕 원년의 기사는 그 이전과 다른 외교적 대우를 하면서 나라이름 리
(麗)를 썼다는 것을 알 수 있다.

2) 「지리지」와 「열전」에 나온 고구리高句麗와 구리句麗

「지리지」에 나온 기사는 옛날 고구리(高句麗)를 설치한 기사가 하나만 나오는
데 자세하지 않다.

고구리(高句麗)·망평(望平)·고현(高顯)·대방군(帶方郡)은 공손도(公孫度)가 설치했다.[138]

공손도(150~204)는 동한 말기 현도태수를 지냈는데, 여기서 고구리(高句麗)는 현도군에 속한 고구리현(高句麗縣)을 뜻한다.

『진서』「열전」의 동이전은 아주 빈약하다. 고구리(高句麗)는 나오지도 않고 부여, 마한, 진한만 나오는데, 부여전도 아주 간단하여 이미 나온 『후한서』와 『삼국지』를 요약한 내용에 불과하다. 그렇기 때문에 열전에는 고구리(高句麗)라는 나라이름이 나오지 않는다. 다만 강통전(江統傳)에 구리(句驪)가 한 번 나올 뿐이다.

강통전(江統傳) : 구리(句驪)는 본디 요동 국경 밖에 살았다. 정시(正始) 연간에 유주자사 관구검이 배반한 것을 치고, 나머지 종족을 옮겼는데, 처음 옮겼을 때는 100호가 넘었다가 자손들을 낳아 이제 1,000호를 헤아린다.[139]

강통(江統, ?~310)은 서진 시대 관료로, 중원으로 몰려드는 이민족들이 걱정되어 229년 사용론(徙戎論)을 지었는데, 그 사용론에 위나라 정시(正始, 240~249) 때 관구검이 고구리(高句麗)를 침략했을 때 옮겨간 고구리(高句麗) 사람들이 처음에는 100호가 좀 넘었지만 이미 1000호를 헤아린다며 보기를 든 것이다.

「지리지」와 「열전」에는 고구리(高句麗)와 구리(句驪)가 한 번씩 밖에 나오지 않아 역대 사서 가운데 가장 적게 기록된 사서 가운데 하나이다. 여기서는 고구리(高句麗)는 '가라말 려(驪)'를 쓰지 않고 구리(駒麗)는 '가라말 리(驪)'를 썼는데 후자는 옛 사서의 기록을 그대로 옮기면서 그대로 쓴 것이라고 볼 수 있다.

---

138) 『晉書』卷14, 志第4, 地理(上). 高句麗 望平 高顯 帶方郡 公孫度 置.

139) 『晉書』권56(1), 列傳 第26, 江統傳. 句驪本居遼東塞外. 正始中 幽州刺史毌丘儉伐其叛者 徙其餘種 始徙之時戶落百數 子孫孳息今以千計.

3) 『진서』「재기(載記) : 5호16국의 기록」에 나온 고구리^{高句麗}

『진서』 열전에서 고구리(高句麗)에 관한 기사가 빠진 대신『진서』가 처음 채용한 「재기(載記)」에 본기보다 몇 배 많은 고구리(高句麗)가 등장한다. 그런 면에서 「재기(載記)」는 『진서』가 지닌 가장 큰 특징이라고 할 수 있다. 『진서』는 모두 130권인데, 「제기(帝紀)」 10권, 「지(志)」 20권, 「열전(列傳)」 70권, 그리고 「재기(載記)」가 30권이나 된다. 25사에는 이 시기에 이미 중원 북쪽에서 세력을 떨치던 북방민족들의 역사를 따로 정사로 취급하지 않고 모두 「재기(載記)」라는 이름으로 몰아서 기록하고 있다. 북쪽의 이른바 5호16국에 대한 역사를 기록한 것이다. 25사가 한족 위주의 역사기록이기 때문에 북방의 여러 나라는 나라이름으로 따로 기록하지 않은데다가 황제나 왕 호칭도 넣지 않고 모두 이름으로 기록했기 때문에 쉽게 이해하기 어렵다.

그러나 고구리(高句麗)는 이런 북방 국가들과 가까웠기 때문에 무시할 수 없는 중요한 기록들이 많아 우리에게는 오히려 진나라 정사보다 더 중요한 기록들이 많다. 원문에는 각국 왕의 이름만 나오지만 각 나라의 이름과 연대들을 복원하여 정리한다.

(1) 후조(後趙, 319~351) 기록에 나온 고구리(高句麗)

(가) 후조(後趙, 319~333)의 석륵(石勒)

5호16국(五胡十六國)의 하나인 후조(後趙)의 1대 황제 명제(明帝)이다. 후조는 32년 만에 망해서 고구리(高句麗)와의 관계가 많지 않았다. 「석륵전」에는 나온 고구리(高句麗) 기사 하나는『삼국사기』미천왕 31년(333) 기사[140]와 일치한다.

333년은 바로 석륵의 마지막 해에 해당된다. 당시 외교적 관례는 사신을 파견할 때 자기 나라의 특산물을 가져다 주는 것이었는데[141] 고구리(高句麗)에서는 호시(楛矢)가 가장 유명한 특산품이었다.

(나) 후조(後趙)의 3대 황제(334~349) 석계룡(石季龍)

석계룡은 후조(後趙)의 3대 황제인 무제(武帝)로, 1대 황제인 석륵(石勒)의 조카였다. 이 무제와 고구리(高句麗)의 관계에 대해서는 『삼국사기』에 기록이 없는데 「재기(載記)」에 관련 기사가 하나 있다.[142]

건무(建武) 4년(388년) 요서지역 선비족 단요(段遼)를 토벌하고 함께 군사를 내기로 했으나 모용황(慕容皝)을 친 뒤 삭방지역의 선비족인 곡마두를 쳤다는 기사다. 이 기사는 똑같은 내용이 『자치통감』에도 실려 있지만 더 자세한 내용이 없고, 고구리(高句麗)는 고국원왕 8년(338)인 이 해에 관해서는 『삼국사기』에도 아무런 기록이 없기 때문에 당시 전쟁에서 고구리(高句麗)의 역할이나 실제 30만 곡이 도착했는지 여부는 알 수가 없다.

이 기록에는 '가라말 려(驪)'를 쓰지 않고 '고구리(高句麗)'를 썼다.

---

140) 『삼국사기』 권17, 「고구리본기」 제5, 미천왕 31년.

141) 『晉書』 卷105, 「載記」 第5, 石勒(下). 時高句麗·肅愼致其楛矢 宇文屋孤並獻名馬 … 勒因饗高句麗·宇文屋孤使, 酒酣.

142) 『晉書』 권106, 「載記」 第6, 石季龍(上). 季龍謀伐昌黎. 遣渡遼曹伏將靑州之衆渡海 戍蹋頓城, 無水而還. 因戍于海島. 運穀三百萬斛以給之. 又以船三百艘運穀三十萬斛詣高句麗. 使典農中郎將王典率衆萬餘屯田于海濱. 又令靑州造船千艘. 使石宣率步騎二萬擊朔方鮮卑斛摩頭破之, 斬首四萬餘級.

(2) 전연(前燕, 337~370) 기록에 나온 고구리(高句麗)

(가) 선비족장 모용외(慕容廆)

모용외는 선비족으로, 족장이 되자 진(晉)의 요서지방을 침략했으나 패하여 진에 항복하였다. 다른 선비족인 단부(段部)·우문부(宇文部)와 고구리(高句麗)를 쳐서 뒤에 전연(前燕)을 세우는 바탕을 마련하였다. 이 모용외 전에는 고구리(高句麗)와 관계된 두 기사가 있다.

진(晉)·고구리(高句驪)·우문(宇文), 단(段)의 국제적 역학관계를 보여주는 내용으로[143] 『삼국사기』의 미천왕 20년(319)과 21년(320)년 기사에 자세하게 나와 있다. 이 기사를 시작으로 고구리(高句麗)는 모용씨가 지배하는 전·후연이 멸망할 때까지 피비린내나는 싸움이 계속된다.

이 기록에는 앞에서는 고구리(高句驪)라고 '가라말 리' 자를 쓰고, 뒤에 나오는 2개는 모두 말 마 변이 없는 고구리(高句麗)라고 썼다.

(나) 전연(前燕) 태조 모용황(慕容皝, 337~348)

모용황은 모용외의 서자로 셋째아들이었지만 치열한 집안싸움을 통해 전연의 태조가 되었으며 고구리(高句麗)와도 피비린내나는 전쟁을 치르는 당사자였다.

모용황전에는 모두 6번의 고구리(高句麗)가 나온다. 함강 7년(341)에 수도를 용성으로 옮기고 고구리(高句麗)를 친[144] 내용이다.[145] 이 전쟁은 고구리(高句麗) 705년 역사에서 가장 크게 패한 두 번의 사건 가운데 하나이다. 다른 한 번은 앞에서 본 관구검의 침입이었다. 환도성이 함락되어 왕이 도망갔고, 모용황은 백성 5만 명을 잡아갔으며, 왕의 아버지 미천왕 무덤을 파 가고 어머니를 인질로 잡아갔다.[146]

고구리(高句麗)가 4회, 구리(句麗)가 2회 나온다.

(다) 비운의 모용외 맏아들 모용한(慕容翰)

『진서』「재기(載記)」에서 전연의 첫 왕을 기록하고 두 번째 왕인 모용준을 기록하기 전에 모용외의 맏아들인 모용한에 대해 기록하고 있다. 모용한(慕容翰)은 모용외의 서자들 가운데 맏아들이고 문무를 겸했으며 고구리(高句麗)와의 싸움에서도 무공을 세웠다. 342년 고구리(高句麗)를 칠 때 그 원정을 먼저 청한 것도 바로 모용한이었다.[147]

그러나 동생 모용황이 연왕이 되자 같은 선비족인 단(段)과 우문(宇文)에게 투항하여 갔고, 끝내 모용외는 모용황의 사약을 받고 죽는다. 모용황과 같은 어머니에서 난 친동생인 모용인(慕容仁)과 모용소(慕容昭)도 반란을 일으켰다가 모두 죽임을 당했다.

2회 모두 고구리(高句麗)라고 기록되었다.

---

143) 『晉書』 권108, 「載記」 第8 慕容廆. 時平州刺史·東夷校尉崔毖自以爲南州士望 意存懷集 而流亡者莫有赴之. 毖意廆拘留 乃陰結高句驪及宇文·段國等 謀滅廆以分其地. 廆乃遣裔歸說毖曰 降者上策 走者下策也. 以兵隨之. 毖與數十騎棄家室奔于高句麗, 廆悉降其衆 徙裔及高瞻等于棘城 待以賓禮. 明年 高句麗寇遼東 廆遣衆擊敗之.

144) 『晉書』 권109(6), 「載記」 第9 慕容皝. 遂與何充等奏聽皝稱燕王 其年皝伐高句麗 王釗乞盟而還. 『삼국사기』에서 고구려를 친 해는 고국원왕 9년(339)조에 나와 2년 차이가 난다.

145) 이 기사에서는 함강 7년(341)년에 수도를 용성으로 옮기고 고구리(高句麗)를 친 것으로 되어 있으나 『삼국사기』에는 고국원왕 12년(342)에 기록되어 있어 1년 차이가 난다.

146) 『晉書』 권109(6), 「載記」 第9 慕容皝. 殿下以英聖之資 克廣先業 南摧彊趙 東滅句麗 開境三千 戶增十萬 繼武闡廣之功.

147) 『晉書』 권109(6), 「載記」 第9 慕容翰. 廆之庶長子也. 性雄豪 多權略 猨臂工射. 膂力過人. 廆甚奇之 委以折衝之任. 行師征伐 所在有功 威聲大振 爲遠近所憚 作鎭遼東 高句麗不敢爲寇 …… 東破高句麗 北滅宇文 歸 皆豫其謀 皝甚器重之.

(라) 전연의 2대 왕(348~360) 모용준(慕容儁)

모용준은 모용황(慕容皝)의 둘째아들로 모용황의 뒤를 이어 연왕(燕王)이 되었다. 나중에 스스로 황제로 일컫고 죽은 뒤에는 문명(文明)황제가 되었다. 모용준이 즉위하자 고구리(高句麗)는 조공을 바쳐 관계를 정상화하고 왕의 어머니도 돌아오는 기사가 있다.[148] 고구리(高句麗)라고 기록되었다.

(마) 전연의 3대(마지막) 왕(360~370) 모용위(慕容暐)

모용위는 모용준(慕容儁)의 셋째아들로 모용준이 죽자 황제에 즉위하였다. 모용위 전에는 370년 전진(前秦)의 3대 왕 부견(苻堅)이 전연을 침공하는 과정을 기록한 기사가 나오는데 여기서 고구리(高句麗) 관련 기록이 한 번 나온다.[149]

전연의 왕 모용위는 결국 이 전쟁에서 패해 전연이 망하게 된다. 그리고『삼국사기』고국원왕 40년(370) 기록을 보면 이 전투에서 패한 모용평이 고구리(高句麗)로 도망쳤지만 고구리(高句麗)는 그를 잡아 전진으로 보냈다.

고구리(高句麗)라고 기록되었다.

(바) 어린 모용위를 도와 나라를 다스린 모용각(慕容恪)

모용황의 넷째아들이고 모용준의 동생인데, 앞에서 보았듯이 어린 조카 대신 섭정하였다. 모용각 전에는 "여러 번 (모용)황을 따라 정벌에 나섰는데 그때마다 묘책이 많았다. 요동을 진압하게 했는데 위엄이 있어 고구리(高句麗)가 꺼려해

---

148) 『晉書』권110(1),「載記」第10 慕容儁. 高句麗王釗遣使謝恩 貢其方物. 儁以釗爲營州諸軍事·征東大將軍·營州刺史 封樂浪公王.
149) 『晉書』권111(2),「載記」第11 慕容暐. 先是, 慕容桓以衆萬餘屯于沙亭 爲評等後繼. 聞評敗 引屯內黃. 堅遣將鄧羌攻信都 桓率鮮卑五千退保和龍. 散騎侍郎徐蔚等率扶餘·高句麗及上黨質子五百餘人 夜開城門以納堅軍.

함부로 침략하지 못했다."[150]는 기사에서 고구리(高句麗)가 한 번 나온다.

이상에서 본 바와 같이 전연(前燕)의 여러 왕에 대한 기록에서는 고구리(高句麗)·고리(高麗)라고 기록하고 '가라말 리(驪)' 자를 쓰지 않았다.

(3) 전진(前秦) 부견(符堅, 357~385)의 기록에 나온 고구리(高句麗)

『진서』「재기(載記)」에는 전연과 후연 사이에 전진(前秦)의 부견에 대해 기록하고 있다.

전연이 망할 때의 기사로 전연과 적대관계였던 고구리(高句麗)는 모용평을 잡아 보내는 등 전진과 좋은 관계를 유지하였다.[151] 『삼국사기』 고국원왕 40년(370) 기사와 일치한다.

두 나라의 관계는 부견이 소수림왕 2년(372) 사신과 중 순도를 보내 처음으로 불상과 경문을 보낸 사실에서도 확인할 수 있다. 소수림왕 4년(374)에는 아도 화상이 왔다. 다음 해인 375년에는 초문사(肖門寺)를 세워 순도를 머무르게 하고, 불란사(伊佛蘭寺)를 세워 아도를 머무르게 한 시점이 우리나라 불교의 시작이 되었다.

이 기록에서도 고구리(高句麗)·고리(高麗)라고 기록하여 가라말려(驪)자를 쓰지 않았다.

---

150) 『晉書』 권111(2), 「載記」 第11 慕容暐. 數從銚征伐 臨機多奇莢, 使鎭遼東 甚有威惠 高句麗憚之 不敢爲寇
151) 『晉書』 권113(3), 「載記」 第13 符堅(上). 郭慶窮追餘燼 慕容評奔于高句麗 慶追至遼海 句麗縛評送之. 堅散暐宮人珍寶以賜. …… 於是自稱大將軍·大都督·秦王, 署置官司 以平顏爲輔國將軍·幽州刺史 爲其謀主. 分遣使者徵兵於鮮卑·烏丸·高句麗·百濟及薛羅·休忍等諸國 並不從.

(4) 후연後燕, 384~409 모용씨(慕容氏) 기록에 나온 고구리(高句麗)

(가) 모용수(慕容垂)

전연이 후진에 항복하여 망했으나 부견이 383년에 대군을 거느리고 동진(東晋)을 공략하다가 비수(淝水)전투에서 대패하자 모용수(慕容垂)는 등을 돌렸고, 384년에 후연(後燕)의 왕이 되었다가 2년 뒤인 386년에는 후연의 황제인 세조가 되었다. 그리고 이때부터 다시 고구리(高句麗)와는 숙명적인 대결이 시작된다.

385년에 고국양왕이 요동을 쳐서 고구리(高句麗)는 침략군을 물리치고 요동과 현도를 차지하고 남녀 1만 명을 사로잡아 오는 성과를 거두었다.[152] 그러나 요동과 현도 두 성은 그 해 겨울 11월에 후연이 다시 탈환하였다.[153] 『삼국사기』 고국양왕 2년(385) 11월 기사와 같은 내용이다. 385년 기사는 『삼국사기』 고국양왕 2년(385)에 자세히 나온다.

이 두 기록에 고구리(高句驪)가 3회 나온다.

(나) 후연의 3대 왕(398~401) 모용성(慕容盛)

2대 왕(396~398)인 모용보(慕容寶)의 아들이다. 모용보가 난한(蘭汗)에게 살해되었는데 아들 모용성이 찬탈자를 처단하고 3대 왕에 올랐다. 다음 해인 399년 고구리가 사신을 보내 토산물을 바친 기사와 광개토태왕의 예절이 오만하다고

---

152) 『晉書』 권123(3) 「載記」 第23 慕容垂. 高句驪寇遼東 垂平北慕容佐遣司馬郝景率衆救之. 爲高句驪所敗 遼東·玄菟遂沒.

153) 『晉書』 권123(3) 「載記」 第23 慕容垂. 慕容農 攻剋 令支 斬徐巖兄弟. 進伐高句驪 復遼東·玄菟二郡 還屯龍城.

154) 『晉書』 권124(6) 「載記」 第24 慕容盛. 高句驪王安遣使貢方物. 『삼국사기』 광개토왕 9년(399) 기사와 같음.

해서 스스로 군사를 이끌고 와서 친 기사다.

391년에 즉위한 광개토태왕은 거란을 쳐 잡혀갔던 백성 1만 명을 데려오고 남쪽으로는 백제와의 싸움이 치열했다. 398년에 모용성이 즉위하자 사신을 보내 서쪽의 안정을 꾀하였다.[154] 그러나 399년, 모용성이 쳐들어와 광개토태왕이 크게 당한다.[155] 그리고 다음 해인 401년에 모용성이 갑자기 죽자 바로 숙군성(宿軍城)을 공격하여 크게 승리한다. 이 두 기록에 고구리(高句驪)가 2번 나온다.

(다) 후연의 4대 왕(401~407) 모용희(慕容熙)

401년 모용성이 반란을 진압하는 과정에서 상처를 입고 죽자 신하들은 모용성의 동생인 모용원(慕容元)을 옹립하려 했지만, 모용희와 사통하고 있던 태후 정씨(丁氏)가 모용희를 궁으로 불러들여 그가 천왕의 지위를 잇게 되고 모용원은 살해되었다. 모용희는 바로 399년 고구리(高句麗) 침략 때 선봉에 섰던 표기대장군이었다.[156]

아버지가 죽고 모용희가 즉위하는 과정에서 후연이 내란에 휩싸여 있는 동안 광개토태왕은 앞에서 본 바와 같이 401년에 숙군성을 치고 403년에도 연나라를 친다. 이에 대응하여 전열을 정비한 모용희는 404년과 405년에 잇달아 고구리(高句麗)를 침공하였으나 실패하였다.[157]

---

155) 『晉書』 권124(6) 「載記」 第24 慕容盛. 盛率衆三萬伐高句驪 襲其新城·南蘇 皆剋之 散其積聚, 徙其五千餘戶于遼西. 『삼국사기』 광개토왕 9년(399) 기사와 같음.

156) 『晉書』 권124(6) 「載記」 第24 慕容熙. 盛初卽位, 降爵爲公, 拜都督中外諸軍事 驃騎大將軍 尙書左僕射 領中領軍 從征高句驪·契丹 皆勇冠諸將.

157) 『晉書』 권124(6) 「載記」 第24 慕容熙. 會高句驪寇燕郡 殺畧百餘人. 熙伐高句驪 以苻氏從 爲衝車地道以攻遼東 熙曰 待刻平寇城 朕當與后乘輦而入. 不聽將士先登. 於是城內嚴備 攻之不能下 會大雨雪 士卒多死 乃引歸. 擬鄴之鳳陽門 作弘光門 累級三層. 熙與苻氏襲契丹 憚其衆盛 將還 苻氏弗聽 遂棄其輜重 輕襲高句驪 周行三千餘里 士馬疲凍 死者屬路 攻木底城 不剋而還.

모용성은 황후 부씨를 총애하여 원하는 것을 모두 들어주고 각종 토목공사를 남발하여 국력을 낭비하였다. 이 기회에 광개토태왕이 연군을 치자 이에 맞서 모용회가 두 번이나 고구리(高句麗)를 침공하였으나 강력한 저항을 받다 결국 실패하고 돌아간다. 이처럼 국내정치에 실패하고 전쟁에서 국력을 낭비한 후연은 결국 멸망하면서 전·후연과 고구리(高句麗)의 악연은 끝난다.

이 기록에 고구리(高句驪)가 4번 나온다. 후연(後燕)의 기사에서는 모두 고구리(高句驪)라고 '가라말 리(驪)'자를 쓰고 있다.

(5) 북연(北燕, 407~436) 기록에 나온 고구리(高句麗)

(가) 북연의 시조(407~409) 모용운(慕容雲)

모용운은 학정을 일삼던 후연(後燕) 왕 모용희(慕容熙)를 살해한 중위장군(中衛將軍) 풍발(馮跋) 등의 추대를 받아 407년 천왕(天王)에 즉위하였는데 이것이 북연(北燕)이다. 「재기(載記)」에서 모용운에 대한 기사는 그의 출신에 대한 것만 나오는데 바로 ①의 기사다.

① 모용운의 자는 자우(子雨)이고 (모용)보의 양자이다. 할아버지 고화(高和)는 구리(句驪)의 한 갈래이고 스스로 고양씨의 후예라고 하여 고(高)를 성으로 삼았다.[158]

모용보가 태자로 있을 때 운(雲)이 무사로서 동궁을 지켰는데, 모용보가 아들

---

158) 『晉書』 권124(6), 「載記」 第24 慕容雲. 慕容雲字子雨 寶之養子也. 祖父高和 句驪之支庶 自云高陽氏之苗裔 故以高爲氏焉.
159) 『삼국사기』 권17, 광개토왕 14년(404) 15년(405) 기사.

로 삼아 '모용'이라는 성을 내렸다. 그러나 천왕이 되자 고씨 성을 내세웠다. 이에 광개토태왕은 사신을 보내 종족(宗族)의 정을 표하자 고운도 이어서 이발을 보내 답례하였다.[159] 그리하여 북연과의 관계는 지난날 전·후연과는 확연하게 다른 시절이 온 것이다.

모용운의 출신을 이야기할 때 구리(句驪)가 한 번 나오는데 고구리(高句麗)가 아닌 구리(句驪)를 쓴 것이 특이하다.

(가) 북연의 2대 왕(409~430) 풍발(馮跋)

북연(北燕)의 1대 왕으로 즉위한 모용운(高雲)은 풍발을 중용하였고, 풍발은 동생 풍소불과 함께 조정의 실권의 장악했다. 북연의 고운은 아쉽게도 2년 만인 409년에 총신이었던 이반(離班)과 도인(桃仁)의 반란으로 살해되고, 사실상 실권을 쥐고 있던 풍발이 이를 진압한 뒤 직접 천왕 자리에 올랐다. 그러나 결국은 북위의 침공으로 오래가지 못하고 망한다. 풍발의 동생 풍비(馮丕)가 고구리에 항복한 기사[160]와, 북연이 멸망하자 풍발이 고구리(高句麗)로 도망갔다가 고구리(高句麗)에서 죽은 기록[161]에서 모두 3번의 고구리(高句麗)가 나온다.

북연에 관한 기록에서는 고구리(高句驪)와 고리(高驪)처럼 모두 '가라말 리(驪)' 자를 썼다.

(6) 『진서』 「재기(載記)」에 나온 고구리(高句麗)에 관한 종합

앞에서 보았지만 「재기(載記)」는 진나라 시대 북쪽을 지배했던 5호16국(五胡十

---

160) 『晉書』 권125(3), 「載記」 第25 馮跋. 跋弟丕 先是 因亂投於高句驪 跋迎致之 至龍城 以爲左僕射·常山公.

161) 『晉書』 권125(3), 「載記」 第25 馮跋. 跋立十一年, 至是, 元熙元年也, 此後事入于宋 至元嘉七年死 弟弘殺 跋子翼自立 後爲魏所伐 東奔高句驪 居二年 高句驪殺之.

六國)에 관한 기록을 일컫는 말이다. 중국 사서에는 일반적으로 본기(本紀)·열전(列傳)·세가(世家)·지(志)로 나누어 기록하는데 『진서』에서는 한족 위주의 역사 서술을 위해 편법인 「재기(載記)」라는 형식을 도입한 것이다. 이들 북방 민족들이 세운 나라들은 진나라에 비해 지리적으로 가깝기 때문에 고구리(高句麗)에 관한 기록들이 많다.

『진서』「재기(載記)」에는 나라이름 고구리(高句麗)가 모두 33회 나오는데 4가지로 나눌 수 있다.

고구리(高句驪) : 13회

고구리(高句麗) : 16회

구리(句驪)　　 : 1회

구리(句麗)　　 : 3회

후조·전연·전진에는 모용외 때 1번을 빼놓고는 모두 고구리(高句麗) 15회, 구리(句麗) 3회를 쓴 반면, 후연과 북연에서는 고구리(高句驪) 12회, 구리(句驪) 1회처럼 모두 '가라말 리(驪)' 자를 썼다.

다섯째 마당

나라이름을 고리(高麗)로 바꾼 뒤의
25사(二十五史) 기록
- 남북조시대(420~589)

남북조시대는 진(晉)나라와 수(隋)나라 중간시대에 해당하며, 이 동안 남북으로 갈라져 각각 왕조가 바뀌어 일어나고 망했다. 남조는 한족(漢族) 왕조인 송(宋, 420~478) → 남제(南齊, 479~501) → 양(梁, 502~556) → 진(陳, 557~589) 같은 4왕조를 지나 589년 진이 수(隋) 문제에게 멸망될 때까지를 가리킨다.

　북조는 북위(北魏·선비, 386~534) → 동위(東魏, 534~550) → 서위(西魏, 535~557) → 북제(北齊, 高氏, 550~577) → 북주(北周, 宇文氏 557~581)로 이어진다. 5호16국(五胡十六國)의 혼란을 수습한 북위의 태무제(太武帝) 때부터 시작된다. 이 북위가 동위(東魏)와 서위(西魏)로 나뉘고, 동위는 북제(北齊), 서위는 북주(北周)로 바뀌었다가 북주가 북제를 멸망시키고 한때 화북지역을 통일하였다. 그러나 얼마 못가서 외척인 양견(楊堅:文帝)이 황제 자리를 물려받고 건국한 수(隋)가 남조의 마지막 왕조인 진을 멸망시키고 통일할 때까지를 남북조시대라고 한다.

1.『송서^{宋書}』의 고구리^{高句麗}와 고리^{高麗}

『송서』는 송나라(420~478) 때의 역사를 기록한 것으로, 이미 송나라 때인 462년 효무제(孝武帝)의 칙명에 따라 서원(徐爰) 등이 편찬하기 시작하여 487년 남제(南齊) 무제(武帝)의 칙명에 따라 심약(沈約)이 488년에 완성한 역사서이다. 따라서 주로 후대에 기록한 다른 사서에 비해 신빙성이 높고 정확하다고 볼 수 있다. 「제기(帝紀)」10권, 「지(志)」30권, 「열전(列傳)」60권으로 모두 100권이다.

『송서』에는 나라이름 고구리(高句麗)모두 34회 나오는데, 「제기(帝紀)」에서 21회, 「지(志)」와 「열전(列傳)」에서 13회 나온다. 그 가운데 고리(高麗)가 22회로 가장 많은 것은 송나라 때는 고구리(高句麗)가 이미 나라이름을 고리(高麗)로 바꾸었다는 사실을 보여주는 명확한 통계다. 그밖에 이전부터 전통적으로 사용해 오던 고구리(高句驪) 7회, 고리(高驪) 4회, 구리(句驪) 1회가 나온다.

〈표 8〉『송서(宋書)』에 기록된 고구리(高句驪)·고리(高驪)·구리(句驪)

	권(卷)	열전(列傳)·지(志)	고구리 高句驪	고리 高驪	고리 高麗	구리 句驪	
1	권 1~10	「帝紀」	1		20		21
2	권 29	「志」第19 符瑞			1		1
3	권 95	「列傳」55 索虜			1		1
4	권 97	「列傳」57東夷高句驪國	5	2			7
5	권 97	「列傳」57, 百濟		2			2
6	권 97	「列傳」57, 倭	1			1	2
			7	4	22	1	34

1)『송서^{宋書}』「제기」에 기록된 고구리^{高句驪}와 고리^{高麗}

『송서(宋書)』「제기(帝紀)」에 기록된 고구리(高句驪)와 고리(高麗)를 뽑아서 표를 만들어 보면 다음과 같다.

〈표 9〉 『송서(宋書)』 「제기」에 기록된 고구리(高句驪)와 고리(高麗)

	송 연대	고구려 연대(AD)	기사 내용
1	武帝 永初 원년	장수왕 8(420)	征東將軍高句驪王高璉進號征東大將軍
2	少帝 景平 원년	장수왕 11(423)	高麗國遣使朝貢
3	景平 2년	장수왕 12(424)	高麗國遣使貢獻
4	文帝 元嘉 13년	장수왕 24(436)	高麗國·武都王遣使獻方物.
5	元嘉 15년	장수왕 26(438)	武都王·河南國·高麗國·倭國·扶南國·林邑國 並遣使獻方
6	元嘉 16년	장수왕 27(439)	武都王·河南王·林邑國·高麗國 並遣使獻方物
7	元嘉 17년	장수왕 28(440)	肅特國·高麗國·蘇靡黎國·林邑國 並遣使獻方物
8	元嘉 20년	장수왕 31(443)	河西國·高麗國·百濟國·倭國 並遣使獻方物
9	元嘉 28년	장수왕 39(451)	高麗國遣使獻方物.
10	孝武帝 元嘉 30년	장수왕 41(453)	高麗國遣使獻方物.
11	孝建 2년	장수왕 43(455)	高麗國遣使獻方物.
12	大明 2년	장수왕 46(458)	高麗國遣使獻方物.
13	大明 3년	장수왕 47(459)	高麗國遣使獻方物.
14	大明 5년	장수왕 49(461)	高麗國遣使獻方物.
15	大明 7년	장수왕 51(463)	芮芮國·高麗國遣使獻方物
16	大明 7년	장수왕 51(463)	征東大將軍高麗王高璉進號車騎大將軍·開府儀同三司
17	明帝 泰始 3년	장수왕 55(467)	高麗國·百濟國遣使獻方物
18	泰始 6년	장수왕 58(470)	芮芮國·高麗國遣使獻方物
19	後廢帝 泰豫 원년	장수왕 60(472)	芮芮國·高麗國遣使獻方物
20	元徽 3년	장수왕 63(475)	芮芮國·高麗國遣使獻方物
21	順帝 昇明 2년	장수왕 66(479)	高麗國遣使獻方物
			고구리(高句驪) 1회, 고리(高麗) 20회

송나라와 고구리(高句麗)·고리(高麗) 사이에는 막강한 북위가 버티고 있어서 상대적으로 두 나라의 접촉이나 외교 관계는 잦지 않았다. 송(420~478)의 58년 동안 「제기」의 기록에는 21회의 기록만 나와 있는데 모두 공식적인 외교관계를 나타내는 기록으로, 그 밖의 기록은 단 한 건도 없다.

21건의 외교관계 가운데 책봉 기사가 2건, 조공(朝貢)·공헌(貢獻)·헌방물(獻方物) 기사가 19건이다. 〈표 9〉에서 보듯이 『송서(宋書)』 「제기」에는 송나라가 건국된 첫해에 관례로 실시한 책봉에서 고구리(高句驪)를 딱 한 번 썼을 뿐 나머지 20

회는 모두 고리(高麗)를 썼다. 여기서 우리는 고구리(高句驪)가 고리(高麗)로 나라 이름을 바꾼 시점을 찾아내는 중요한 단서를 찾아낼 수 있다. 앞에서 보았듯이 『송서』는 이미 송나라 당시 쓰기 시작하여 망한 지 10년 만에 완성되었기 때문에 사료의 신빙성이 그 어떤 사서보다 높고, 특히 공식 문서들을 바탕으로 했을 제 기(帝紀)는 거의 오차가 없을 것이기 때문이다.

2) 『송서』에 나타난 고구리(高句麗)에서 고리(高麗)로 나라이름 변경

『송서』는 고구리(高句驪)가 나라이름을 고리(高麗)로 바꾼 시기를 알 수 있는 중요한 사료이기 때문에 여기서는 그 부분을 자세히 보려고 한다. 먼저 책봉 기 사부터 보기로 한다.

① 영초(永初) 원년(420, 장수왕 8년) 갑진, 진서장군(鎭西將軍) 이흠(李歆) 정서장군(征西 將軍)으로 높여 부르고(進號), 평서장군(平西將軍) 걸불치반(乞佛熾盤)을 안서대장군(安 西大將軍)으로 높여 부르고, 정동장군(征東將軍) 고구리(高句驪) 왕 고련(高璉)을 정동대 장군(征東大將軍)으로 높여 부르고, 진동장군(鎭東將軍) 백제(百濟) 왕 부여영(扶餘映)을 진동대장군(鎭東大將軍)으로 높여 부른다. [162]

② 대명(大明) 7년(463) 정동대장군(征東大將軍) 고리(高麗) 왕 고련(高璉)을 차기대장군 (車騎大將軍)·개부의동삼사(開府儀同三司)로 높여 부른다. [163]

---

162) 『宋書』卷3, 「本紀」第3 武帝下. 永初元年 秋七月 甲辰, 鎭西將軍李歆進號征西將軍, 平西將軍乞佛熾盤進 號安西大將軍, 征東將軍高句驪王高璉進號征東大將軍, 鎭東將軍百濟王扶餘映進號鎭東大將軍.
163) 『宋書』卷6, 「本紀」第6. 孝武帝大明 7年 征東大將軍高麗王高璉進號車騎大將軍·開府儀同三司.

①의 기사는 송이 나라를 세우고 주변국들과의 첫 외교 관계를 여는 행사로 주변 나라들의 왕에게 호를 내리는 기사이다. 이것은 송(宋)뿐만 아니라 모든 황제 국가들이 관례로 행했던 일이었다. 천자는 하늘의 명을 받들어 주변 국가와 이민족을 다스리는 것이 사명이라고 생각하며 행하는 의례이고, 주변 국가들은 천자로부터 정통성을 인정받는 외교방식이었다.

그런데 두 기사를 보면 ①에서는 고구리(高句驪)라 하고, ②에서는 고리(高麗)라고 했다. 책봉할 때는 임명장·인장이 함께 내려가는 외교행사이기 때문에 한 치의 오차가 있어서는 안 된다. 더구나 나라 이름이 틀릴 수 없다. 이 두 책봉 기사에서 420년에 고구리(高句驪)라고 쓰인 나라 이름이 463년에는 공식적으로 고리(高麗)라고 바뀌었다는 것은 그 사이에 나라이름이 바뀌었다는 의미이다.

그렇다면 나라이름을 언제 고구리(高句麗)에서 고리(高麗)로 바꾸었을까? 먼저 다음 책봉 기사인 〈표 9〉의 정리번호 16번에는 나라이름이 고리(高麗)라고 되어 있다. 그러나 이 책봉기사는 첫 책봉 기사와 시간 차가 43년이나 나기 때문에 책봉 기사로 접근하기에는 한계가 있다. 이런 한계를 보충하여 그 사이를 메꾸어주는 게 바로 조공기사다. 〈표 9〉에서 보는 바와 같이 고구리(高句麗)·고리(高麗)는 송나라 58년 동안 모두 19회 조공을 하였다. 그런데 조공기사에서는 '고구리(高句麗)'라는 이름이 전혀 나오지 않고 모두 '고리(高麗)'라고만 기록되어 있다. 이 기록에 따르면 고구리(高句麗)가 나라이름을 고리(高麗)로 바꾼 시기는 적어도 첫 번째 조공 기록인 423년(장수왕 11년, 경평 원년)까지 올려잡을 수 있다.

420년의 기사가 나라를 새로 세우고 의례적으로 이전에 썼던 대로 고구리(高句驪)라는 나라이름을 썼다는 한계는 있지만, 『송서』「본기」를 바탕으로 고구리(高句驪)는 420~423년 사이에 나라이름을 고리(高麗)로 바꾸었다는 가설을 세울 수 있다. 다시 한번 강조하지만 『송서』는 송나라 때 이미 편찬을 시작한 사료로,

당시 기록을 면밀히 검토해서 편찬하였기 때문에 고구리(高句麗)에서 '구(句)' 자를 빼고 고리(高麗)로 줄여쓴 게 아니라 기록에 쓰인 그대로를 썼기 때문에 아주 믿을 만한 사료라고 할 수 있다.[164)

『삼국사기』에는『송서』「본기」에 나오는 기사가 나오지 않는다. 장수왕이 왕위에 오른 다음 해인 414년에 진(晉)나라에 표를 올리고 책봉을 받은 기록이 나온 뒤 11년이 지난 425년에 북위에 사신을 보내 조공한 기사가 나오고, 10년 뒤인 435년에 가서야 위나라와의 조공과 책봉외교에 관한 기사가 나온다. 북위가 이미 386년에 나라를 세웠지만, 당시 고구리(高句麗)와 맞닿아 있는 나라는 후연과 북연이었기 때문이라고 할 수 있다.『삼국사기』에는 북위가 후연을 쳐서 없애는 과정이 자세히 기록되어 있다. 그리고 송(宋)도 이 과정에서 처음 등장한다. 438년(장수왕 26년) 북위에 망해 고구리(高句麗)로 도망온 풍홍(馮弘)이 북위의 적대국인 송(宋)에 구원을 요청하고 송이 고구리(高句麗)에게 풍홍을 송으로 보내라는 명령이 내려 꽤 복잡한 외교적 마찰이 일어난 기사다.

그 뒤로 고구리(高句麗)는 북위와 송, 양쪽에 조공을 바치면서 등거리외교를 하게 된다. 그러나『송서』에 보면 그 사건 이전에 이미 420년 책봉, 423년, 424년, 436년에 걸쳐 조공이 3회 있었다는 내용이 있다.『삼국사기』기사만으로 당시 상황을 파악할 때 생기는 한계를 보여준다고 할 수 있다.

여기서는 고구리(高句麗)가 나라이름을 고리(高麗)로 바꾼 시기가 420~423년

---

164) 박성봉은 송서의 가치에 대해 이렇게 말했다. "송서에서는 전적으로 유송(劉宋) 한 대의 高句麗에 대한 관계기사만이 기록되고 있으며, 통시대적이고 일반적인 사회상에 대한 기술이 전혀 없다. 따라서 후한서와 같이 이전 사서를 옮겨 실은 부분이 없고 송과 高句麗와의 조빙(朝聘)왕래, 그리고 봉왕(封王)의 기사만이 나열되어 있을 뿐이다. 그러나 이 외교기록은 대부분 삼국사기에도 나타나지 않는 기사로서 高句麗 장수왕 대의 중국에 대한 관계를 보여주는 중요한 사료로 평가된다." (朴性鳳,『東夷傳高句麗關係資料』, 경희대학교 부설 한국전통문화연구소, 1981, 13쪽).

까지 거슬러 간다는 사실만 밝히고 이 책의 일곱째 마당에서 자세히 다루겠다.

3) 『송서』「열전」에 기록된 고구리高句驪·고리高麗·구리句驪

『송서(宋書)』「열전(列傳)」에는 나라 이름이 모두 13회 나오는데 고구리(高句驪)·고리(高麗)·구리(句驪)라고 서로 다르게 기록하였다.

〈표 10〉 『송서(宋書)』「열전(列傳)」에 기록된 고구리(高句驪)·고리(高麗)·구리(句驪)

	권(卷)	열전(列傳)·지(志)	고구리(高句驪)	고리高麗	고리(高麗)	구리(句驪)
1	권 29	「帝紀」			1	
2	권 95	「列傳」55 索虜			1	
3	권 97	「列傳」57 東夷高句驪國	5	2		
4	권 97	「列傳」57, 百濟		2		
5	권 97	「列傳」57, 倭	1			1
			6	4	2	1

먼저 고리(高麗)라고 기록한 부분부터 보기로 한다. 「지(志)」와 「열전」에서 고리(高麗)가 2회 나오는데 하나는 「지(志)」 19의 부서(符瑞)에서 나오고, 다른 하나는 「열전」 55에서 나온다.

① 효무제 대명(大明) 3년(459) 11월 기사(己巳) 숙신씨(肅愼氏)가 효시(嚆矢)와 석경(石磬)을 바쳤는데 고리(高麗) 나라의 역관을 통해서 이르렀다.[165]

② 태조가 글을 보내 말하기를, ……이전에 (너희는) 북쪽으로 예예(芮芮)와 통하고, 서쪽으로 혁연(赫連), 몽손(蒙遜)·토욕혼(吐谷渾)과 연결하고, 동쪽으로 풍홍(馮弘), 고리(高麗)와 연합하였다. 이런 여러 나라는 내가 모두 멸하였다. 이를 볼 때 너희가 어찌 홀로 보전

---

165) 『宋書』 卷29, 「志」第19 符瑞 下. 孝武帝 大明三年 十一月己巳, 肅愼氏獻楛矢石砮, 高麗國譯而至.

할 수 있겠는가?[166]

위의 두 기사에서 ①은 본기에 나온 조공 기사와 같은 내용이다. 이미 나라이름이 고리(高麗)로 바뀐 뒤의 기록이기 때문에 똑같이 고리(高麗)라는 나라이름을 쓰는 것은 당연하다.

②의 기사는 열전에서 색로(索虜)를 다룬 것으로 열전 1권을 다 할애해서 비중 있게 다루었다. 색로란 북위(北魏)를 낮추어 부르는 말이다. 서로 다투는 상대인 북위의 3대 황제인 태무제(424~451)에 대한 기사인데 탁발(拓跋)이란 성도 쓰지 않고 도(燾)라는 이름으로만 기록하였다. 본기에서 보았듯이 423년 이전에 이미 나라이름을 고리(高麗)로 바꾸었고, 그 뒤로는 남북조가 모두 고리(高麗)라고 기록하였기 때문에 당연한 일이다.

같은 열전이지만 동이전(東夷傳)에는 기록하는 태도가 전혀 다르다. 먼저 제목부터 고구리국(高句驪國)이라고 해서 '가라말 리(驪)' 자로 쓰고 있다. 동이열전의 기록은 제기(帝紀)처럼 송나라 자체가 생산한 사료보다는 이전의 기록들을 참고한 경우가 많아 제기보다 사료적 가치가 떨어진다고 볼 수 있다.

진(晉) 안제(安帝) 의희(義熙) 9년(413) 진나라가 장수왕을 책봉한 기사가 가장 먼저 나오는데 여기에 고구리(高句驪)가 3회 나온다.[167] 이어서 송(宋) 고조, 곧 무제 원년(420) 책봉 기사에서 고구리(高句驪)가 1회 더 나온다.[168]

그런데 2대 황제 소제(少帝) 경평 2년(424) 장수왕의 조공에 대한 답례로 사신

---

166) 『宋書』 卷95, 「列傳」 第55 索虜. 與太祖書曰 : …… 彼往日北通芮芮, 西結赫連·蒙遜·吐谷渾, 東連馮弘·高麗. 凡此數國, 我皆滅之. 以此而觀, 彼豈能獨立.

167) 『宋書』 卷97, 「列傳」 第57 東夷 高句驪. 今治漢之遼東郡. 高句驪王高璉, 晉安帝義熙九年, 遣長史高翼奉表獻赭白馬. 以璉爲使持節·都督營州諸軍事·征東將軍·高句驪王·樂浪公.

을 보내 위로의 말을 전하는 데서 고구리(高句驪)가 1번 나온다.[169] 이는 본기에 고리(高麗) 측에서 423년과 424년 잇달아 고리(高麗)라는 이름으로 사신을 보낸 것과 다르다. 나라이름을 본기처럼 고리(高麗)라고 하지 않고 고구리(高句驪)라고 한 것도 다르지만 '가라말 리(驪)' 자를 쓴 것도 본기와 다르다. 이는 고리(高麗)에서는 외교문서에 새로운 나라이름으로 표기하고 나라이름이 바뀌었다는 것을 알렸지만 초기 송나라에서는 이전부터 써 내려온 고구리(高句驪)를 계속 썼을 가능성이 크다. 다른 관점에서 보면 사관들이 제기를 쓸 때와 열전에서 주변국가를 쓸 때와는 자세와 관점이 달라졌다는 점을 지적할 수도 있다.

그 뒤 원가(元嘉) 15년(438), 북위의 풍홍(馮弘) 기사에 고리(高驪)가 2회 나오는데, 여기서는 나라이름을 두 자로 줄여 고리(高驪)라고 바꾸었지만 '가라말 리(驪)' 자를 쓴 것도 제기의 기록과 다르다. 편찬자의 비하의식이 나타나는 곳이다.

> 15년(438), 다시 색로(索虜＝북위)의 공격을 받은 (북연의 풍)홍(弘)이 패배하여 고리(高驪)의 북풍성(北豊城)으로 달아나 (宋에) 표를 올려 받아달라고 청하였다. 태조는 사신 왕백구(王白駒)와 조차흥(趙次興)을 보내 이들을 맞이하는 한편, 고리(高驪)에게 먹을 것과 오가는 비용을 주어 보내라고 했다.[170]

이처럼 본기와 달리 열전에서는 비하의식을 가지고 기록했다는 것은 다음 기

---

168)『宋書』卷97,「列傳」第57 東夷 高句驪. 高祖踐阼, 詔曰：「使持節ㆍ都督營州諸軍事ㆍ征東將軍ㆍ高句驪王ㆍ樂浪公璉, 使持節ㆍ督百濟諸軍事ㆍ鎭東將軍ㆍ百濟王映, 並執義海外, 遠修貢職. 惟新告始, 宜荷國休, 璉可征東大將軍, 映可鎭東大將軍. 持節ㆍ都督ㆍ王ㆍ公如故.

169)『宋書』卷97,「列傳」第57 東夷 高句驪. 少帝景 平二年, 璉遣長史馬婁等詣闕獻方物, 遣使慰勞之, 曰：「皇帝問使持節ㆍ散騎常侍ㆍ都督營平二州諸軍事ㆍ征東大將軍ㆍ高句驪王ㆍ樂浪公, 纂戎東服, 庸績繼軌, 厥惠旣彰, 款誠亦著, 踰遼越海, 納貢本朝.

170)『宋書』卷97,「列傳」第57 東夷 高句驪. 十五年, 復爲索虜所攻, 弘敗走, 奔高驪北豊城, 表求迎接. 太祖遣使王白駒ㆍ趙次興迎之, 幷令高驪料理資遣.

사에서 더욱 뚜렷하게 드러난다.

> (大明) 7년(463), 조서를 내렸다. "사지절(使持節) 산기상시(散騎常侍) 도평(督平)·영(營)
> 이주제군사(二州諸軍事) 정동대장군(征東大將軍) 고구리왕(高句驪王) 낙랑공(樂浪公) 연
> (璉)은 대대로 충의를 섬겨 해외의 울타리가 되었다.[171]

이 기사는 바로 제기에서 장수왕을 책봉한 뒤 내린 조서로 보이는데, 본기의
책봉 기사에서는 '고리왕(高麗王)'이라고 뚜렷한 나라이름을 썼는데, 열전 고구리
전에서는 옛 나라이름을 쓴 데다 '가라말 리(驪)'를 쓴 것이다. 이 부분도 〈표 9〉
에서 제기(帝紀)에 나온 관련 기사를 가져와 보면 쉽게 비교가 된다.

동이전 백제에서 고리(高驪)가 2회 나온다.

> 大明 7년 장수왕 51(463) 征東大將軍高麗王高璉進號車騎大將軍·開府儀同三司

> 백제나라(百濟國)는 본디 고리(高驪)와 더불어 요동 동쪽 1천 리가 넘는 밖에 있었다. 그
> 뒤 고리(高驪)는 요동을 다스리고, 백제는 요서를 다스렸다. 백제가 다스린 곳은 진평군
> (晉平郡) 진평현(晉平縣)이라고 한다.[172]

백제전에서는 모두 새로운 나라이름인 고리(高驪)를 쓰고 있지만 여기서도 의

---

171) 『宋書』卷97,「列傳」第57 東夷 高句驪. 七年, 詔曰：使持節·散騎常侍·督平營二州諸軍事·征東大將軍·高
句驪王·樂浪公璉, 世事忠義, 作藩海外.
172) 『宋書』卷97,「列傳」第57 東夷 高句驪. 百濟國, 本與高驪俱在遼東之東千餘里. 其後高驪略有遼東, 百濟
略有遼西. 百濟所治, 謂之晉平郡晉平縣. 梁職貢圖에도 '百濟舊來夷馬韓之屬 晉末駒驪略有遼東樂浪 亦有
遼西晉平縣'라고 기록하였다.

도적으로 말 마(馬) 변을 붙인 '가라말 리(驪)' 자를 쓰고 있다.

동이전 왜(倭)에서도 2회 나온다.

① 왜(倭)는 고리(高驪) 동남쪽 큰바다 가운데 있는데 대를 이어 공물을 바쳤다.[173]

② 순제 승명 2년(478) 사신을 보내 표를 올려 말했다. : "봉국(封國)은 외지고 아득히 멀어 바다 밖에서 울타리 노릇을 하고 있습니다. ……신이 비록 어리석지만 욕되게 선조의 업을 잇고 있으며 열심히 다스리고 있습니다. 찾아가서 천극(天極)을 받들어야 하지만 가는 길이 백제를 거치고 배를 준비해야 합니다. 또한 구리(句驪)가 무도하게 집어삼키려 하고 변경을 노략질해 노예로 삼고, 죽이는 일을 그치지 않으니 보낼 때마다 막혀 좋은 조건을 잃어버리게 됩니다.[174]

여기서도 고리(高驪)를 쓰고, 5세기 말에는 전혀 쓰지 않은 구리(句驪)를 써서, 전체적으로 일관성이 없다는 것을 알 수 있다.

이상에서 지(志)와 열전에 나온 나라이름 13개를 분석해 보니 고구리(高句驪) 6회, 고리(高驪) 4회, 고리(高麗) 2회, 구리(句驪) 1회로 일관성이 없고, 본기와 비교해 보아도 정확성이 부족하며, 의도적으로 주변국을 얕잡아보는 편견으로 편찬하였음을 분명히 보여줌으로써 열전은 제기에 비해 사료 가치가 크게 떨어진다.

---

173)『宋書』卷97,「列傳」第57 東夷 倭國. 倭國在高驪東南大海中, 世修貢職.

174)『宋書』卷97,「列傳」第57 東夷 倭國. 順帝昇明二年, 遣使上表曰 :「封國偏遠, 作藩於外, …… 臣雖下愚, 忝胤先緒, 驅率所統, 歸崇天極, 道逕百濟, 裝治船舫, 而句驪無道, 圖欲見吞, 掠抄邊隷, 虔劉不已, 每致稽滯, 以失良風.

2. 『위서魏書』에 기록된 고구리高句麗와 고리高麗

서진(西晉)이 멸망한 뒤 시작된 남북국시대에서 북조의 역사를 기록한 것이 『위서(魏書)』와 『주서(周書)』다. 남북조 가운데 가장 먼저 선 나라가 북위이기 때문에 먼저 『위서(魏書)』를 다룬다.

『위서(魏書)』는 남북조시대 북제(北齊, 550~577)의 위수(魏收)가 편찬한 사서로 북위(北魏, 386~534)의 148년 역사를 기전체로 서술하고 있으며, 『위서(魏書)』가 여러 가지 있으므로 『북위서(北魏書)』, 『후위서(後魏書)』라고도 불린다. 본기(本紀) 14권, 열전(列傳) 96권, 지(志) 20권 등 모두 130권으로 되어 있고, 551년 문선제(文宣帝, 550~559)의 명으로 편찬이 시작되어 본기(本紀)와 열전(列傳)은 554년에, 지(志)는 559년에 완성되었다.

북위와 고구리(高句麗)는 남북국시대 수많은 나라 가운데 가장 오랫동안 국경을 맞대고 교류했기 때문에 『위서(魏書)』에 고구리(高句麗)·고리(高麗)라는 나라 이름이 무려 187회나 나온다. 그 가운데 169회가 고리(高麗)이고, 18회가 고구리(高句麗)인데, 대부분이 고구리(高句麗)와 주변국가에 대한 기록에서 나오고 본기에서는 100% 고리(高麗)다. 이처럼 북위 때는 이미 고리(高麗)라는 새 이름이 완전히 일반화되었다고 볼 수 있다.

또 '가라말 리(驪)' 자를 전혀 쓰지 않고 모두 '나라이름 리(麗)' 자를 썼다는 것은 사관들이 고리(高麗)에 대한 비하나 편견 없이 사서 편찬 작업을 했다는 것을 의미하고, 그만큼 북위와 좋은 관계를 유지해 왔다는 의미이다.

		고구리(高句麗)	고리(高麗)	
1	본기		108	108
2	열전	18	61	79
		18	169	187

1) 『위서(魏書)』「본기」에 나오는 고리(高麗)

앞에서 보았듯이 『위서(魏書)』「본기」에는 고구리나 구리(高麗) 같은 나라이름이 하나도 나오지 않고 108회가 모두 고리(高麗)로만 기록되어 있다.

〈표 12〉『위서(魏書)』「본기」에 나타난 고리(高麗) 108회

	『위서(魏書)』	황제 명	연도	고리(高麗) 왕	나라 이름	횟수
1	권2「太祖紀」2	道武帝	386~409	고국양왕 광개토태왕	고리(高麗)	1
2	권4「世祖紀」4	太武帝	423~452	장수왕	고리(高麗)	12
3	권5「高宗紀」5	文成帝	452~465	장수왕	고리(高麗)	2
4	권6「顯祖紀」6	獻文帝	465~471	장수왕	고리(高麗)	6
5	권7「高祖紀」7	孝文帝	471~499	장수왕 문자왕	고리(高麗) 고리(高麗)	33 12
6	권8「世宗紀」8	宣武帝	499~515	문자왕	고리(高麗)	19
7	권9「肅宗紀」9	孝明帝	516~528	문자왕	고리(高麗)	5
8	권11「廢出三帝紀」	廢三帝	528~534	안원왕	고리(高麗)	3
9	권12(1) 東魏「孝靜紀」2	孝靜帝	534~550	안원왕, 양원왕	고리(高麗)	15
						108

(1) 태조 도무제(道武帝, 386~409) 때의 고리(高麗) 1회

태조가 386년에 북위(北魏)를 세우고 396년에 황제에 오르지만, 고리(高麗)와의 관계는 거의 없었다. 북위와 고리(高麗) 사이에 연나라가 있었기 때문이다. 그렇지만 『위서(魏書)』「본기」 태조 때 고리(高麗)에 관한 기사가 하나 나온다.

천흥(天興) 원년(398) 봄 정월 신유, (황제의) 수레가 중산(中山)을 떠나 망도(望都)의 요산(堯山)에 이르렀다. (太行)산 6주의 백성과 관리 및 도하(徒何)·고리(高麗) 같은 여러 오랑캐 36만과 갖가지 기술자·연예인 10만 명을 옮겨 서울을 채웠다.[175]

『위서(魏書)』 가운데 가장 먼저 나오는 고리(高麗) 기록일 뿐 아니라 이 기사는 25사 기록 가운데 고구리(高句麗)나 구리(句麗)라 하지 않고 '고리(高麗)'라고 기록한 첫 번째 사례다. 원흥(元興) 원년은 기원 398년으로 고구리(高句麗) 광개토태왕 8년이다. 이 기록은 앞에서 본『송서』에 고리(高麗)라는 나라이름이 처음 등장하는 423년 기사보다 무려 25년이나 빠르다. 그러나 이 기록 하나로 고구리(高句麗)가 고리(高麗)로 나라이름을 바꾼 시기를 25년 앞당기기에는 사료의 신빙성이 많이 떨어진다. 이 문제는 뒷장에서 고구리(高句麗)가 고리(高麗)로 이름을 바꾼 연도에 대해 따로 논의하면서 자세히 보기로 한다.

(2) 장수왕(412~491) 때『위서』에 기록된 고리(高麗) 기록 53회

3대 세조 태무제(太武帝, 423~452) 재위 29년 동안 고리(高麗)가 12회 나온다. 전장에서 공을 세운 탁발도(拓拔燾)가 423년 황제가 된 뒤 한족 대신들을 중용하여 국내정치를 안정시킴과 동시에 몸소 대군을 이끌고 날랜 기병을 이용하여 호하(胡夏)·북연(北燕)·북량(北涼)들을 멸하고, 유연(柔然)을 치고 산호(山胡)를 정복하였으며, 선선(鄯善)의 항복을 받고 토욕혼(吐谷渾)을 몰아냈다. 아울러 송(宋)의 호뢰(虎牢)·활태(滑台) 같은 중요한 요지를 얻어 북녘을 통일하였다.

---

175)『魏書』卷2,「太祖紀」2. 天興元年 春正月 辛酉, 車駕發自中山, 至於望都堯山. 徙山東六州民吏及徒何·高麗雜夷三十六萬, 百工伎巧十萬餘口, 以充京師.

고리(高麗)는 중원 북부의 강자로 등장한 세조가 등극한 뒤 425년 사신을 보내 조공하고 외교관계를 맺었다.[176]

이 당시 고리(高麗)로서는 427년 평양으로의 수도 이전과 남녘 경영을 나서면서 가장 시급한 것은 북녘 북위와의 관계였다. 그래서 435년에 장수왕이 먼저 북위에게 책봉을 요청하였다. 남조에서는 고리(高麗)가 요청하지 않아도 일방적으로 책봉해 주는 데 비해 북위에게 장수왕 스스로 책봉을 요청한 것은 아주 이례적인 일이었다. 장수왕 23년(435), 북위가 북연을 계속 공격하자, 북연 왕 풍홍(馮弘, 『위서』의 馮文通)이 유사시 고리(高麗)로 망명을 요청할 정도로 정세는 위급하게 돌아갔다. 만약 북연이 망하면 북위는 바로 고리(高麗)와 국경을 접하게 된다. 이렇듯 장수왕이 스스로 북위에 책봉을 요구한 데에는 북위의 침략을 미리 막기 위한 고도의 외교 전술이 깔려 있었다.

5대 고종 문성제(文成帝, 452~465) 13년 재위 기간에는 고리(高麗)가 2회밖에 나오지 않는다. 태무제(太武帝)가 전쟁을 일삼으며 446년 불교를 사교라고 선포하고 모든 절의 불상과 불경을 불사르고 사문들을 모두 구덩이에 묻는 정책을 폈다. 그러나 452년 태무제가 죽고 문성제가 즉위하면서 다시 불교를 살리고 운강석굴을 건설하는 등 문치를 했기 때문에 주변국들이 편안했다. 이때가 장수왕 40년에서 53년에 해당하는데 장수왕은 송나라와 북위 모두와 조공외교를 통해 좋은 관계를 유지했기 때문에 특별한 기사가 없다. 이 기간에 북위에 사신을 2회 보낸 데 비해 송나라에는 7회나 보내 송나라에 더 공을 들였다는 것을 알 수 있다.

6대 현조(顯祖) 헌문제(獻文帝, 465~471) 6년 동안 고리(高麗)가 6회 나온다.

문성제(文成帝)의 맏아들로, 465년에 즉위했다. 불도(佛道)를 좋아하고 상벌을

---

176) 『삼국사기』 권18, 「고구리본기」 제6, 장수왕. 十三年 遣使如魏貢.

엄격하고 분명히 시행하여 선정을 베풀었다. 6년 동안 재위하고 태자 굉(宏)에게 선위하면서 스스로 태상황(太上皇)이 되었다. 그가 재위한 6년 동안 의례적인 사신 파견만 이루어지고 특별한 내용은 없다.

7대 고조 효문제(孝文帝, 471~499) 28년 재위 기간에는 고리(高麗)가 무려 45회나 나온다. 효문제(孝文帝)는 헌문제(獻文帝)의 맏아들로 5살 때 즉위하여 태황태후(太皇太后) 풍씨(馮氏)가 집정했다. 태화(太和) 14년(490) 풍씨가 죽자 친정하며 개혁에 힘을 쏟았다. 17년(493) 도읍을 낙양(洛陽)으로 옮기고 선비족의 성씨를 한족의 성씨로 고치면서 선비족의 옷과 말도 못쓰게 하는 등 완전히 중원 국가로 탈바꿈하였다. 당시 남조가 송에서 남제(南齊)로 바뀌면서 세력이 약한 틈을 타 남제를 쳐서 많은 땅을 차지했다. 반면 고리(高麗)와는 우호 관계가 이어졌다. 고리(高麗)는 장수왕 15년인 427년에 수도를 평양으로 옮긴 뒤 남녘 경영에 힘을 쏟았고 신라·백제와 전쟁을 치러야 했다. 그러기 위해서는 서북지역의 맹주인 북위와는 우호 관계를 유지해야 했기 때문애 조공외교에 힘을 쏟았다.

장수왕의 조공외교는 아주 성공적이었다. 남조인 송은 적국인 북위의 배후에 있는 고리(高麗)와 선린관계를 유지해야만 북위를 견제할 수 있었고, 북위로서도 남조인 송과 대치 중이어서 고리(高麗)와 좋은 관계를 유지해야 뒤탈이 없는 입장을 장수왕은 실리적이고 지혜롭게 이용하였다. 이처럼 동북아 정세는 고리(高麗)에게뿐만 아니리 남북조 두 나라 입장에서도 고리(高麗)와의 관계가 대단히 중요했다.

472년 시작된 조공은 다른 황제에 비해 조공한 횟수가 급격히 늘어나 한 해에 평균 2회가 넘고 어떤 해에는 4회나 오간 적도 있다. 그러나 이러한 조공이 고리(高麗)에 일방적으로 불리한 것은 아니었다. 고리(高麗)의 특산품을 가져가면, 북위에서도 이에 걸맞은 답례품이 있었기 때문이다.

(장수왕) 60년(472) 봄 2월, 위나라에 사신을 보내 조공하였다. 가을 7월, 위나라에 사신을 보내 조공하였다. 이때부터 조공(朝貢)과 조헌(朝獻)의 횟수가 이전보다 배로 늘었으며, 그 보답으로 내리는 것도 점점 늘어났다.[177]

장수왕은 고구리 역사에 있어서 주변 국가에 가장 많은 조공을 한 왕이다. 이러한 장수왕의 조공외교는 장수왕이 죽은 491년까지 56년 동안은 물론 북위가 멸망한 534년까지 100년 동안 북쪽 국경을 안정시켜 고리(高麗)를 부흥시킨 최고의 업적이었다. 당시 위나라와의 외교가 얼마나 좋았는지는 장수왕이 죽었을 때 북위 효문제가 직접 발상한 내용을 보면 알 수 있다.

(효문제 태화 15년, 491) 그해 고리왕(高麗王)이 죽었다. 12월 조서를 내려 말했다. "고리왕(고)련은 동쪽 모서리 울타리(藩)를 지키며 여러 왕조 동안 조공을 바친 것(貢職)이 100년이 넘었고, 부지런하고 덕이 널리 두드러졌다. 이제 불행하게도 그 죽음을 알리는 사자가 왔으니 (조정이 고리왕을 위해) 국왕을 위해 발상(發喪, 擧哀)을 하려고 한다. 그러니 옛날 제의에 따라 남자(同姓)는 사당(太廟)에서 곡을 하고 여자(異姓)는 각자 있는 자리에서 곡을 하되 모두 규정에 따라 상복을 입어야 한다(皆有服制). 오늘날은 이미 옛 (제도가) 없어져 재촉하기 어려우면 흰 옷에 예모를 갖추는데, 흰 천으로 만든 긴 옷을 입고 도성 동쪽에서 발상을 치르며 그 사신을 맞이하려고 한다.[178]

짐이 비록 미리 만나지 못했지만 깊은 애도를 표하는 바이다. 관련 관서는 이 칙령에

---

177) 『삼국사기』권 8, 「고구리본기」6(장수왕). 六十年 春二月 遣使入魏朝貢. 秋七月 遣使入魏朝貢. 自此已後 貢獻倍前 其報賜 亦稍加焉.

178) 『魏書』卷7(下), 「高祖紀」第7(下)에서는 '帝爲高麗王璉擧哀於城東行宮'라고 해서 도성 동쪽 행궁(行宮)에서 상례를 치렀다고 했다.

따라 잘 준비하기 바란다." 이 일은 이처럼 각별한 의례를 갖추었다.[179]

이는 한(漢) 문제와 경제(景帝)가 흉노에게 공주를 치욕적으로 시집보내고 매년 공물을 바쳤지만 북쪽 변경을 안정시키고 내치를 잘해 역사에서 '문경의 치세(文景之治)'라고 칭송하는 사실과 견주어보아도 훨씬 더 훌륭한 외교적 업적이었기 때문에 '장수왕의 치세'라고 할 만하다. 이 문제는 나중에 따로 논의하려한다.

(3) 문자명왕(文咨明王, 491~519) 때 『위서』에 기록된 고리(高麗) 34회

문자명왕 28년 동안 34회의 조공기록이 나온다. 문자명왕은 할아버지 장수왕과 마찬가지로 조공외교를 통해 북방을 안정시킨다. 492년 문자명왕이 왕위에 오르자 북위에서 '세자를 보내 입조하게 하라'[180]고 하였으나 핑계를 대고 보내지 않는 대신 같은 해 무려 네 차례나 사신을 보내 조공외교를 통해 무마하였다.

8대 세종 선무제(宣武帝, 499~515) 때는 고리(高麗) 가 모두 19회 나온다.

선무제(宣武帝)는 499년 효문제가 세상을 떠나자 17살에 즉위했다. 재위 중에 양나라를 공격하여 사천지방으로 영토를 넓히고, 북녘의 유연에 큰 타격을 주었지만 지나치게 불교에 빠져 측근이나 외척에게 맡기고 황족들을 멀리했다. 아버지처럼 33살이라는 젊은 나이에 세상을 뜬다. 501년 남조에서는 제나라가 망하고 양나라가 들어서면서 격변하는 시대였고, 506년, 507년, 512년 백제와 싸웠기

---

179) 『魏書』卷108-3,「禮志」4-3, 第12. (十五年) 是年, 高麗王死. 十二月詔曰 :「高麗王璉守蕃東隅, 累朝貢職, 年踰期頤, 勤德彌著. 今旣不幸, 其赴使垂至, 將爲擧哀. 而古者同姓哭廟, 異姓隨其方, 皆有服制. 今旣久廢, 不可卒爲之哀. 且欲素委貌·白布深衣, 於城東爲盡一哀, 以見其使也. 朕雖不嘗識此人, 甚悼惜之. 有司可申敕備辦.」事如別儀.

180) 『삼국사기』 권19,「고구리본기」 제7, 문자명왕 원년.

때문에 북방의 안정이 무엇보다 중요하여 북위와의 조공외교에 힘을 쏟았다.

9대 숙종 효명제(孝明帝, 516~528) 때 고리(高麗)가 5회 나온다. 효명제는 어린 나이로 즉위하여 태후가 섭정을 맡아서 불사에 국가 재원을 탕진하고, 한화정책에 대한 선비족의 반발로 육진의 난이 일어나 북위 멸망의 원인이 되었다. 재위 기간이 3년밖에 되지 않았기 때문에 고리(高麗)에 대한 기록도 5개뿐이다.

문자명왕은 장수왕 때와 똑같은 외교정책을 이어받아 북위와의 선린관계를 위해 조공외교에 힘썼다는 것을 알 수 있다.

(4) 안원왕과 북위의 폐출된 3제(528~534) 때의 고리(高麗) 3회

528년에 효명제가 갑자기 죽자 북위의 정세는 크게 흔들렸다. 섭정하던 영태후가 살해되고 이주영 일당이 반란을 일으켜 광릉왕(廣陵王) 원공(元恭)을 제위에 앉혔다. 532년에 발해왕(渤海王) 고환(高歡)이 군대를 일으켜 안정왕(安定王) 원랑(元朗)을 따로 북위의 황제로 세웠다. 이로써 북위에는 황제가 두 명 등장했다. 같은 해 낙양을 점령한 고환은 원공을 폐위시키고, 이어서 안정왕도 폐위시켰으며, 효문제의 손자인 효무제(孝武帝) 원수(元修)를 제위에 앉힌다. 이때 폐위된 두 황제를 구분하기 위해 광릉왕 원공을 전폐제(前廢帝, 528~532), 안정왕 원랑을 후폐제(後廢帝, 531~532)라고 했다.

534년 고환과 효무제는 서로 힘겨루기를 하다가 효무제가 장안의 우문태에게 도망가버렸다. 고환은 돌아올 것을 요청했으나, 무시당하자 효무제의 사촌인 효정제(孝靜帝)를 세웠고 북위는 둘로 나뉘었다. 장안을 중심으로 우문태가 효무제를 옹립하여 장악한 서위(西魏)와 낙양을 중심으로 고환이 효정제(孝靜帝)를 옹립하여 장악한 동위(東魏)로 나뉜 것이다.

그 해 윤12월에 우문태는 효무제를 독살하고 문제(文帝, 재위 535~551)를 즉위시켜 서위(西魏)를 세운다. 그래서 역사에서는 효무제를 출제(出帝, 532~534)라 부른다.

이처럼 복잡한 사건이 얽히고 황제들이 바뀌는 격변기에도 주변국들의 조공은 끊이지 않는다. 바로 사신을 보내 현지 사정을 잘 파악하여 외교 대책을 세우는 중요한 정보수집의 기회가 되었기 때문이다. 그러므로 고리(高麗)도 이때 사신을 세 차례 보내 망해가는 북위에 대한 정확한 정황을 파악했다.

(5) 동위(東魏)의 효종(孝靜帝, 534~550) 때의 고리(高麗) 15회

앞에서 534년 10월에 고환이 효정제를 세워 동위를 세웠다는 것을 보았다. 이후 동위(東魏)와 서위(西魏)로 나뉘었지만 고리(高麗)는 동위와 외교 관계를 맺고 지정학적으로 멀리 떨어진 서위와의 관계는 없었다.

동위에 대한 고리(高麗)의 조공외교 기록은 모두 15회인데 정확한 달과 날짜가 거의 없이 이해(是年)라고 쓴 것이 많다. 이 때문에 원 사료를 정확하게 인용하지 않고 나중에 여러 자료에서 뽑아 정리했다는 인상을 준다.

2) 『위서(魏書)』 열전과 지(志)에 나온 고구리(高句麗)·고리(高麗)

앞에서 보았듯이 『위서(魏書)』 본기에는 고리(高麗)만 108회 나왔지만 고구리(高句麗)는 단 한 번도 나오지 않는다. 그러나 열전과 지(志)에서는 79회 나오는 고구리(高句麗)·고리(高麗) 가운데 19회는 고구리(高句麗), 61회가 고리(高麗)이다. 고구리(高句麗)보다 고리(高麗)가 3배 이상 많은 것은 사실이지만 본기에 비해 열전에서 고구리(高句麗)가 많이 나온다. 그 내용을 보면, 열전 2권에 1회 나오고, 나머지 18회는 모두 88권 동이전에서 나온다.

표 13 『위서(魏書)』「열전」에 나타난 고리(高麗)

	『魏書』卷	열전(列傳)·지(志)	고구리(高句麗)	고리(高麗)
1	14	神元·平文 諸帝 子孫 列傳 第2		1
2	17	明元六王列傳 第5 樂平王 丕		2
3	21(상)	獻文六王列傳 第9上 北海王 元詳		2
4	28	列傳第16 劉潔(1)　古弼(4)		5
5	30	列傳第十八 娥淸		1
6	32	列傳第二十 封懿		3
7	39	列傳第二十七 李寶		1
8	45	列傳第三十三 杜銓		1
9	55	列傳第四十三 劉芳		1
10	57	列傳第四十五 高祐		1
11	60	列傳第四十八 程駿		2
12	67	列傳第五十五 崔光		1
13	71	列傳第五十九 江悅之		2
14	72	列傳第六十 房亮(2) 朱元旭(1)		3
15	77	列傳第六十五 高崇		1
16	78	列傳第六十六 孫紹		1
17	79	列傳第六十七 馮元興		1
18	83(하)	列傳外戚第七十一下 高肇		2
19	84	列傳儒林第七十二 張偉		2
20	95	列傳第八十三 徒何慕容廆		3
21	97	列傳第八十五 海夷馮跋		11
22	100	列傳第八十八 高句麗(2) 百濟(7) 豆莫婁(1) 烏洛侯(1)	17	11
23	103	列傳第九十一 匈奴宇文莫槐	1	
24	105-3	天象志一之三第三		1
25	108-3	禮志四之三第十二		2
			18	61

(1) 열전 2권 원비(元丕)전의 고구리(高句麗)

동이전이 아닌 열전은 황제의 자손인 동양왕(東陽王) 원비(元丕)전에서 나온
다.[181] 고조 효문제(孝文帝, 471~499) 때면 나라이름을 이미 고리(高麗)로 바꾼 뒤

---

181) 『魏書(위서)』권 14(1), 神元·平文 諸帝 子孫 列傳 第二. 及高祖欲遷都, 臨太極殿, 引見留守之官大議. 乃詔
丕等, 如有所懷, 各陳其志. 燕州刺史穆羆進曰: 移都事大, 如臣愚見 謂爲未可. 高祖曰: 卿便言不可之理.
羆曰: 北有獫狁之寇, 南有荊揚未賓 西有吐谷渾之阻 東有高句麗之難. 四方未平 九區未定. 以此推之 謂爲
不可.

로 한참이 지나서지만 이곳에서는 高句麗라는 옛 이름을 쓰고 있다. 이 점은 본기의 기록과 차이가 난다.

(2) 열전 동남이(東南夷)전의 고구리(高句麗)와 고리(高麗)

동남이전에서는 고구리(高句麗)와 고리(高麗)라는 나라이름이 모두 28회 나온다. 그 가운데 고구리(高句麗)가 17회, 고리(高麗)가 11회로, 본기에서 모두 고리(高麗)라고 한 것과는 많은 차이가 난다.

고리전(高麗傳)에는 나라이름이 모두 11회 나오는데 고구리(高句麗)가 9회, 고리(高麗)가 2회로 본기와 완전히 반대이다. 그렇다면 어느 때 고구리(高句麗)를 쓰고, 어느 때 고리(高麗)를 썼는가? 먼저 2회밖에 나오지 않은 고리(高麗)부터 보기로 한다.

〈표 14〉『위서(魏書)』 동남이(東南夷)전에 나타난 고리(高麗)

	고구리(高句麗)	고리(高麗)	
고리(高麗)	9	2	11
백제(百濟)	4	7	11
물길(勿吉)	3		3
두막루(豆莫婁)		1	1
거란국(契丹國)	1		1
史臣 결론		1	1
	17	11	28

정시(正始, 504~507) 때 세종이 동당에서 사신 예실불(芮悉弗)을 불러 만났다. 예실불이 나아가 말했다. "고리(高麗)는 황제(天極)를 공경하여 여러 대 걸쳐 정성을 다하고 토산물을 바치는 데 어김이 없었습니다. 다만 황금은 부여에서 나오고 흰 옥돌은 섭라(涉羅)에서 나는데, 지금 부여는 물길(勿吉)에게 쫓기고 있고, 섭라는 백제에 병합되어 나라의 왕 신 운(雲)은 오로지 끊어진 것을 잇겠다는 뜻에서 모두 국경 안으로 옮긴 것입니다. 두

가지 품목이 왕의 창고로 올라오지 못한 이유는 실은 두 도적 때문입니다."

세종이 말했다. "고리(高麗)는 대대로 상국의 도움을 얻어 마음대로 해외를 제압하여 구이(九夷) 같은 교활한 오랑캐들을 모두 정벌하였다. 술병에 술이 떨어지는 것은 술단지의 수치이니, 누구의 허물인가? 지난번 공물의 잘못은 연솔(連率=太守)에게 있는 것이다. 경은 짐의 뜻을 경의 군주에게 전하여 위엄과 회유의 책략을 다하여 해로운 무리들을 없애 동녘의 백성들을 편안하게 하고, 두 읍이 옛터를 되찾아서 토산물을 계속해서 올리도록 하여라.[182]

고리(高麗)전에서 고리(高麗)가 들어 있는 기사의 가장 큰 특징은 바로 대화 내용을 인용한 문장이라는 것이다. 이 기사는 정시(540~507) 연간이라고 했는데 『삼국사기』를 보면 정시 원년, 문자명왕 13년인 504년의 기록이다. 이 해는 고구리(高句麗)가 나라이름을 바꾼 장수왕 초보다 무려 80년 가까이 지난 뒤의 일이다. 그러므로 인용한 당시 기록에는 당연히 고리(高麗)라고 되어 있었기 때문에 그것을 그대로 인용한 것이다.

그렇다면 왜 옛 이름 고구리(高句麗)를 9회나 썼을까? 쓴 내용을 간추려 보면 다음 8가지 주제이다.

① 동이전 고구리(高句麗)전 시작부분 1회
② 시조 주몽이 세운 나라이름 고구리(高句麗) 1회

---

182) 『魏書』卷100,「列傳」第88 : 正始中, 世宗於東堂引見其使芮悉弗, 悉弗進曰 : 「高麗係誠天極, 累葉純誠, 地產土毛, 無愆王貢. 但黃金出自夫餘, 珂則涉羅所產. 今夫餘爲勿吉所逐, 涉羅爲百濟所幷, 國王臣雲惟繼絶之義, 悉遷於境內. 二品所以不登王府, 實兩賊是爲.」世宗曰 :「高麗世荷上將, 專制海外, 九夷黠虜, 實得征之. 瓶罄罍恥, 誰之咎也? 昔方貢之愆, 責在連率. 卿宜宣朕旨於卿主, 務盡威懷之略, 揃披害群, 輯寧東裔, 使二邑還復舊墟, 土毛無失常貢也.」

③ 태조대왕(宮) 이야기 1회

④ 장수왕(璉) 책봉 기사 1회

⑤ 장수왕(璉) 서거 기사 2회

⑥ 문자명왕(雲) 사후 책증(策贈) 기사 1회

⑦ 안장왕(安) 책봉 기사 2회

⑧ 안원왕(延) 책봉기사 1회

여기서 장수왕 책봉기사를 기준으로 고구리(高句麗) 시기와 고리(高麗) 시기로 갈리는데, 편찬자는 이를 둘로 나누어 기록하기보다는 하나의 이름으로 통일할 필요가 있다고 보고 고구리(高句麗)로 통일하지 않았을까 하는 생각이 든다. 그래서 편찬자 자신이 기록한 형식은 모두 고구리(高句麗)라고 통일해서 쓰고, 인용한 것은 원문에 있던 그대로 썼던 이름을 택한 것이라고 볼 수 있다.

백제(百濟)전에는 고구리(高句麗)가 4회 나오고 고리(高麗)가 7회 나온다. 먼저 고구리(高句麗) 2회는 백제의 위치와 습속을 소개하면서 나왔기 때문에 나라이름을 바꾸기 전의 이름을 쓴 것은 당연하다.

그 다음에 이어지는 내용은 모두 백제 개로왕 18년(472) 위나라에 조공하면서 올린 표(表)와 그 뒤 사정을 그대로 올린 것이다. 다시 말해 백제전에는 이때의 기사 하나에 나라이름이 모두 나온다. 이 백제가 올린 표에는 백제도 고구리(高句麗)와 같이 부여 출신이라는 것을 밝힐 때 한 번 쓰고 나머지 7회는 모두 고리(高麗)를 쓰고 있다. [183]

당시 고리(高麗)가 국제적으로 쓰인 공식 국호라는 것을 알 수 있다. 위에서 나

---

183) 『삼국사기』 「백제본기」에 똑같은 내용이 실려 있는데 7번 나오는 고리(高麗)를 모두 고구리(高句麗)로 바꾸어 기록하였다.

온 공식문서를 인용하고 나서 『위서』 편찬자가 '(소)안 등이 고구리(高句麗)에 이르렀는데 (고)련(장수왕)이 이전에 여경(餘慶, 개로왕)과 원수진 일이 있다며 동쪽으로 통과하지 못하게 하였다' [184]고 덧붙인 부분에서는 고구리(高句麗)를 썼다. 여기서도 편찬자가 쓴 것은 고구리(高句麗)로 쓰고 인용문은 모두 원문에 따라 고리(高麗)로 썼다는 것을 알 수 있다.

당시 고리(高麗)와 백제는 서로 다투고 있을 때였기 때문에 근초고왕이 북위를 이용해 함께 고리(高麗)를 치려고 사신을 보낸 것이었다. 북위는 고리(高麗)와 전쟁을 일으킬 명분이 없다며 명분이 생기면 백제와 함께 도모하겠다는 정도로 답을 보냈다. 그리고 그 답을 보내는 사신 소안(昭安)이 고리(高麗)를 통해서 백제로 가도록 했으나 장수왕이 허락하지 않아 배로 가다가 실패한다. 결국 백제는 그 뒤 조공을 그만두었다. 장수왕이 남녘 경영을 위해 북위와의 조공외교에 얼마나 많은 공을 들였는지 알 수 있는 대목이다.

물길국(勿吉國)에서는 3회 모두 고구리(高句麗)만 나온다. 인용 문구가 하나도 없기 때문이다. 두막루국(豆莫婁國)은 고리(高麗)가 1회 나오는데 인용 문구가 아닌데도 고리(高麗)라고 썼다. 몇 줄 안 되는 내용이라 전체를 다른 자료에서 옮겨온 듯한 인상을 준다.

거란국(契丹國)에는 태화 3년(478)년 기사에 고구리가 연연(蠕蠕)과 모의하여 지두우(地豆于)를 빼앗아 나누려고 했다는 기사에서 고구리(高句麗)가 1회 나오는데, 이 기사도 인용문이 아닌 편찬자의 기술이다.

마지막으로 북위를 편찬한 사신(史臣)의 동이전 편에서는 고리(高麗)[185]를 쓰고 있다.

---

184) 『魏書(위서)』 卷100, 「列傳」 第88 : 安等至高句麗, 璉稱昔與餘慶有讎, 不令東過
185) 『魏書(위서)』 卷100, 「列傳」 第88 : 高麗歲修貢職, 東藩之冠, 榮哀之禮, 致自天朝, 亦爲優矣.

3. 『남제서(南齊書)』의 고리(高麗)

『남제서』는 남제(479~502)의 23년 역사를 기록한 사서다. 남조(南朝)시대의 두 번째 왕조로, 북제(北齊, 550~577)와 구별하여 남제라고 한다. 남조 최초의 군벌왕조 송(宋, 420~479)의 장군 소도성(蕭道成)이 전공을 쌓아 양주(揚州) 북부의 군사권을 장악하여 왕검(王儉) 같은 귀족층의 지지를 얻어 479년에 송나라 순제(順帝)에게 양위받아 남제를 창건하였다. 『남제서』는 양(梁)의 소자현(蕭子顯)이 편찬한 사서로 본디 60권이었는데, 당(唐) 시대에 1권이 없어져 49권만 전해온다.

『남제서』에는 남제가 수명이 짧았고, 고리(高麗)와는 북위에 막혀 있었기 때문에 고리(高麗)에 관한 기록도 많지 않다. 이 사서에는 나라이름이 모두 11회 나와 있는데, 10회가 고리(高麗)이고, 악지(樂志)에서 구리마(句驪馬)라는 동요가 하나 나온다. 악지의 특수한 경우를 빼고는 이미 국제관계에서 나라이름 고리(高麗)가 일반화되어 있었기 때문에 모두 고리(高麗)라고 기록되어 있다.

본기에서는 479년 남제가 나라를 세우고 의례적으로 고리(高麗) 왕에게 책봉한 기사 하나뿐이다.

> 건원(建元) 2년(480, 장수왕 68) 여름 4월 병인, 고리(高麗) 왕 낙랑공 고련(高璉)을 표기대장군으로 올려 불렀다.[186]

열전에서는 고리(高麗)가 모두 9회 나오는데, 유회진(劉懷珍, 421~483) 열전에서 2회, 그리고 나머지 7회는 모두 동이 고리(高麗)국전에서 나온다. 유회진 480

---

186) 『南齊書』卷2, 「本紀」第2 高帝下. 建元 二年 夏四月丙寅, 進高麗王樂浪公高璉號驃騎大將軍.

년 열전에 나오는 내용은 송나라 태시(泰始, 465~471) 때의 이야기로 남제 때의 기록이 아니기 때문에 크게 중요한 부분이 아니다.[187]

<표 15> 『남제서(南齊書)』 나온 고리(高麗)와 구리(句驪)

	『南齊書』 卷	연대 · 열전	高麗	句驪	
1	권 2, 본기 2	建元 2년(480)	1		1
2	권 11, 지(志) 3	樂		1	1
3	권 27, 열전 8	劉懷珍전	2		2
4	권 58, 열전 39	東夷列傳	7		7
			10	1	11

동이 열전 고리(高麗) 나라전에는 고리(高麗)가 모두 7회 나오는데, 책봉 기사와 습속을 소개하는 정도이다.

다만 사신의 대접에 관해 북위와 논란을 한 부분이 있어 소개한다. 『삼국사기』에는 장수왕 72년(484) 기사로 나와 있다.

오랑캐(북위)가 여러 나라 사신의 집을 배치하면서 (남)제(齊)를 첫째 번에 놓고, 고리(高麗)를 다음에 놓았다. 영명 7년(489) 평남참군 안유명(顔幼明)이 복야(僕射) 유사효(劉思斅)를 따라 오랑캐(북위)에게 사신으로 갔는데, 오랑캐(북위)의 설날(元旦) 조회에서 고리(高麗) 사신과 바로 옆에 앉았다. 안유명(顔幼明)이 위나라(魏國) 주객랑 배숙령(裴叔令)에게 말했다. "우리는 화하(華夏) 상국의 명령을 받아 귀하의 나라(卿國)에 왔기 때문에 오로지 위나라(魏國)하고만 대등해야 한다. 나머지 다른 오랑캐는 도리로 볼 때 뒷줄에 앉아야 한다. 하물며 동이 소맥(小貊)이 아닌가. 신(臣)은 (齊의) 조정에 속하는데 어찌 우리에게 뒤꿈치를 따르게 하는가?" 유사효(劉思斅)는 위나라 남부상서 이사충(李思冲)에게

---

187) 『南齊書』 卷27, 「列傳」 第8: 懷珍曰:「今衆少糧單, 我懸彼固, 政宜簡精銳, 掩其不備耳.」遣王廣之將百騎襲陷其城, 桃根走. 僞東萊太守鞠延僧數百人據城, 劫留高麗獻使. 懷珍又遣寧朔將軍明慶符與廣之擊降延僧, 遣高麗使詣京師. 文秀聞諸城皆敗, 乃遣使張靈碩請降, 懷珍乃還.

말했다. "우리 성조(聖朝)는 위나라 사신을 소국들과 같은 줄에 배치한 적이 없었다는 것을 경도 알아야 한다." 이사충이 말했다. "사실 그렇다. 다만 주사(主使)와 부사(副使)는 대전에 오를 수 없었다. 이렇게 자리를 배열한 것은 아주 높은 것으로 충분히 대접한 것이다."[188]

사신을 보내고 특산물을 가져가는 것은 작은 나라들만 그러는 게 아니고 중원에서 남북이 갈렸을 때는 서로 사신을 보내는데, 북위가 은근히 남제를 업신여기고 격을 낮추자 남제가 항의한 내용이다.

그 밖에 악지(樂志)에 당시는 전혀 쓰이지 않던 구리(句驪)가 한 차례 나온다.

백저사(白紵辭)

위의 5곡은 상서령 왕검(王儉)이 만든 것이다. 주처(周處)의 풍토기(風土記)에 말했다. "오(吳)나라 황룡(黃龍) 연간(229~231)의 동요에서 '행백자군추여구리마(行白者君追汝句驪馬)'라고 노래를 불렀다. 나중에 손건이 공손연을 정벌하고 바다 위에서 배(舶)를 탔는데, 이 때 배가(舶)가 백(白)이다. 오늘날 가곡의 화성(和聲) 부분을 '행백저(行白紵)' 라고 한다."[189]

---

188)『南齊書』卷58,「列傳」第39: 虜置諸國使邸, 齊使第一, 高麗次之. 永明七年, 平南參軍顏幼明·冗從僕射劉思斅使虜. 虜元會, 與高麗使相次. 幼明謂僞主客郎裴叔令曰:「我等銜命上華, 來造卿國. 所爲抗敵, 在乎一魏. 自餘外夷, 理不得望我鑣塵. 況東夷小貊, 臣屬朝廷, 今日乃敢與我蹋躍.」思斅謂僞南部尙書李思沖曰:「我聖朝處魏使, 未嘗與小國列, 卿亦應知.」思沖曰:「實如此. 但主副不得升殿耳. 此閒坐起甚高, 足以相報.」思斅曰:「李道固昔使, 正以衣冠致隔耳. 魏國必纓冕而至, 豈容見黜.」幼明又謂虜主曰:「二國相亞, 唯齊與魏. 邊境小狄, 敢躡臣蹤.」
189)『南齊書』卷11,「志」第3, 樂, 白紵辭: 右五曲, 尙書令王儉造. 白紵歌, 周處風土記云:「吳黃龍中童謠云行白者君追汝句驪馬. 後孫權征公孫淵, 浮海乘舶, 舶, 白也. 今歌和聲猶云行白紵焉.」

여기서 구리마(句驪馬)가 나오는데 고구리(高句麗) 말을 뜻하는 것으로 보인다. 백저무(白紵舞)의 가사인데 삼국시대 오나라의 동요에 나오는 이야기이기 때문에 구리(句驪)라는 낱말이 등장한 것이다. 옛날 삼국시대의 자료를 활용했기 때문에 당시 쓰던 구리(句驪)가 그대로 쓰였다고 볼 수 있다.

4. 『양서^{梁書}』의 고구리^{高句麗}와 고리^{高麗}

『양서(梁書)』는 양(梁, 502~557)의 역사 55년을 기록한 책으로, 모두 56권이다. 당나라 때인 629년에 진(陳) 요찰(姚察)의 유지를 이어 그의 아들 요사겸(姚思廉, 557~637)이 완성하였다.

본기에는 기사가 모두 12개 나오는데 그 가운데 고구리(高句麗)가 1회 나오고 나머지 13개는 모두 고리(高麗)로 되어 있어 당시 사용되던 나라이름이 고리(高麗)임을 알 수 있다. 그러나 열전 동이전에서는 단 한 번도 고리(高麗)가 나오지 않고 옛날 썼던 가라라말 려(驪)자를 쓴 고구리(高句麗)와 구리(句驪)만 써서 편찬자의 동이나라에 대한 비하의식이 뚜렷이 나타난다.

〈표 16〉 『양서(梁書)』에 나온 고구리(高句麗)·구리(句驪)·고리(高麗)

	『梁書』卷	연대 · 열전	高句驪	高麗	句驪	
1	권 2, 본기 2	武帝(502~548)	1		13	14
2	권54, 열전 48	東夷之國	5	14		19
			6	14	13	33

1) 『양서(梁書)』「본기」에 기록된 고구리高句驪와 고리高麗

『양서』「본기」의 기사 12개 가운데 4개는 책봉에 관한 것이고 나머지 8개는 방물을 바치는 기사다. 먼저 책봉 기사부터 보기로 한다.

> ① 천람(天監) 원년(502) 여름 4월 무진, 거기장군 고구리(高句驪) 왕 고운(高雲, 문자명왕)을 거기대장군(車騎大將軍)으로 올려 불렀다(進號).[190]
>
> ② 천람(天監) 7년(508) 2월 을해, 거기대장군 고리(高麗) 왕 고운(高雲)을 무동대장군(撫東大將軍)·개부의동삼사(開府儀同三司)로 하였다.[191]
>
> ③ 보통(普通) 원년(520) 2월 계축, 고리(高麗) 왕세자 안(安)을 영동장군(寧東將軍)·고리(高麗) 왕으로 봉했다.[192]
>
> ④ 태청(太清) 2년(548) 3월 갑진, 마동장군(撫東將軍) 고리(高麗) 왕 고연(高延, 안원왕)이 죽었으므로 그의 아들을 영동장군 고리(高麗)왕 낙랑공으로 삼았다.[193]

①과 ②는 모두 문자명왕에 대한 책봉이다. 그런데 같은 왕을 책봉하는데 502년에는 '고구리(高句驪)'라 하고 7년 뒤에는 '고리(高麗)'라 했다. 이는 처음 즉위한 양나라 무제가 관례대로 옛 자료를 바탕으로 주변 나라의 왕들을 책봉하였기 때문이라고 보인다. 그리고 7년 뒤에는 모든 체제가 안정되면서 실제 사용하는

---

190) 『梁書』 卷2, 「本紀」 第2, 무제(武帝) 中. 天監元年 夏四月 戊辰, 車騎將軍高句驪王高雲進號車騎大將軍. 鎭東大將軍百濟王餘大進號征東大將軍.

191) 『梁書』 卷2, 「本紀」 第2, 무제(武帝) 中. 天監 七年 二月 乙亥, 以車騎大將軍高麗王高雲爲撫東大將軍'開府儀同三司.

192) 『梁書』 卷2, 「本紀」 第2, 무제(武帝) 中. 普通元年 二月 癸丑, 以高麗王世子安爲寧東將軍·高麗王.

193) 『梁書』 卷2, 「本紀」 第2, 무제(武帝) 中. 太清 二年(548) 三月甲辰, 撫東將軍高麗王高延卒, 以其息爲寧東將軍'高麗'樂浪公.

나라이름인 고리(高麗)를 썼다고 볼 수 있다. ③은 519년 문자명왕이 죽고 세자 안(『삼국사기』의 홍안)이 즉위한 뒤, 다음 해 양나라에 조공을 보내자 고조가 새 왕을 책봉한 기사다. ④는 안원왕이 죽고 양원왕이 죽자 새롭게 책봉한 것인데 『삼국사기』 안원왕이 죽은 해가 안원왕 15년인 545년인데 『양서』에서 548년으로 잘못 기록하였다고 주를 달았다.

위에서 본 것처럼 고조가 즉위하여 첫 기사만 고구리(高句驪), 그것도 '가라말 려(驪)' 자를 썼고 나머지 책봉기사는 모두 고리(高麗)를 썼다. 그뿐만 아니라 방물 바치는 나머지 8개 기사도 모두 고리(高麗)를 썼다. 그러므로 특별히 처음 즉위하여 의례적으로 옛 방식을 따라 한 차례 쓴 고구리(高句驪)를 빼면 나라이름으로 고리(高麗)가 공식적으로 쓰였다는 것을 알 수 있다.

방물을 바치는 기사가 8회 나오는데 모두 고리(高麗)를 썼다. 앞에 나온 사서에서는 주로 조헌(朝獻)이나 조공(朝貢)이라는 용어를 썼으며 여기서는 헌방물(獻方物)이라고 했다.

2) 『양서(梁書)』「열전」에 기록된 고구리(高句驪)와 구리(句驪)

『양서(梁書)』「열전」에서는 동이 3국에서만 나라이름이 나오는데 고구리(高句驪)가 5회, 구리(句驪)가 무려 14회나 나온다.[194]

본기에서는 처음 나오는 의례적인 책봉 기사에 고구리(高句驪)라고 기록한 한 번을 빼고는 13회 모두 고리(高麗)였다는 점과 비교하면, 이 열전이 과연 같은 편찬자가 쓴 사서기록인지 의심할 정도로 완전히 다르게 기록하였다.

---

194) 『梁書』 권54, 「列傳」 제48, 東夷之國.

	고구리(高句驪)	구리(句驪)	합계
고리(高麗)	4	10	14
백제(百濟)	1	3	4
신라(勿吉)		1	1
	5	14	19

이처럼 『양서』가 앞에서 본 『송서』, 『남제서』, 『위서』 같은 사서들과 다른 이유
는 『송서』·『남제서』·『위서』는 남북조시대에 각 왕조가 멸망한 직후 편찬되었기
때문에 망하기 전의 사료들을 많이 인용하고 있는 데 반해 『양서』, 『주서』, 『북
사』, 『수서』 같은 사서들은 거의 당(唐) 태종·고종 연간에 걸쳐 편찬된 것으로, 당
나라 초에 형성된 공통적인 동이전 기술방식을 채용했기 때문이다. 박성봉은
『양서』의 고구리전(高句麗傳) 기술에 대해 이렇게 평가하였다.

> 『양서』의 高句麗傳은 남조사의 그것임에도 『송서』나 『남제서』의 高句麗傳과는 특성이
> 다르다. 즉 『송서』, 『남제서』가 당대의 외교관계 기사만을 기록한 데 반하여 양서 고구리
> 전(高句麗傳)에는 민족지적인 부분과 고구리(高句麗) 관계 기사 부분을 전반부와 후반부
> 로 나누어 기술하였다. 이런 체제는 이전 사서인 『삼국지』, 『후한서』와 유사함을 알 수
> 있다. 『양서』의 高句麗傳이 새로운 동시대적 사료에 의하여 기술된 부분도 있으나(예를
> 들면 高句麗 시조 설화로서 동명설화가 보인다) 대개는 이전 사서의 기사를 그대로 전록(轉
> 錄)한 부분이 많다. 특히 전반부는 『삼국지』의 내용을 전록한 것으로 보인다. 그리고 후
> 반부의 高句麗에 대한 관계기사도 후한, 위, 남북조시대에 걸쳐 고구려와의 전쟁, 대외관
> 계를 기록하고 말미에 양대의 조빙(朝聘) 내왕기사를 약간 첨기(添記)하였을 뿐이다.[195)]

---

195) 朴性鳳, 『東夷傳高句麗關係資料』, 경희대학교 부설 한국전통문화연구소, 1981, 13쪽.

이 장에서 글쓴이가 각 사서를 분석한 이유는 사서에 나오는 각 나라에서 당대에 고구리(高句麗)·고리(高麗)의 나라이름을 어떻게 썼는지를 밝히기 위해서였다. 그런 측면에서 보면『양서』본기는 당시의 공식적인 나라이름을 충실하게 반영한 데 반해 열전, 특히 동이열전에서는 그런 현실성이 반영되지 않고 편찬자가 자의로 옛날 사서들을 그대로 옮기는 수준이었기 때문에 큰 의미가 없다는 결론이 나온다. 특이 이『양서』같은 경우는 당시 실제 쓰고 있는 나라이름은 단 한 차례도 쓰지 않고 모두 몇백 년 전『삼국지』에서 썼던 고구리(高句驪)와 구리(句驪)만 쓰고 있어 더욱 그러하다.

5.『진서陳書』의 고구리高句驪와 고리高麗

『진서(陳書)』는 남북조시대 남조 마지막 왕조인 진(陳, 557~589)의 32년 역사로, 『양서』를 편찬한 당나라 사학자 요사겸(姚思廉)이 편찬하여 11세기쯤 북송의 사관수찬(史館修撰)이었던 증공(曾鞏)을 중심으로 간행되었다.

진나라는 32년밖에 이어지지 않았고, 북제(北齊) 북주(北周) 같은 나라들과 다투고 나중에 수나라까지 등장하였기 때문에 고리(高麗)와의 관계가 많지 않았다. 평원왕을 영동장군을 내리는 기사만 고구리(高句驪)이고[196] 나머지는 5개 기사는 모두 고리(高麗)다. 561년 방물을 바친 기록을 신교정본에서 고리(高麗)를 고리(高驪)로 고쳤지만[197] 원본의 고리(高麗)가 맞다고 본다. 신교정본에서는 다음

---

195) 朴性鳳,『東夷傳高句麗關係資料』, 경희대학교 부설 한국전통문화연구소, 1981, 13쪽.
196) 『陳書』卷3,「本紀」第3, 世祖 三年. 閏二月己酉, 以百濟王餘明爲撫東大將軍, 高句驪王高湯爲寧東將軍.
197) 『陳書』卷3,「本紀」第3, 世祖 二年 十一月乙卯, 高驪國遣使獻方物(신교정본).

해 나오는 책봉 기사에 고구리(高句驪)라고 '가라말 리(驪)' 자를 썼기 때문에 그 전 기사를 고리(高驪)로 고친 것 같지만『송서』를 비롯한 다른 사서에서도 책봉 은 옛 이름인 고구리(高句驪)를 써도 사신이 온 기록은 대부분 당시의 이름인 고 리(高麗)를 쓴 보기가 있기 때문이다.

열전에서는 부재(傅縡)전에서 딱 한 번 고리(高驪)가 나온다.[198]

〈표 18〉『진서(陳書)』의 고구리(高句驪)와 고리(高麗)

	『陳書』卷	연대·열전	高句驪	高麗	高驪	
1	卷 3·4·5·6 本紀 第 3·4·5·6	武帝(502~548)	1	5		6
2	列傳 第24	傅縡전			1	1
			1	5	1	7

6.『북제서^{北齊書}』의 고리^{高麗}

『북제서(北齊書)』는 북조의 북제(北齊, 550~577) 22년 역사를 기록한 책이다. 당 나라 이백약(李百藥)이 636년 완성한 사서로 본기 8권, 열전 42권, 모두 50권이다.

북제가 22년밖에 이어지지 않았기 때문에 고리(高麗)와의 관계 기사도 많지 않

〈표 19〉『북제서(北齊書)』에 가록된 고리(高麗)

	북제(北齊) 연대	고구려 연대(AD)	기사 내용
1	天保 원년 6월	양원왕 6(550)	高麗遣使朝貢
2	天保 원년 9월	양원왕 6(550)	以散騎常侍·車騎將軍·領東夷校尉·遼東郡開國公·高麗王 成爲使持節·侍中·驃騎大將軍·領護東夷校尉·王
3	天保 2년 5월	양원왕 7(551)	高麗國遣使朝貢
4	天保 6년 11월	양원왕 11(555)	高麗國遣使朝貢
5	乾明 원년	평원왕 1(559)	以高麗王世子湯爲使持節·領東夷校尉·遼東郡公·高麗王
6	河清 3년	평원왕 6(564)	是歲, 高麗·靺鞨·新羅立遺使朝貢
7	天統 원년	평원왕 8(566)	是歲, 高麗·契丹·靺鞨立遺使朝貢
8	武平 4년 12월	평원왕 15(573)	是歲, 高麗·靺鞨立遺使朝貢
			고리(高麗) 9회

다. 전체 기사 8개 가운데 책봉 기사가 2개, 조공 기사가 6개이다.

책봉 기사는 다음 2개다.

① 천보(天保) 원년(550) 9월 계축, 산기상시(散騎常侍)·거기장군(車騎將軍)·영동이교위(領東夷校尉)·영동군개국공(遼東郡開國公)·고리왕(高麗王)을 사지절(使持節)·시중(侍中)·표기대장군(驃騎大將軍)·영호동이교유(領護東夷校尉)·(고리)왕(王)으로 하였다.[199]

② 건명(乾明) 元年(559) 12월 병자, 또 고리(高麗) 왕세자 탕(湯)을 사지절(使持節)·동동이교위(領東夷校尉)·요동군공(遼東郡公)·고리왕(高麗王)으로 하였다.[200]

①은 북제가 나라를 세운 해인 550년 6월, 고리(高麗)가 조공을 하자 이어서 9월에 양원왕에게 책봉한 것이다. ②는 양원왕이 죽고 태자 탕(湯)이 즉위하자(평원왕) 책봉한 것이다.

나머지 조공 기사도 모두 고리(高麗)를 써서, 『북제서』에서는 나라이름 9회가 모두 고리(高麗)라는 사실을 알 수 있다. 이는 열전에 고리(高麗)전이나 백제전 같은 동이전이 없기 때문일 것이다.

198) 『陳書』卷30, 「列傳」第24, 傅縡傳. 文慶等因共譖縡受高驪使金, 後主收縡下獄.

199) 『北齊書』卷4, 「帝紀」第4, 文宣顯祖. 天保 元年九月癸丑, 以散騎常侍·車騎將軍·領東夷校尉·遼東郡開國公·高麗王 成爲使持節·侍中·驃騎大將軍·領護東夷校尉·王.

200) 『北齊書』卷5, 「帝紀」第5, 廢帝. 乾明元年 十二月 丙子, 又以高麗王世子湯爲使持節·領東夷校尉·遼東郡公·高麗王.

7. 『주서周書』의 고리高麗

『주서(周書)』는 북조 북주(北周, 557~581)의 24년 역사를 기록한 역사서이다. 당 태종의 명령에 따라 영호덕분(令狐德棻) 등이 636년에 완성하였다. 서위(西魏)와 북주(北周) 역사를 기록한 책인데 『후주서(後周書)』라고도 부른다.

이 사서에는 앞에서 본 『북제서』와 반대로 본기에서는 고구리(高句麗)나 고리(高麗)라는 나라이름이 한 번도 나오지 않고 열전에서만 5회 나오는데, 고구리(高句麗)가 3회, 고리(高麗)가 2회 나온다.

① 고림(高琳)의 자는 계민(季珉)이고 그 선조가 고구리(高句麗) 사람이다. 6살 때 할아버지 고흠(高欽)이 모용외(慕容廆)에게 인질로 와 있었는데, 연(燕)에서 벼슬하였다.[201]

② 고리(高麗)는 본디 부여에서 나왔다. 스스로 말하기를, 시조는 주몽이고 하백녀 햇빛을 받아 잉태하였다고 한다. 주몽이 크면서 재주와 꾀가 많아서 부여 사람들이 싫어해서 그를 쫓아냈다. 흘두골성(紇斗骨城)에 자리 잡고 스스로 고구리(高句麗)라고 부르고 이어 고(高)를 성으로 삼았다.[202]

③ 백제는 그 선조가 마한(馬韓)의 속국이었고 부여의 한 갈래(別種)다. 구태(仇台, 백제의 시조)라는 사람이 있어 대방(帶方)에서 처음 나라를 시작하였다. 때문에 그 나라 경계는 동으로 신라에서 끝나고, 북으로 고구리(高句麗)와 만나며, 서남은 모두 큰 바다가 끝이다.…… 그들의 옷은 남자는 대체로 고리(高麗)와 같다.[203]

---

201) 『周書』卷29,「列傳」第21, 高琳字季珉, 其先高句麗人也. 六世祖欽, 爲質於慕容廆, 遂仕於燕.
202) 『周書』卷29,「列傳」第41 異域上. 高麗者, 其先出於夫余. 自言始祖曰朱蒙, 河伯女感日影所孕也. 朱蒙長而有材略, 夫餘人惡而逐之. 土於紇斗骨城, 自號曰高句麗, 仍以高爲氏.
203) 『周書』卷49,「列傳」第41 異域上. 百濟者, 其先蓋馬韓之屬國, 夫余之別種. 有仇台者, 始國於帶方. 故其地界東極新羅, 北接高句麗, 西南俱限大海.…… 其衣服, 男子略同於高麗.

①번에서는 연나라에 인질로 잡혀간 후손인 고림(高琳) 열전에서 그 선조의 출신을 밝히면서 고구리(高句麗)를 쓴다. 당시에는 이미 고리(高麗)라는 이름이 일반화되었지만 역사적 근원을 따질 때는 옛 이름인 고구리(高句麗)를 썼다는 사실을 알 수 있다.

②는 바로 고리(高麗)에 관한 열전이기 때문에 고리(高麗)라는 제목을 썼지만, 나라를 세울 때 이름은 그대로 고구리(高句麗)를 쓰고 있다.

③의 백제전에서도 위치를 이야기할 때는 고구리(高句麗)를 쓰고 그 뒤 내용을 언급할 때는 당시의 이름인 고리(高麗)를 썼다.

8. 남북조시대 조공외교의 특성

이상에서 남북조시대의 고구리(高句麗)·고리(高麗)의 나라이름을 살펴보았는데, 고리(高麗)와의 공식적인 외교관계를 보여주는 본기의 기사들은 대부분 책봉과 조공에 대한 기사임을 알 수 있다.

특히 장수왕 때는 강력한 북위에게 스스로 책봉을 요청해 선린관계를 유지하는 한편, 남조와도 좋은 관계를 유지하므로 해서 강국들의 위협을 줄이고 남쪽 경영에 전력을 쏟으며 내치에 성공하였다고 평가할 수 있다. 그리고 이어지는 후대 왕들도 격변하는 서·북녘 정세에 따라 수많은 나라가 망하는 것을 바라보면서 조공외교를 통해 고리(高麗)를 안전하게 지킬 수 있는 수단으로 잘 활용했다는 것을 알 수 있다.

이하 남북조시대 조공외교의 특성을 간추리면 다음과 같다.

1) 강대국과 약소국 상하질서를 통한 정치외교 관계

25사에 나온 책봉과 조공을 검토해 보면 책봉과 조공은 큰 나라와 작은 나라가 갖는 국제적인 상하질서라는 것을 알 수 있다. 그러므로 상대가 강하면 조공을 하고 약해지면 조공을 이어가지 않았다. 그리고 이러한 제도는 큰 나라가 왕도정치를 펴서 주변국을 포용하고, 작은 나라에서도 큰 나라를 쳐들어가는 패도정치를 하지 않으면 국제적인 평화와 질서를 이룩하는 데 공헌하는 좋은 질서였다.

책봉과 조공은 약소국에서만 자국을 지키기 위해 활용하는 게 아니라, 강대국들도 국제질서에서 자국에 우호적인 국가를 만들기 위해 적극 응용하였다. 가장 큰 목적은 국경 밖 이민족들이 침략하지 못하게 선린관계를 맺는 것이다. 이 책봉과 조공 시스템은 강대국의 국내 안정을 위해 이민족의 침략을 막는 아주 중요한 도구로 쓰였다. 『한서』「서역전」에서 주변국에 답례품을 주는 이유를 이렇게 말하고 있다.

중국이 오랑캐(蠻夷)들과 왕래하면서 후하게 대접하고 그들이 구하는 것을 기꺼이 채워 준 것은 그들의 영토가 우리와 가까이 있어 침략해 올 수 있기 때문이다.[204]

약한 국가의 입장에서도 강대국의 보호를 받으면서 국내발전을 꾀할 수 있으므로 적극 활용하기도 했다. 그런 면에서 보면 당시 조공은 아주 중요한 외교 관계라고 해도 과언이 아니다. 남북조시대의 고리(高麗)가 책봉을 받고 조공을 한 나라를 표로 만들어 보면 〈표 20〉과 같다.

---

204) 『漢書』卷96(上), 「西域傳」第66(上). 凡中國所以爲通厚蠻夷, 愿快其求者, 爲壤比而爲寇也.

<표 20> 남북조시대 고리(高麗)의 조공외교 대상국

고리(高麗)	남조	북조	
【高句麗·高麗】 BC37~AD668, **705년**	【宋】 420~478, **68년** 【齊】 479~501, **22년**	【北魏】 386~534, **148년**	
	【梁】 502~556, **54년**	【東魏】 534~550, **16년**	【西魏】 535~557, **22년**
	【陳】 557~589, **32년**	【北齊】 550~577, **27년**	【北周】 557~581, **24년**
			【隋】 581~617, **36년**

　고구리(高句麗)·고리(高麗)가 번영을 이어가는 남북조시대(420~617) 197년 동안 서녘의 남북조는 200년 남짓한 세월에 무려 10개 나라가 생겼다 사라졌다. 북위 한 나라를 빼놓고는 9개 나라 모두가 고리(高麗) 장수왕이란 한 왕의 재위 기간도 넘기지 못하고 망했다. 동위는 거우 16년 만에 망하고, 남제·북제·서위·북주 같은 나라들도 모두 30년도 못가서 망했다. 사실 이런 나라들은 고리(高麗) 705년 역사와 견주어보면 나라라고 부르기도 민망한 짧은 역사 기간이다.

　그 나라 통치자들은 모두 자신의 주군을 죽이거나 제거하고 황제라 참칭하면서 전쟁을 일으켜 백성들은 전쟁 속에서 힘든 나날을 보냈다. 그리고 주변 국가는 물론 남북조 사이에도 서로를 오랑캐라 부르고 스스로 중국이라 거드름피우며, 주변국가 군주들을 책봉하고 조공을 받다가 망해버리는 단명한 통치가 반복되었다.

　중화인민공화국 관변학자들이 이런 책봉과 조공을 바탕으로 고리(高麗)는 중국의 지방정권이라고 주장한다. 그렇다면 200년 동안 고리(高麗)는 10개나 되는 국가로부터 책봉을 받고 조공을 했는데, '705년이나 번영한 고리(高麗)가 과연 어떤 나라의 지방정권이었다는 것인가?' 더구나 남조와 북조가 모두 책봉하고 양쪽에 모두 조공을 했다면 어느 쪽 지방정권인가?

　중원에서 10개 나라가 모두 사라졌지만 고리(高麗)가 의연히 살아남을 수 있었던 데에는 그만큼 책봉과 조공외교를 통해 서북 국경을 안정시켰기 때문이다. 특히 장수왕 자신이 직접 북위에 책봉을 청하고, 역대 왕 가운데 가장 많은 조공을 해서 대외적으로 전쟁요인을 없애고 고리(高麗) 역사 전체로 보아서도 가장 번영을 누렸기 때문에 '장수왕의 치세'라고 특기할 만하다. '장수왕의 치세'는 뒷장에서 더 자세히 다루겠다.

2) 특산물을 보내고 답례품을 받는 조공무역

이른바 '공물(貢物)'이나 '방물(方物)'이란 공물을 하는 나라에서 가장 많이 나는 중요한 특산물을 말한다. 약한 국가가 특산물을 바치면 강한 나라에서도 그에 상응하는 답례품을 내린다(賞賜). 앞에서 보았듯이 이런 관례는 한나라 초기 흉노에게 조공한 때부터 있었던 관례이며, 당시 이미 사신이 오갈 때 국경에 시장을 열어 국경무역을 하기도 하였다. 그래서 조공을 바치는 것을 조공무역의 성격이 강하다고 할 수 있다. 실제로 사절에는 상인들이 끼어 있어 큰 이득을 보고 세계 각국의 새로운 물품을 도입할 수 있는 좋은 기회가 되기도 한다. 『한서』「서역전」에 보면 이미 한나라 때 주변국 조공이 너무 상업적이라는 걱정까지 나온다.

전에 (계빈국 왕이) 친히 우리 사절을 거역하고 서역에서 포악한 짓을 하였기에 그들과의 관계를 끊고 왕래하지 않았다. 지금 후회한다고 (사절을) 보내왔지만, (그 사절 속에는 계빈왕의) 친속이나 귀인이 없고 물건을 바치는 사람도 모두 장사하는 천인들이어서 시장에서 물건을 교환하거나 팔고자 하는 것이지 바친다는 것은 이름뿐이다. 그런데 번거롭게 사절들을 현도(縣度)까지 호송해야 하니, 우리가 실속을 잃고 속을까 걱정이다.[205]

205) 『漢書』卷96(上),「西域傳」第66(上). 前親逆節, 惡暴西域, 故絶而不通;今悔過來, 而無親屬貴人, 奉獻者皆行賈賤人, 欲通貨市買, 以獻爲名, 故煩使者逆至縣度, 恐失實見欺.

자주 오는 사신들의 상업성에 부담을 느낄 정도라는 것을 알 수 있다. 고리(高麗)와 숙신은 예부터 주된 공물이 호시(楛)였다. 이 호시 공물은 남북조 때까지도 계속되었던 기록이 보인다.

구이(九夷)의 나라들은 대대로 나라 밖(海外)에 살면서 (중국의) 도(道)가 융성하면 번신의 예로 받들고, 은혜가 베풀어지지 않으면 국경을 지켜왔다. 그렇기 때문에 기마(騎馬) 관계가 이전 (역사) 책에 나타나 있으나 호시(楛) 공물을 빠트린 해가 많았다.[206]

기록에는 사신들이 오가며 공물을 바치는 게 정치적인 측면만 강조한 듯하지만 경제적인 측면도 아주 강했다는 사례를 다시 한번 보기로 한다.

(장수왕) 60년 가을 7월, 사신을 보내 (북)위에 들어가 조공하였다. 이때부터 바치는 공물이 이전의 배가 되었는데, 그 보답으로 내리는 (물건도) 점점 늘어났다.[207]

이 내용을 보면 강한 나라에 공물을 보내는 게 경제적으로 큰 손해가 아니라는 것을 알 수 있다. 공물 양이 늘어나면 그에 대한 답례품도 그만큼 늘어나기 때문에 값으로 따지면 오히려 이익이 남는 무역이 될 수 있다. 조공하는 국가에서는 주로 현지 특산물을 공물로 보내면(獻方物) 큰 나라의 특산물이 수입되기 때문에 국내 가치로 따지면 결코 밑지는 교역이 아닌 것이다.

---

206) 『魏書』 권100, 「列傳」 제88. 百濟. 九夷之國, 世居海外, 道暢則奉藩. 惠戡則保境, 故羈縻著於前典, 楛貢曠於歲時.
207) 『삼국사기』 권18, 「고구리본기」 제6, 장수왕. 六十年, 秋七月 遣使入魏朝貢. 自此已後 貢獻倍前 其報賜 亦稍加焉.

앞의 장수왕 60년 기사와 같은 해 8월, 백제에서 군사를 내어 고리(高麗)를 함께 치자는 내용을 담아 북위에 사신을 보냈다. 다시 말해 백제가 북위와 연합하여 남북에서 고리를 협공하자고 제의한 것이다. 그 기록에 보면 백제의 공물 내용과 그에 대한 답례에 대한 기록이 나온다.

> 보내온 비단과 해산물이 모두 다 이르지 않았으나, 경의 지극한 정성은 밝혀졌다. 이제 여러 가지 물품을 별지와 같이 내린다. [208]

백제가 비단과 해산물을 보냈고, 자세한 내용은 알 수 없지만 북위가 보낸 답례도 별지에 리스트를 만들어 보냈다는 것을 알 수 있다. 백제가 보낸 비단과 해산물은 배에 싣고 와서 다시 먼 육로를 통해 실어오기 때문에 사신보다 늦게 도착하지만, 사신이 도착할 때 이미 물품목록이 제시되기 때문에 받는 것과 마찬가지다. 한편 앞으로 고리(高麗)를 견제할 필요가 있을 때를 생각해서 후한 답례를 했을 것으로 보인다.

이런 정치적 목적 뒤에는 고리(高麗)와 백제에서 오는 공물 내용과 양에 대해서도 고려되었을 것이다. 이 사건이 있은 32년 뒤인 504년에 다음과 같은 기록이 있다.

> 정시(正始, 504~507) 때 세종이 동당(東堂)에서 (고리) 사신 예실불(芮悉弗)을 불러 만났다. 예실불이 나아가 말했다. "고리(高麗)는 황제(天極)를 공경하여 여러 대 걸쳐 정성을 다하고 토산물을 바치는데 어김이 없었습니다. 다만 황금은 부여에서 나오고 흰 옥돌

---

208) 『魏書』 권100, 「列傳」 제88. 百濟. 所獻錦布海物雖不悉達, 明卿至心. 今賜雜物如別.」

(珂)은 섭라(涉羅)에서 나는 것인데, 지금 부여는 물길(勿吉)에게 쫓기고 있고, 섭라(涉羅)는 백제에 아우러졌으며, 국왕인 신하 (고)운(雲)은 오로지 끊어진 것을 잇겠다는 뜻에서 모두 국경 안으로 옮긴 것입니다. 두 가지 품목을 왕부(王府)로 올리지 못한 이유는 실은 두 도적 때문입니다."

세종이 말했다. "고리(高麗)는 대대로 상국의 도움을 얻어 마음대로 해외를 제압하여 구이(九夷) 같은 교활한 오랑캐들을 모두 정벌하였다. 술병에 술이 떨어지는 것은 술 단지의 수치인 것이니, 누구의 허물인가? 지난번 공물의 잘못은 연솔(連率 = 太守)에게 있는 것이다. 경은 짐의 뜻을 경의 군주에게 전하여 위엄과 회유의 책략을 다하여 해로운 무리들을 없애 동녘의 백성들을 편안하게 하고, 두 읍이 옛터를 되찾게 해서 토산물을 계속해서 올리도록 하여라.[209]

이 내용에서 고리(高麗)는 북위에 일정량의 황금과 흰 옥돌(珂)을 바쳤음을 알 수 있다. 그리고 이러한 특산품들이 북위 조정의 수요와 맞물려 감해줄 수 없을 만큼 주요 품목이었다는 것도 알 수 있다. 조공외교에서 정치·외교적인 사건과 맞물려 무역외교의 중요성도 알 수 있는 사료다.

북위가 수요가 높은 조공물을 확보하기 위해 고리(高麗)와 정치외교적 타협을 한 보기였다고 할 수 있다.

---

209) 『魏書』卷100, 「列傳」第88: 正始中, 世宗於東堂引見其使芮悉弗, 悉弗進曰: 「高麗係誠天極, 累葉純誠, 地產土毛, 無愆王貢. 但黃金出自夫餘, 珂則涉羅所產. 今夫餘爲勿吉所逐, 涉羅爲百濟所並, 國王臣雲惟繼絕之義, 悉遷於境內. 二品所以不登王府, 實兩賊是爲.」世宗曰: 「高麗世荷上將, 專制海外, 九夷黠虜, 實得征之. 瓶罄罍恥, 誰之咎也? 昔方貢之愆, 責在連率. 卿宜宣朕旨於卿主, 務盡威懷之略, 揃披害群, 輯寧東裔, 使二邑還復舊墟, 土毛無失常貢也.」

3) 상대국과 다른 여러 나라의 정황을 탐지하는 기회가 된다.

전쟁이 일어났을 때나 왕조의 교체가 있을 때는 조공이 빈번해진다. 당시는 상대국의 소식을 직접 알 수 있는 길이 인편밖에 없었던 터라 조공이라는 구실로 상대국에 직접 가서 현지 사정을 잘 파악하여 외교 대책을 세우는 게 중요하기 때문이다.

주변국에서 올리는 조공 사신뿐 아니라 강대국에서 오는 사신도 그 점은 마찬가지였다. 장수왕 때 북위의 사신을 거절하는 이유를 보면 알 수 있다.

> 위나라 문명태후가 현조(顯祖)의 6궁(六宮)이 다 차지 않았다 하여, 우리 임금에게 지시하여 임금의 딸을 바치라고 하였다. 임금이 편지를 보내 '딸은 이미 출가하였다'며 아우의 딸을 보내겠다고 했다. (위나라가) 이를 허락하고 이내 안락왕(安樂王) 진(眞)과 상서(尙書) 이부(李敷) 등을 국경으로 보내 예물(幣帛)을 보내왔다. 어떤 사람이 임금에게 권하여 말하였다.
>
> "위나라가 이전에 연나라와 혼인한 뒤 얼마 안 되어 연나라를 쳐들어갔는데, 이는 사신 간 사람들이 (지리적으로) 평지와 험지를 모두 알게 된 때문입니다. 이런 일을 거울삼아 적당한 방법으로 거절해야 합니다." [210]

장수왕 이후 고리(高麗)가 특히 북위에 사신을 자주 보낸 이유는 당시 가장 막강했던 북위 조정의 흐름을 정확히 파악하여 대처하기 위해서였다. 특히 백제가

---

210) 『삼국사기』 권18, 「고구리본기」 제6, 장수왕. 五十四年 春三月 遣使入魏朝貢. 魏文明太后 以顯祖六宮未備 教王令薦其女. 王奉表云 女已出嫁 求以弟女應之. 許焉 乃遣安樂王眞尙書李敷等 至境送幣. 或勸王曰 魏昔與燕婚姻 旣而伐之 由行人具知其夷險故也. 殷鑑不遠 宜以方便辭之

북위와 연합하여 고리(高麗)를 치자고 사신을 보냈을 때, 정확한 상황을 파악하여 적절하게 대처했던 것도 모두 공물이란 명목으로 위나라에 오가며 정황을 철저히 파악할 수 있었기 때문이다.

기록에 보면, 조공 대상국이 거의 망해가는 상태라 조공을 챙길 상황이 되지 못함에도 불구하고 각국이 더 열심히 조공 사신을 보내는 경우가 있는데, 이런 경우는 특별히 사태 흐름을 정확히 정탐하기 위한 중요한 목적이 있어서이다.

장수왕 24년(서기 436) 북위가 북연을 치자, 연나라 왕이 위나라에 사신을 보내 조공하고 자제를 인질로 보내달라는 요청을 하였다. 그러나 위나라 왕이 이를 허락하지 않고, 병사를 동원하여 연나라를 침입하기 직전에 고리(高麗)에 사신을 보내 이 사실을 알려 주었다.[211]

고리(高麗)로서는 연나라가 망하면 바로 북위와 국경을 마주하기 때문에 조공 사신을 보내 북위를 정탐하였고, 북위도 사신을 보내 북위의 연나라 정벌을 알리면서 적의 후방에 있는 고리(高麗)를 정탐했던 것이다.

장수왕 68년(480) 남제 태조 소도성이 주군인 송나라 황제를 물리치고 황제가 되면서 고리 왕을 표기대장군으로 책봉하였다. 장수왕은 사신 여노를 남제로 보내 새로 선 나라의 상황을 보고 싶었는데 사신이 바다에서 북위에 붙잡혀 북위로 압송된 사건이 일어난다. 이 사건으로 장수왕은 새로 생긴 남제와 북위와의 관계를 파악하는 계기가 된다. 4년 뒤 남북조 문제를 더 자세하게 알 수 있는 사건이 일어난다. 이에 관에서는 『남제서』에 다음과 같은 두 가지 기록이 있다.

---

211) 『삼국사기』 권18, 「고구리본기」 제6, 장수왕. 二十四年 燕王遣使入貢于魏 請送侍子 魏主不許 將擧兵討 之 遣使來告諭

동쪽은 오랑캐 고리국(高麗國), 서쪽은 위오랑캐(魏虜)와 경계를 접하고 있다. …… (태조 건원) 3년(481) 사신을 보내 공물을 올리려 배를 타고 바다를 건너 사신과 역관이 늘 통했다. 위오랑캐(魏虜=북위)에게도 사신을 보내지만 (나라가) 강성하여 제약을 받지 않는다. 오랑캐(虜=북위)가 여러 나라 사신 집을 배치하면서 제(齊) 사신을 첫째, 고리(高麗) (사신을) 그 다음으로 했다.[212]

남제(南齊)에서 보면 고리는 강성하므로 남제와 북위에 모두 사신을 보낼 수 있다는 사실을 기록하고 있다. 고리(高麗)로서는 강국이 압박해서가 아니라 두 나라의 등거리외교를 통해서 안전을 유지해야 하고, 그러기 위해서는 두 나라에 수시로 사신을 보내 정세를 잘 탐지해야 했던 것이다. 이어서 나오는 북위에서 남제와 고리의 사신을 동급으로 대했다는 본기 기사는 열전에 다시 자세히 나온다. 앞에서 이미 보았지만 정확한 내용을 파악하기 위해 다시 한번 보기로 한다.

오랑캐(북위)가 여러 나라 사신의 집을 배치하면서 (남)제(齊)를 첫째 번에 놓고, 고리(高麗)를 다음에 놓았다. 영명 7년(489) 평남참군 안유명(顔幼明)이 복야(僕射) 유사효(劉思斅)를 따라 오랑캐(북위)에게 사신으로 갔는데, 오랑캐(북위)의 설날(元旦) 조회에서 고리(高麗) 사신과 바로 옆에 앉았다. 안유명(顔幼明)이 위나라(魏國) 주객랑 배숙령(裴叔令)에게 말했다. "우리는 화하(華夏) 상국의 명령을 받아 귀하의 나라(卿國)에 왔으므로 오로지 위나라(魏國)하고만 대등해야 한다. 나머지 다른 오랑캐는 도리로 볼 때 뒷줄에 앉아야 한다. 하물며 동이(東夷) 소맥(小貊)이 아닌가. 신(臣)은 (齊의) 조정에 속하는데 어

---

212) 『南齊書』 卷58, 「本紀」 第6, 蠻 東南夷. 東夷高麗國, 西與魏虜接界.… (太祖建元) 三年, 遣使貢獻, 乘舶汎海, 使驛常通, 亦使魏虜, 然彊盛不受制. 虜置諸國使邸, 齊使第一, 高麗次之.

찌 우리에게 뒤꿈치를 따르게 하는가?' 유사효(劉思斅)는 위나라 남부상서 이사충(李思冲)에게 말했다. "우리 성조(聖朝)는 위나라의 사신을 소국들과 같은 줄에 배치한 적이 없었다는 것을 경도 알아야 한다." 이사충(李思冲)이 말했다. "사실 그렇다. 다만 주사(主使)와 부사(副使)는 대전에 오를 수 없었다. 이렇게 자리를 배열한 것은 아주 높은 것으로 충분히 대접을 한 것이다." [213)]

이 기록은 『삼국사기』에도 장수왕 72년(484)조에 간단히 언급했는데[214)], 남제가 다시 열전에 아주 자세히 다룬 것은 황제 국가로서 꽤 자존심이 상했던 모양이다. 사신을 보내고 특산물을 가져가는 것은 작은 나라들만 그러는 게 아니고 황제국가끼리도 남북이 갈렸을 때는 서로 사신을 보내는데, 북위가 은근히 남제를 업신여기고 격을 낮추어 접대하자 남제가 항의한 내용이고, 북위에서는 남제에서 보내온 사신의 급이 낮은 것을 빗대어 의식적으로 냉대한 것이다.

이런 상황을 접한 고리(高麗)의 사신은 당시 남북조의 국력과 관계를 정확히 파악할 수 있는 좋은 계기가 되었다. 그러므로 사신을 보내는 것은 단순히 정치적인 상하관계나 경제적인 교역을 떠나서 당시 국제정세를 알아낼 수 있는 아주 좋은 기회였던 것이다.

4) 사신을 통해 국제교류의 장이 된 조공

강대국에는 여러 나라 사신들이 오가기 때문에 사신들끼리 만나서 국제 교류

---

213) 『南齊書』卷58, 「列傳」第39 : 원문은 주 178) 참조
214) 『삼국사기』권18, 「고구리본기」제6, 장수왕. 七十二年 冬十月 遣使入魏朝貢 時 魏人謂我方强 置諸國使 邸 齊使第一 我使者次之.

를 할 기회가 된다.

앞서 본 것처럼 사신들은 한 곳 숙소에서 머물며, 행사 때도 지정된 곳에 자리를 잡아서 서로 친분 쌓을 기회가 많다. 더구나 당시 사신들은 통역관을 대동하거나[215], 그렇지 않더라도 한문(漢文)이 국제어라서 누구나 필담을 할 수 있었으며, 문화적으로도 사신들 대부분의 나라에 불교가 널리 퍼져 있어서 공통적인 관심사도 일치했을 것이다.

그렇다면 당시 고리는 조공외교를 통해서 어떤 나라들과 교섭을 했는지 살펴보기로 한다.

(1) 『송서』 「본기」에 기록된 고리(高麗)와 함께 조공한 나라들

『송서』 「본기」에 나온 조공기록 20회 가운데 10회는 다른 나라 사신들과 함께 사신을 파견하여(並遣使) 조공을 했다. 〈표 21〉을 보면 무도왕(武都王)·하남국(河南國)·왜국(倭國)·부남국(扶南國)·임읍국(林邑國)·숙지국(肅特國)·소미려국(蘇靡黎國)·하서국(河西國)·예예국(芮芮國)·백제국(百濟國) 같은 나라와 함께 특산물을 바치는 한편 함께 외교도 했다는 것을 알 수 있다.

〈표 21〉 『송서(宋書)』 「본기」에 기록된 고리(高麗)의 송에 대한 조공외교

	송 연대	고구려 연대(AD)	기사 내용
4	文帝 元嘉 13년	장수왕 24(436)	高麗國·武都王遣使獻方物.
5	元嘉 15년	장수왕 26(438)	武都王·河南國·高麗國·倭國·扶南國·林邑國 並遣使獻方物
6	元嘉 16년	장수왕 27(439)	武都王·河南王·林邑國·高麗國並遣使獻方物
7	元嘉 17년	장수왕 28(440)	肅特國·高麗國·蘇靡黎國·林邑國 並遣使獻方物
8	元嘉 20년	장수왕 31(443)	河西國·高麗國·百濟國·倭國 並遣使獻方物
15	大明 7년	장수왕 51(463)	芮芮國·高麗國遣使方物
17	明帝 泰始 3년	장수왕 55(467)	高麗國·百濟國遣使獻方物
18	泰始 6년	장수왕 58(470)	芮芮國·高麗國遣使方物
19	後廢帝 泰豫원년	장수왕 60(472)	芮芮國·高麗國遣使方物
20	元徽 3년	장수왕 63(475)	芮芮國·高麗國遣使方物

(2) 양(梁) 직공도에 기록된 고리(高麗)와 함께 조공한 나라들

양나라 직공도(職貢圖)는 이미 앞에서 보았듯이 당시 양나라에 조공한 사신들을 그린 그림이다. 양(梁, 502~557) 무제(武帝)의 일곱째아들 소역(蕭繹, 508~554)이 형주자사(荊州刺史)로 있을 때 무제의 즉위 40년(541)을 기념하여 불교 나라인 양나라에 조공하는 사절들의 모습을 그린 것이다.[216]

직공(職貢)이란 바로 조공을 뜻하고, 양나라에 조공하는 그림이라고 해서 「양직공도(梁職貢圖)」라고 부른다. 그리고 소역(蕭繹)이 552년 양나라 원제(元帝)가 되었다고 해서 「양 원제 직공도(梁元帝職貢圖)」라고도 한다.

이 그림을 통해서 당시 양나라에 조공한 나라들을 알아낼 수 있고, 그 나라들을 통해서 당시 양나라를 중심으로 한 국제관계를 가늠해 볼 수 있다. 적어도 여기에 어떤 나라가 참가하였는지 알 수 있을 것이고, 현대의 외교관과 같은 신분인 사신들은 다른 나라 사신들과 서로 교섭했을 것이므로 고리(高麗) 외교활동을 살펴볼 수 있는 좋은 자료라고 본다.

지금까지 남아 있는 직공도 가운데 남당(南唐) 고덕겸(顧德謙)이 본떠 그린 「양 원제의 번객입조도(梁 元帝 蕃客入朝圖)」에는 가장 많은 나라의 사신들이 보인다. 노국(魯國)부터 부남국(扶南國)에 이르기까지 총 31개국 33명의 사신이 그려져 있는데, 중천축(中天竺)과 위국(爲國) 사이, 임강만(臨江蠻)과 고리나라(高麗國) 사이의 사신도에는 국명이 없어서 사신 2명이 한 조를 이루어 파견된 것으로 보거나, 또는 국명이 빠진 것으로 추정되기도 한다.

---

215) 정승혜, 「古代의 譯人 - 덕흥리 벽화고분 〈太守來朝圖〉의 여성 통역관의 발견과 관련하여 -」, 한국목간학회 『목간과 문자』(19), 2017.

216) 深津行德, 「臺灣古宮博物院所藏 '梁職貢圖' 模本について」, 學習院大學 東洋文化研究所 調査研究報告 No. 44, 『朝鮮半島に流入した諸文化要素の研究』, 1999, 42쪽.

① 노국(魯國)=虜國, ② 예예국(芮芮國), ③ 하남(河南), ④ 중천축(中天竺), ⑤ 위국(爲國), ⑥ 임읍국(林邑國), ⑦ 사자국(師子國), ⑧ 북천축(北天竺), ⑨ 갈반타국(渴盤陀國), ⑩ 무흥번(武興蕃), ⑪ 탕창국(宕昌國), ⑫ 낭아수국(狼牙修國), ⑬ 등지국(鄧志國), ⑭ 파사국(波斯國), ⑮ 백제국(百濟國), ⑯ 구자국(龜玆國), ⑰ 왜국(倭國), ⑱ 주고가(周古柯), ⑲ 가발단국(呵跋檀國), ⑳ 호밀단국(胡密丹國), ㉑ 백제국(白題國), ㉒ 임강만(臨江蠻), ㉓ 고리국(高麗國), ㉔ 고창국(高昌國), ㉕ 천문만(天門蠻), ㉖ 건평만(建平蠻), ㉗ 활국(滑國), ㉘ 우전(于闐), ㉙ 신라(新羅), ㉚ 천타국(千陀國), ㉛ 부남국(扶南國).

「왕회도(王會圖)」에는 모두 25개 나라 사신이 그려져 있는데 24개 국은 모두 「번객입조도」에 나온 나라들이고 마지막 말국(鞑國)만 나와 있지 않아서 ㉜번으로 추가하였다. 이 직공도는 「번객입조도(蕃客入朝圖)」에서 앞의 3개 나라와 뒤의 4개 나라가 빠져 있음을 알 수 있다. 비교가 가능하도록 「양 원제의 번객입조도(梁 元帝 蕃客入朝圖)」에 붙였던 번호를 똑같이 붙였다.

① 노(虜)(國), ② 예예국(芮芮國), ④ 중천축(中天竺), ⑦ 사자국(師子國), ⑧ 북천축(北天竺), ⑨ 갈반타국(渴盤陀國), ⑩ 무흥번(武興蕃), ⑪ 탕창국(宕昌國), ⑫ 낭아수국(狼牙修國), ⑬ 등지국(鄧志國), ⑭ 파사국(波斯國), ⑮ 백제국(百濟國), ⑯ 구자국(龜玆國), ⑰ 왜국(倭國), ⑱ 주고가(周古柯), ⑲ 가발단국(呵跋檀國), ⑳ 호밀단국(胡密丹國), ㉑ 자제국(自題國), ㉒ 임강만(臨江蠻), ㉓ 고리국(高驪國), ㉔ 고창국(高昌國), ㉕ 천문만(天門蠻), ㉖ 건평만(建平蠻), ㉗ 활국(滑國), ㉘ 우전(于闐), ㉙ 신라(新羅), ㉜ 말국(鞑國).

「남경박물관 소장본」도 완본이 아닌 잔결본으로 현재 12개 나라 사신 그림과 각국 정황, 중국과의 교통 사실을 적은 제기(題記)로 구성되어 있다. 이 직공도도

「번객입조도(蕃客入朝圖)」에서 앞뒤 부분이 주로 빠져 있다는 사실을 알 수 있으나 「왕회도(王會圖)」와 마찬가지로 말국(末國=鞨國)이 추가된 것을 알 수 있다.

⑪ 탕창국(宕昌國), ⑫ 낭아수국(狼牙修國), ⑬ 등지국(鄧志國), ⑭ 파사국(波斯國), ⑮ 백제국(百濟國), ⑯ 구자국(龜玆國), ⑰ 왜국(倭國), ⑱ 주고가(周古柯), ⑲ 가발단국(呵跋檀國), ⑳ 호밀단국(胡密丹國), ㉗ 활국(滑國), ㉜ 말국(末國=鞨)

위에 나온 나라에 대한 구체적인 추적은 〈고구리·고리사 연구〉 총서 4권에서 논의할 것이기 때문에[217] 여기서는 나라 이름만 간단히 정리하여 고리가 양나라에 조공할 때 많은 다른 나라들과 국제적인 외교를 하였다는 부분만 보았다.

(3) 『위서(魏書)』 「본기」에 기록된 고리(高麗)와 함께 조공한 나라들

북위는 남북조 여러 나라 가운데 가장 오랜 기간인 148년이나 존재했고, 또 주변에 대한 세력도 컸기 때문에 조공해온 나라들도 많았다. 그 가운데 고리(高麗)과 함께 조공한 다른 나라들을 뽑아서 정리해 보면 다음과 같다.

(가) 세조 태무제(太武帝, 423~452)

① 선선(鄯善), ② 거란(契丹), ③ 속특(粟特), ④ 갈반타(渴盤陀), ⑤ 파락나(破洛那), ⑥ 실거반(悉居半)

---

217) 『실크로드에 핀 고리(高麗)의 아이콘 닭깃털관(鷄羽冠)』, 원고본.

<표 22> 세조 태무제(太武帝, 423~452) 때 고리(高麗)와 함께 조공한 나라들

		세조 태무제(太武帝, 423~452)	
1	장수왕 23(435)	太延 원년 6월	高麗·善國竝遣使朝獻.
2	장수왕 25(437)	3년 2월	高麗·契丹國竝遣使朝獻.
3	장수왕 27(439)	5년 11월	高麗及粟特·渴盤陀·破洛那·悉居半諸國各遣使朝獻.

(나) 문성제(文成帝, 452~465)

① 사왕(徙王) 2회, ② 계교(契嚙), ③ 사염어사(思厭於師), ④ 소륵(疏勒) ⑤ 석나(石那), ⑥ 실거반(悉居半), ⑦ 갈반타(渴槃陀), ⑧ 대만(對曼).

<표 23> 문성제(文成帝, 452~465) 때 고리(高麗)와 함께 조공한 나라들

1	장수왕 50(462)	和平 3년 3월	高麗·徙王·契嚙·思厭於師·疏勒·石那·悉居半·渴槃陀諸國各遣使朝獻.
2	장수왕 53(465)	6년 2월	高麗·徙王·對曼諸國各遣使朝獻.

(다) 헌문제(獻文帝, 465~471)

① 파사(波斯) 2회, 우전(于闐) 4회, 아습(阿襲), 고막해(庫莫奚) 4회, 구복불(具伏弗) 2회, 울루룽(鬱羽陵) 2회, 일련(日連) 2회, 필려이(匹黎尒) 2회, 보람(普嵐), 속특국(粟特國), 거란(契丹) 3회, 질륙수(叱六手), 실만단(悉萬丹), 아대하(阿大何), 우진후(羽眞侯), 유유(蠕蠕).

<표 24> 헌문제(獻文帝, 465~471) 때 고리(高麗)와 함께 조공한 나라들

1	장수왕 54(466)	天安 원년 3월	高麗·波斯·于闐·阿襲諸國遣使朝獻
2	장수왕 55(467)	皇興 원년 2월	高麗·庫莫奚·具伏弗·鬱羽陵·日連·匹黎尒·于闐諸國各遣使朝貢
		9월	高麗·于闐·普嵐·粟特國各遣使朝獻
3	장수왕 56(468)	2년 4월	高麗·庫莫奚·契丹, 具伏弗·鬱羽陵·日連·匹黎爾·叱六手·悉萬丹·阿大何·羽眞侯·于闐·波斯國各遣使朝獻
4	장수왕 57(469)	3년 2월	蠕蠕·高麗·庫莫奚·契丹國各遣使朝獻
5	장수왕 58(470)	4년 2월	高麗·庫莫奚·契丹各遣使朝獻
			조공 6회

(라) 효문제(孝文帝, 471~499)

① 거란 4회, ② 고막해 6회, ③ 토욕혼(土谷渾) 8회, ④ 조리(曹利), ⑤ 지두우(地豆于) 2회,

⑥ 유유, ⑦ 파사, ⑧ 구자(龜玆), ⑨ 소색(蕭賾), ⑩ 탕창(宕昌) 2회, ⑪ 등지(鄧至) 2회.

〈표 25〉 효문제(孝文帝, 471~499) 때 고리(高麗)와 함께 조공한 나라들

2	장수왕 61(473)	3년 2월	高麗·契丹國竝遣使貢貢
		8월	高麗·庫莫奚國竝遣使朝獻
3	장수왕 62(474)	4년 3월	高麗·吐谷渾·曹利諸國各遣使朝貢
4	장수왕 63(475)	5년 2월	高麗·吐谷渾·地豆于諸國遣使朝獻
5	장수왕 64(476)	承明 원년 2월	蠕蠕·高麗·庫莫奚·波斯國竝遣使朝貢
		7월	高麗·庫莫奚國竝遣使朝貢
		9월	高麗·庫莫奚·契丹諸國遣使朝獻
6	장수왕 65(477)	太和 원년 2월	高麗·契丹·庫莫奚國各遣使朝貢
7	장수왕 67(479)	3년 3월	吐谷渾·高麗國各遣使朝獻
		9월	高麗·吐谷渾·地豆于·契丹·庫莫奚·龜玆諸國各遣使朝獻
9	장수왕 73(485)	9년 5월	高麗國及蕭賾竝遣使朝貢
		10월	高麗·吐谷渾國竝遣使朝貢
			是年, 宕昌·高麗·吐谷渾等國竝遣使朝貢
10	장수왕 76(488)	12년 4월	高麗·吐谷渾國竝遣使朝貢
13	장수왕 79(491)	15년 9월	吐谷渾·高麗·宕昌·鄧至諸國竝遣使朝獻
14	문자왕 1(492)	16년 2월	高麗·鄧至國竝遣使朝貢

(마) 선무제(宣武帝, 499~515)

① 반사(半社), ② 실만근(悉萬斤), ③ 가류가(可流伽), ④ 비사(比沙)·비사장국(比沙杖國),

⑤ 소륵(疏勒)-2회, ⑥ 우전(于闐), ⑦ 거란 1회, ⑧ 토욕혼-2회, ⑨ 탕창

〈표 26〉 선무제(宣武帝, 499~515) 때 고리(高麗)와 함께 조공한 나라들

6	문자왕16(507)	4년 10월	高麗·半社·悉萬斤·可流伽·比沙·疏勒·于闐等諸國竝遣使朝獻
9	문자왕19(510)	3년 3월	高麗·吐谷渾·宕昌諸國並遣使朝獻
		6월(윤월)	吐谷渾·高麗·契丹諸國各遣使朝貢
		12월	高麗·比沙杖國遣使朝獻
10	문자왕21(512)	延昌 원년 5월	疏勒及高麗國竝遣使朝獻

(바) 효명제(孝明帝, 516~528)

① 압달(嚈噠), ② 물길(勿吉), ③ 토욕혼, ④ 탕창, ⑤ 소륵, ⑥ 구말타(久末陀),

⑦ 말구반(末久半)

〈표 27〉 효명제(孝明帝, 516~528) 때 고리(高麗)와 함께 조공한 나라들

1	문자왕 24(515)	延昌 4년 10월	高麗·吐谷渾國並遣使朝獻
3	문자왕 26(518)	神龜 원년 2월	嚈噠·高麗·勿吉·吐谷渾·宕昌·疏勒·久末陀·末久半 諸國並遣使朝獻
		5월	高麗·高車·高昌諸國並遣使朝貢

(사) 폐출된 3제(528~534)

① 유유, ② 압달, ③ 거란 2회, ④ 고막해 2회.

〈표 28〉 폐출된 3제(528~534) 때 고리(高麗)와 함께 조공한 나라들

1	안원왕 2(532)	中興 2년 6월(丙寅)	蠕蠕·嚈噠·高麗·契丹·庫莫奚國並遣使朝貢
		6월(乙酉)	高麗·契丹·庫莫奚國遣使朝貢

이상에서 본 바와 같이 작게는 고리(高麗)만 단독으로 조공한 때도 있고, 많게
는 13개 나라가 한꺼번에 조공한 때도 있었다. 그러므로 조공이란 각국의 사신들
이 서로 상대방의 나라를 알 수 있는 기회였고 국제적인 외교를 펼 수 있는 아주
좋은 장이었다.

여섯째 마당

나라이름을 고리(高麗)로 바꾼 뒤의
25사(二十五史) 기록
- 수(隋)·당(唐)

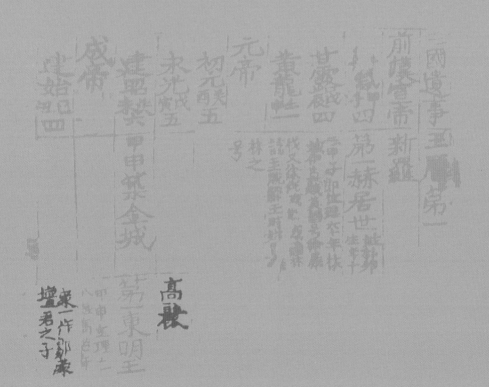

1. 『수서^{隋書}』의 고리^{高麗}

『수서』는 수(隋, 581~618)나라의 36년 역사를 기록한 사서다. 629년 당 태종의 명을 받아 방현령(房玄齡)이 수서를 감수하기 시작하여, 636년 위징(魏徵)과 장손무기(長孫無忌) 등이 감독하고, 안사고(顏師古)와 공영달(孔穎達) 등이 집필에 참여하여 본기 5권, 열전 50권이 완성되었다.

수(隋)는 북주(北周)의 대승상(大丞相) 양견(楊堅)이 581년에 정제(靜帝)에게서 제위를 물려받아 나라이름을 바꾸어 건립되었다. 수나라는 그 뒤 9년 동안 전쟁을 치러 589년 한나라 멸망 이후 거의 300년 동안 분열되었던 대륙을 통일했다.

고조(高祖) 양견은 광대한 영토와 700만 호가 넘는 인구를 거느리고 위세를 떨쳤다. 그러나 양제(煬帝) 양광(楊廣)은 대규모 토목공사를 벌여 궁전을 짓고 운하를 열고, 세 차례나 고리(高麗)를 쳤다가 실패하자 각지에서 농민반란이 일어났다. 618년, 끝내 장군 사마덕감(司馬德戡)과 우문화급(宇文化及)이 쿠데타를 일으켜 양제를 목 졸라 죽임으로써 수나라는 38년 만에 망했다. 고구리(高句麗) 705년에 비해 아주 단명한 수나라지만 두 나라 사이에 큰 전쟁이 잇달아 있었기 때문에『수서』에는 고리(高麗)에 대한 기록이 많다.

『수서』에는 고구리(高句麗)·고리(高麗) 나라이름이 모두 109회 나오는데, 열전에서 고구리(高句麗)와 구리(句麗)가 1회씩 나오는 것을 빼고 107회가 모두 고리(高麗)이다.

〈표 29〉『수서』에 나온 고구리(高句麗)·고리(高麗)·구리(句驪)

	隋書	高句麗	高麗	句麗	
1	帝紀		24		24
2	志·列傳	1	83	1	85
		1	107	1	109

1)『수서』隋書「제기」帝紀에 나온 고리高麗

『수서』「제기(帝紀)」에서는 나라이름이 모두 24회 나오는데 오로지 고리(高麗)라고만 기록되어 있고, 고구리(高句麗)를 비롯한 다른 나라이름은 단 한 번도 나오지 않는다. 제기(帝紀)에 나온 고리(高麗) 관련 기사를 표로 만들면 〈표 30〉과 같다.

『수서』에는 고리(高麗)에 대한 기록이 앞에서 본 다른 사서들과 꽤 다른 면이 있다. 다른 사서에 본기에는 사신들의 공식적인 조공에 관한 기사가 대부분인데, 『수서』에는 초기에는 조공에 관한 기록이 나오지만, 양제 이후는 전쟁 기사로 이

	수(隋) 연대	고구려 연대(AD)	기사 내용
1	高祖 大定(開皇) 원년 12월	평원왕 23(581)	高麗王高陽遣使朝貢
2	開皇 2년 1월 11월	평원왕 24(582)	高麗·百濟並遣使貢方物 高麗遣使獻方物
3	3년 1월 4월 5월	평원왕 25(583)	高麗遣使來朝 高麗遣使來朝 高麗遣使來朝
4	4년 4월	평원왕 26(584)	宴突厥·高麗·吐谷渾使者於大興殿
5	10년 7월	영양왕 1(590)	高麗遼東郡公高陽卒
6	11년 1월 5월	영양왕 2년(591)	高麗遣使朝貢 高麗遣使貢方物
7	17년 5월	영양왕 8(597)	高麗遣使貢方物
8	18년 2월 6월	영양왕 9(598)	以漢王諒爲行軍元帥, 水陸三十萬伐高麗 下詔黜高麗王高元官爵
9	20년 1월	영양왕 11(600)	突厥·高麗·契丹並遣使貢方物
10	煬帝 大業 3년 8월	영양왕 18(607)	上謂高麗使者曰:「歸語爾王, 當早來朝見. 不然者, 吾與啓民巡彼土矣.」
11	7년 2월	영양왕 22(611)	詔曰: 武有七德, 先之以安民. 政有六本, 興之以教義. 高麗高元, 虧失藩禮, 將欲問罪遼左, 恢宣勝略.
12	8년 1월 5월	영양왕 23(612)	下詔曰: 而高麗小醜, 迷昏不恭, 崇聚勃'碣之間, 薦食遼麗·獩之境. 於時諸將各奉旨, 不敢赴機. 旣而高麗各城守, 攻之不下.
13	9년 2월 6월	영양왕 24(613)	又徵兵討高麗 戊辰, 兵部侍斛斯政奔於高麗. 庚午, 上班師. 高麗犯後軍, 敕右武衛大將軍李景爲後拒.
14	10년 2월 7월	영양왕 25(614)	辛未, 詔百僚議伐高麗, 數日無敢言者. 戊子, 朕纂成寶業, 君臨天下, 日月所照, 風雨所沾, 孰非我 臣, 獨隔聲教. 蕞爾高麗, 高麗遣使請降, 囚送斛斯政. 上大悅
			고리(高麗) 24회

어져 있다는 것을 알 수 있다. 〈표 30〉을 보면 수나라 30년 동안 고리(高麗)와 외
교 관계가 그대로 드러난다.

581년에 수나라가 들어서자 고리(高麗)의 평원왕은 바로 사신을 파견하여 조
공을 바친다. 이는 새로 선 나라에 대한 외교이면서 동시에 그 나라의 동태를 살
피는 중요한 행사다. 그래서 582년에 2회, 583년에는 3회나 사신을 보낸다. 그 가

운데 583년에 3회는 방물을 바치지 않고 '뵈러 왔다(來朝)'고만 되어 있다. 이때 는 수나라가 중원과 싸우고 있었기 때문에 국제정세를 정탐하러 갔다고 볼 수 있 다. 한편 수나라도 중원에서 싸우고 있었으므로 다른 주변 나라들과 평화롭게 지 내야 했기 때문에 584년에 돌궐·고리(高麗)·토욕혼(吐谷渾) 사신들에게 연회를 베풀어 위무했다는 기사가 나온다. 고리(高麗)는 수나라에 조공하는 한편 585년 에는 진(陳)나라에도 사신을 보내 조공하면서 등거리외교를 통해 급변하는 국제 정세를 파악하고 있었다.

그러나 589년에 수나라가 진(陳)나라를 멸하고 중원을 통일하면서 상황은 급 변한다. 평원왕은 소식을 듣고 크게 두려워하여 군사를 훈련하고 군량을 쌓아서 방어할 계책을 세웠다.[218] 590년 평원왕이 세상을 뜨고 아들 영양왕이 즉위한다. 이 기록이 정리번호 5번이다.

영양왕은 즉위한 다음 해(591) 통일한 수나라에 사신을 보내 2회 조공하고 수 나라도 책봉하면서 외교관계가 수립된다. 그런데 그 뒤 597년까지 6년 동안 공식 적으로 사신을 보낸 기록이 나오지 않는다. 『삼국사기』에는 592년 봄에서 사신 을 보낸 것으로 되어있으나 『수서』에는 나와 있지 않다. 이 기간에 고리에서는 호전적인 수나라의 침공에 대한 대대적인 대비를 했다고 볼 수 있다. 그리고 597 년 6년 만에 조공하여 수나라를 정탐했다(정리번호 7번).

(1) 1차 고·수전쟁에 대한 기록

수나라는 중원을 통일하고 바로 고리(高麗)를 치기 위해 압박을 가한다. 그리 고 고리(高麗)의 요서 침략을 빌미로 양양왕 9년(598)에 30만 군대로 고리(高麗)

---

218) 『삼국사기』 권19, 「고구리본기」 제7, 평원왕 32년.

를 침공하였다. 이것이 1차 고(高)·수(隋)전쟁이다. 이 해 「제기(帝紀)」에는 나라 이름이 2회 나오는데, 하나는 2월 육·해군 30만이 고리(高麗)를 쳤다는 기사이고, 다른 하나는 6월에 영양왕의 관작을 빼앗았다는 기사이다. 다시 말해 두 나라는 단교를 하고 전쟁을 선포한 것이다. 이 전쟁은 홍수나 강풍 등으로 수나라 군사의 90%가 죽어 완전히 실패한다.

이 전쟁이 끝나자 고리(高麗)는 바로 사신을 보내 사죄하고 화친을 맺었다. 그 뒤 수나라는 돌궐의 계민가한(啓民可汗)과의 다툼으로 공주를 시집보내는 등 신경을 썼기 때문에 고리(高麗)는 한동안 힘을 축적할 수 있었다.

(2) 2차 고·수전쟁에 대한 기록

604년 수 문제의 둘째아들 양광(楊廣)이 병이 깊어진 아버지를 살해하고 제위에 올랐다. 그는 이미 600년에 양소(楊素)와 결탁해 형 양용(楊勇)을 모함해서 태자 자리를 빼앗았다. 제위에 오른 양제는 국내에서는 큰 토목공사를 일으키고 대외적으로는 고창(高昌)·토욕혼(吐谷渾)·임읍(林邑)·류구(流求)로 판도를 넓히고, 고리(高麗)를 칠 준비를 하였다.

수 양제의 압박은 즉위 3년째인 607년에 시작된다. 양제가 돌궐에 갔을 때 마침 고리(高麗) 사신이 와 있었다. 그때 배구(裴矩)가 황제에게 올린 말을 보면 당시 수나라와 고리(高麗) 관계를 이해할 수 있다.

"고구리(高句麗)는 본디 기자에게 봉했던 땅으로, 한나라와 진나라가 모두 군·현으로 삼았습니다. 지금은 신하 노릇을 하지 않고 따로 이역(異域)이 되었으므로, 이전 황제께서는 오랫동안 그들을 치려고 하였습니다. 다만 양량(楊諒)이 못나고 어리석어 군대가 출동하였으나 이루지 못했습니다. 폐하의 시대를 맞이하여 어찌 (고리를) 취하지 않아 예의

바른 땅이 오랑캐 마을이 되도록 놔두겠습니까? 지금 그 (고리) 사신은 (돌궐의) 계민이 온 나라를 들어 교화에 따르는 것을 직접 보았습니다. 그가 우리를 두려워하는 기회를 이용하여 우리에게 조공하도록 위협하는 것이 좋겠습니다." [219)]

이 『삼국사기』의 기사를 보면 1차 고·수전쟁 이후 거의 10년 가까이 조공한 기록이 영양왕 11년(600) 한 번밖에 없었다는 것을 알 수 있다. 그동안 고리(高麗) 스스로 힘을 기르고 수나라의 패권에 대처하기 위해 같은 입장인 돌궐과의 외교관계에 힘을 쏟았다는 것을 알 수 있다. 위에서 본 배구의 진언에 따라 양제가 사신에게 한 말이 정리번호 10번의 내용이다.

> 황상께서 고리(高麗) 사신에게 말했다.
> "돌아가서 너의 왕에게 빨리 와서 조현(朝見)하라고 일러라. 만일 그렇지 않으면 내가 (돌궐의) 계민(啓民)과 함께 그 나라를 살필 것이다." [220)]

앞에서 본 『삼국사기』에서는 고구리(高句麗)라고 했는데 같은 내용의 연결이지만 『수서』에서는 고리(高麗)로 기록하고 있다는 것을 알 수 있다. 다음에 보겠지만 당시 고리(高麗)라는 이름이 완전히 일반화되었는데 김부식이 『삼국사기』에서 모두 고구리(高句麗)로 바꾸어 기록했기 때문에 차이가 나는 것이다.

이 사건이 있는 뒤로도 고리(高麗)는 수나라의 요구를 묵살하고 신라와 백제를

---

219) 『삼국사기』 권20, 「고구리본기」 제8, 영양왕 18년. 高句麗本箕子所封之地 漢晉皆爲郡縣 今乃不臣 別爲異域 先帝欲征之久矣. 但楊諒不肖 師出無功. 當陛下之時 安可不取 使冠帶之境 遂爲蠻貊之鄕乎. 今其使者 親見啓民擧國從化 可因其恐懼 脅使入朝.

220) 『隋書』 卷3, 「帝紀」 第3 煬帝(上). 大業 三年 八月 乙酉, …… 上謂高麗使者曰 : 歸語爾王, 當早來朝見. 不然者, 吾與啓民巡彼土矣.

치는 데 치중하였다. 그러자 4년 뒤인 611년 수나라가 고리(高麗)를 치는 조서를 내린다. 그것이 정리번호 11번의 내용이다.[221]

수 양제는 다음 해인 영양왕 23년(612) 1월 전쟁을 일으키는 조서를 내린다.[222] 이른바 2차 고·수전쟁의 시작이다. 수나라 군사가 모두 '113만 3,800명이 었는데 200만이라 일컬었으며, 군량을 나르는 자는 그 배가 되었다'[223]고 하였다. 세계사에서도 드문 대전쟁이었다.

5월에 요동성을 치면서 황제가 "나아가고 멈춤을 반드시 나에게 물어보라"고 하였다. 이 때문에 요동성이 함락되려 하자 성 안 사람들이 항복한다고 하면 황제에게 물어봐야 한다며 시간이 걸리고, 그 사이에 성 안에서는 방어를 철저히 하여 나가 싸우고, 또다시 항복한다고 했다가 전열을 가다듬어 싸우는 통에 함락에 실패하였다는 기록에 고리(高麗)가 나온다.[224]

결국 수양제는 7월 살수대첩에서 을지문덕에게 완전히 패하고 만다.

(3) 3차 고·수전쟁에 대한 기록

다음 해인 영양왕 24년(613), 양제는 다시 3차 고·수전쟁을 일으킨다. 그 전쟁에 관한 3개 기사에 고리(高麗)가 나온다.[225]

정리번호 13번은 짧은 3줄의 문장이지만 당시 상황을 아주 잘 보여주고 있다.

---

221) 『隋書』卷3,「帝紀」第3 煬帝(上). 詔曰：武有七德, 先之以安民. 政有六本, 興之以教義. 高麗高元, 虧失藩禮, 將欲問罪遼左, 恢宣勝略.

222) 『隋書』卷4,「帝紀」第4 煬帝(下). 八年 春正月 壬午, 下詔曰：… 而高麗小醜, 迷昏不恭, 崇聚勃·碣之間, 鷹食遼·獩之境.

223) 『삼국사기』 권20,「고구리본기」제8, 영양왕 23년.

224) 『隋書』卷4,「帝紀」第4 煬帝(下). 八年 五月 於時諸將各奉旨, 不敢赴機. 旣而高麗各城守, 攻之不下.

225) 『隋書』卷4,「帝紀」第4 煬帝(下). 九年 二月 又徵兵討高麗. …… 六月 戊辰, 兵部侍斛斯政奔於高麗. …… 庚午, 上班師. 高麗犯後軍, 敕右武衛大將軍李景爲後拒.

첫 문장은 3차 고·수전쟁을 일으켰다는 것이고, 병부시랑 곡사정이 고리(高麗)로 귀순했다는 기사다. 4월에 대군을 이끌고 직접 요동성을 공격하던 양제는 본국에서 양현감(楊玄感)이 반역을 일으켰다는 급보를 받고 크게 두려워한다. 그런데다가 양현감과 친한 곡사정이 불안하여 고리(高麗)로 귀순해 버린 것이다. 양제는 밤에 몰래 군사를 이끌고 후퇴하여 돌아간다. 그때 고리(高麗) 군사들이 뒤따라가 후군을 치게 되는데, 마지막 기사는 바로 그 상황을 설명하는 것이다.

(4) 4차 고·수전쟁에 관한 기록

614년(영양왕 25년, 수 양제 대업 10년) 양제는 4차 고·수전쟁을 일으킨다. 2월에 조서를 내려 고리(高麗) 정벌을 논의하였지만 여러 날 동안 감히 말하는 사람이 없었다고 한다. 그래도 조서를 내려 가을 7월에 다시 고리(高麗)를 쳐들어간다. 무리하고 명분없는 전쟁을 시작한 것이다. 내호아가 비사성을 함락하고 평양으로 향하려 하자, 여러 해 동안 전쟁으로 지친 양양왕은 사신을 보내 항복하고 곡사정을 돌려보냈다. 정리번호 14는 바로 이 사실을 이야기해 주고 있다.[226]

침략군의 예봉을 피하려고 고리(高麗) 왕이 항복하였지만 양제가 대묘에 고하고 고리(高麗) 왕을 불러 아뢰게 할 때 고리(高麗) 왕은 끝내 따르지 않았다. 양제는 다시 군사를 일으키려 했지만 결국 실패하고 4년 뒤인 618년에 근위병을 이끌었던 우문화급(宇文化及)·우문지금(宇文智及) 형제와 배건통(裴虔通)들에게 살해당하고 수나라도 망하게 된다.

결국 침략 야욕으로 가득찼던 수나라는 전쟁 실패와 국내 문제로 멸망하고 만

---

226) 『隋書』卷4, 「帝紀」第4 煬帝(下). 十年 二月辛未, 詔百僚議伐高麗, 數日無敢言者. …… 辛卯, 詔曰 : …… 朕纂成寶業, 君臨天下, 日月所照, 風雨所沾, 孰非我臣, 獨隔聲教. 蕞爾高麗, 僻居荒表, 鴟張狼噬, 侮慢不恭, 抄竊我邊陲, 侵軼我城鎭. …… 秋七月 甲子, 高麗遣使請降, 囚送斛斯政. 上大悅.

다. 수나라의 멸망 이유 가운데 고리(高麗)와의 전쟁이 가장 큰 비중을 차지했다는 것은 〈표 30〉에 나타난 기록 몇 개만으로도 쉽게 알 수 있다. 고리(高麗)는 초기 조공외교를 통해서 평화적인 국제관계를 유지하려고 했으나 수나라의 침략 야욕 때문에 불가능하다는 사실을 간파하고 적극적으로 대처하여 최강의 수나라 침략을 잘 이겨냈다고 평가할 수 있다.

2) 『수서』「지(志)」와 「열전」에 나온 고리(高麗)

『수서』 전체 85권 가운데 5권까지가 「제기(帝紀)」이고, 35권까지가 「지(志)」이며, 나머지 50권이 「열전(列傳)」이다. 「지(志)」와 「열전」에 나오는 나라이름을 정리해 보면 다음 〈표 31〉과 같다.

〈표 31〉 『수서(隋書)』 「지」와 「열전」에 나타난 고리(高麗)

	『魏書』卷	지(志)·열전(列傳)	고구리(高句麗)	고리(高麗)
1	12	志第7 禮儀7		1
2	15	志第10 音樂(下)		4
3	21	志第16 天文(下) 五代災變應		1
4	22	志第17 五行(上) 旱		1
5	23	志第18 五行(下) 馬禍		1
6	24	志第19 食貨		2
7	37	列傳第2 李穆		1
8	39	列傳第4 陰壽 子 世師		1
9	41	列傳第6 蘇威 子 夔		1
10	47	列傳第12 韋世康 弟 沖		1
11	60	列傳第25 于仲文		2
12	61	列傳第26 宇文述		1
13	64	列傳第29 沈光·來護兒(3)·魚俱羅		5
14	65	列傳第30 李景		2
15	66	列傳第31 陸知命		2
16	67	列傳第32 裴蘊(1)·裴矩(3)		4
17	68	列傳第33 閣毗·何稠		2
18	70	列傳第35 趙元淑·斛斯政(2)·李密·裴仁基		5
19	70	列傳第35 論		句麗1

20	71	列傳第36 馮慈明		1
21	76	列傳第41 文學, 杜正藏		1
22	78	列傳第43 藝術, 庾質		3
23	80	列傳第45 列女, 譙國夫人		1
24	81	列傳第46 東夷, 高麗 (9), 百濟 (12), 新羅 6, 靺鞨(4)	1(高麗傳)	31
25	83	列傳第48 西域, 高昌		1
26	84	列傳第49 北狄, 突厥(4)·西突厥(1)·奚(4)		9
			1	84·句麗 1

〈표 31〉을 보면 고구리(高句麗)가 1회, 구리(句麗)가 1회, 그리고 고리(高麗)가 84회로, 나라이름이 모두 86회 나온다. 다른 사서에 비해 『수서』의 지(志)와 열전에는 고리(高麗)가 아주 많이 나왔다는 사실을 알 수 있다. 그것은 수나라가 비록 38년이라는 짧은 기간 존재하였지만 고리(高麗)와 4차에 걸친 전쟁을 했기 때문에 그만큼 많은 공신들이 나왔고, 전쟁에 대한 기사들도 많았기 때문이다.

(1) 『수서』「지(志)」에 나온 고리(高麗)

표의 정리번호 1~6까지는 「예의지(禮儀志)」, 「음악지」, 「천문지」, 「오행지(五行志)」, 「식화지(殖貨志)」 같은 5가지 「지(志)」에 나온 고리(高麗)를 정리한 것인데 그 가운데 「음악지」에 4회나 나오기 때문에 여기서는 「음악지」에 나온 기록만 보기로 한다.

개황(開皇, 581~) 연간 초에 율령을 정하여 '7부악(七部樂)을 설치하였다. 첫째 국기(國伎), 둘째 청상기(淸商伎), 셋째 고리기(高麗伎), 넷째 천축기(天竺伎), 다섯째 안국기(安國伎), 여섯째 구자기(龜玆伎), 일곱째 문강기(文康伎)다. 또 소륵(疏勒), 부남(扶南), 강국(康國), 백제(百濟), 돌궐(突厥), 신라(新羅), 왜국(倭國) 들의 기(伎)도 들어 있다. …… 대업(大業, 605~617) 연간, 양제(煬帝)가 청악(淸樂), 서량(西凉), 구자(龜玆), 천축(天竺), 강국(康國),

소륵(疏勒), 안국(安國), 고리(高麗), 예필(禮畢) 들을 정해 9부(九部)를 만들었다.…… 악기는 피리(笛), 정고(正鼓), 가고(加鼓), 동발(銅拔) 같은 4가지가 있어 일부(一部)가 되면 공인은 7명이다. 소륵(疏勒), 안국(安國), 고리(高麗)는 모두 북위(北魏)가 풍씨(馮氏, 北燕)를 멸하고 서역과 통하게 되면서부터 그들의 음악을 접하면서 얻게 되었다. 그 뒤 그 소리가 점차 많이 모이게 되고 태악에서 갈라져 나왔다.…… 고리(高麗)악에는 노래(歌曲)로는 지서(芝棲)가 있고, 춤곡(舞曲)으로는 가지서(歌芝棲)가 있다.[227]

(2)『수서』「열전」에 나온 고리(高麗) – 공신

「열전」은 그 내용이 많기 때문에 몇 가지로 나누어 보기로 한다. 먼저 공신부터 본다.

〈표 31〉의 정리번호 7~17(열전 2~33)까지 공신이 15명 나온다. 이들은 모두 고리(高麗)를 침략할 때 공을 세운 신하들이기 때문에 고리(高麗)에서 보면 침략군의 장수들이다.

이목(李穆, 510~586)은 고리(高麗) 원정 기사에서 나라이름이 나오고, 음세사(陰世師, 565~617)는 고리(高麗)를 칠 때 탁군(涿郡)의 유수(留守)였다. 소위(蘇威)는 수나라 대신으로, 고리(高麗) 토벌을 논의할 때 도적떼(群盜)들을 사면해 참가시키자고 제안했다가 황제의 노여움을 샀으며, 위세강(韋世康)의 아우 위충(韋沖)은 고리(高麗)의 침략을 막은 장수로 나온다.

열전 25의 우중문(于仲文, 545~613)은 2차 고·수전쟁(612) 때 낙랑도를 따라 쳐

---

227) 『隋書』卷15,「志」第10, 音樂(下). 始開皇初定令, 置七部樂：一曰國伎, 二曰淸商伎, 三曰高麗伎, 四曰天竺伎, 五曰安國伎, 六曰龜茲伎, 七曰文康伎. 又雜有疏勒·扶南·康國·百濟·突厥·新羅·倭國等伎. … 及大業中, 煬帝乃定 淸樂·西涼·龜茲·天竺·康國·疏勒·安國·高麗·禮畢, 以爲九部… 樂器有笛·正鼓·加鼓·銅拔等四種, 爲一部. 工七人. 疏勒·安國·高麗, 並起自後魏平馮氏及通西域, 因得其伎. 後漸繁會其聲, 以別於太樂. … 高麗, 歌曲有芝棲, 舞曲有歌芝棲.

들어 온 장수인데, 고리(高麗)의 을지문덕 장군이 거짓으로 항복한 바로 그 진영의 장수다. 우문술(宇文述, ?~616)은 당시 을지문덕을 쫓지 말자고 주장했던 장군이다.[228]

열전 제29에는 3명의 이야기에 고리(高麗)가 나온다. 심광(沈光, 591~618) 전에서는 수양제와 고리(高麗)를 침략할 때 "만약 공명을 세우지 못하면 고리(高麗)에서 죽을 것이며 다시는 여러분을 보지 않겠다(若不能建立功名, 當死於高麗, 不複與諸君相見矣)"고 한 부분에서 고리(高麗)가 나온다. 래호아(來護兒, ?~618)는『삼국사기』에도 여러 차례 등장할 만큼 고·수전쟁 때 수나라를 위해 활약한 장수이다. 당시 상황을 기록한 내용에 고리(高麗)가 3번이나 나온다.[229]

어구라(魚俱羅, ?~613)도 613년 고수전쟁 때 군장으로 참여하였다. 열전 30에 나오는 이경(李景)은 613년 수나라 군대가 요동에서 도망갈 때 이경이 고리(高麗) 군사의 추격을 막는 일을 맡았다.[230] 66권에 나오는 육지명(陸知命)은 수나라 고조에게 고리(高麗)를 쳐야 한다고 표를 올리며 "고리(高麗)가 작고 비루하지만 연(燕)의 변경에 대해 이리 같은 야심(狼顧)을 품고 있다(唯高麗小豎, 狼顧燕垂)고 했다.[231] 열전 32에는 두 명의 이야기에 고리(高麗)가 4회 나온다. 배온(裴蘊(?~618)은 소위(蘇威)가 '군사를 내는 것보다 각지의 역적(叛賊)들을 사면하여 고리(高麗)

---

228)『隋書』卷61,「列傳」第26, 宇文述.

229)『隋書』卷64,「列傳」第29, 來護兒. 遼東之役, 護兒率樓船, 指滄海, 入自㶽水, 去平壤六十里, 與高麗相遇, 進擊, 大破之, 乘勝直造城下, 破其郛郭. 於是縱軍大掠, 稍失部伍, 高元弟建武募敢死士五百人 邀擊之. 護兒因卻, 屯營海浦, 以待期會. 後知宇文述等敗, 遂班師. …… 十年, 又帥師度海, 至卑奢城, 高麗擧國來戰, 護兒大破之, 斬首千餘級. 將趣平壤, 高元震懼, 遣使執叛臣斛斯政, 詣遼東城下, 上表請降. 帝許之, 遣人持節詔護兒旋師. 護兒集衆曰:"三度出兵, 未能平賊, 此還也, 不可重來. 今高麗困弊, 野無青草, 以我爲戰, 不日克之.

230)『隋書』卷65,「列傳」第30, 李景. 明年, 攻高麗武厲城, 破之, 賜爵苑丘侯, 物一千段. …… 九年, 復出遼東. 及旋師, 以景爲殿. 高麗追兵大至, 景擊走之.

231)『隋書』卷66,「列傳」第31, 陸知命.

를 치자고 주장할 때 반대하였다. 배구(裵矩, 547~627)는 앞에서 「제기(帝紀)」를 검토할 때 이미 본 내용이다. 양제가 607년 돌궐에 갔을 때 마침 고리(高麗) 사신이 와 있었고, 그때 배구(裵矩)가 황제와 나눈 이야기가 자세히 나오는데 고리(高麗)가 3회 나온다.[233]

열전 33에는 613년 고·수전쟁 때 반란을 일으킨 양현감과 가까운 곡사정이 고리(高麗)로 도망가자 염비(閻毗, 564~613)가 쫓아가 공격한 일[233]과 612년 하조(何稠)가 612년 고·수전쟁 때 요하를 건너는 다리를 만들었다는 기록에서 고리(高麗)가 2회 나온다.[234]

(3) 『수서』 「열전」에 나온 고리(高麗) – 역적

70권 열전 제35에는 수나라 말기 반란에 참여했던 역적이 따로 기록되어 있는데 그 가운데 4명의 기록에서 고리(高麗)가 5회 나온다.

조원숙(趙元淑, ?~613)은 1·2차 고·수전쟁에 참전하였으나 양현감이 반란을 일으키자 그편에 섰다가 613년 수양제에게 살해된다. 곡사정(斛斯政, ?~614)은 3차 고·수전쟁 때 장수로 참전했으나 반란을 일으킨 양현감과 친해 고리(高麗)로 도망갔다가 4차 때(614) 고리(高麗)가 항복하면서 넘겨주어 양제에게 살해된다.

---

232) 『隋書』 卷67, 「列傳」 第32, 裵矩. 從帝巡於塞北, 幸啓民帳. 時高麗遣使先通於突厥, 啓民不敢隱, 引之見帝. 矩因奏狀曰: "高麗之地, 本孤竹國也. 周代以之封於箕子, 漢世分爲三郡, 晉氏亦統遼東. 今乃不臣, 別爲外域, 故先帝疾焉, 欲征之久矣. 但以楊諒不肖, 師出無功. 當陛下之時, 安得不事, 使此冠帶之境, 仍爲蠻貊之鄉乎? 今其使者朝於突厥, 親見啓民, 合國從化, 必懼皇靈之遠暢, 慮後伏之先亡. 脅令入朝, 當可致也." 帝曰: "如何?" 矩曰: "請面詔其使, 放還本國, 遣語其王, 令速朝觀. 不然者, 當率突厥, 卽日誅之." 帝納焉. 高元不用命, 始建征遼之策. 王師臨遼, 以本官領武賁郎將. 明年, 複從至遼東. 兵部侍郎斛斯政亡入高麗, 帝令矩兼掌兵事.
233) 『隋書』 卷68, 「列傳」 第33, 閻毗. 後複從帝征遼東, 會楊玄感作逆, 帝班師, 兵部侍郎斛斯政奔遼東, 帝令毗率騎二千追之, 不及. 政據高麗柏崖城, 毗攻之二日, 有詔征還.
234) 『隋書』 卷68, 「列傳」 第33, 何稠.

이밀(李密, 582~619)은 고·수전쟁에 참전하지 않았지만 양현감이 반란을 일으켰을 때 합류하여 비책을 제시할 때 고리(高麗)라는 이름이 나온다. 이 내용은 수나라 내부의 반란이 고리(高麗)에 대한 침략전쟁을 활용하였고, 결국은 그런 반란으로 수나라가 망했기 때문에 이밀의 계책을 잠깐 보고 넘어가려고 한다.

"저에게 3가지 계책이 있는데 오로지 공께서 고르시면 됩니다. 지금 천자는 전쟁터에 나가 요하 밖에 있는데, 그 땅 유주(幽州)는 천 리나 떨어져 있습니다. 남쪽으로는 큰 바다가 경계이고, 북으로는 호융(胡戎)이란 걱정거리가 있으며, 중간에 극히 어렵고 험난한 길이 있습니다. 이제 공께서 군사를 가지고 갑자기 나타나 바로 계주(薊)로 들어가 길목을 눌러버리십시오. 앞에는 고리(高麗)가 있고 뒤로는 물러날 길이 없기 때문에 수십 일이 지나지 않아 반드시 가져간 군량이 다 떨어질 것입니다."[235]

배인기(裵仁基, ?~619)는 고리(高麗) 원정 뒤 광록대부로 진급했다(從征高麗, 進位光祿大夫)는 내용에서 나라이름이 나온다. 그러나 이밀(李密)의 세력에 들어갔다가 토벌하러 간 왕세충(王世充)에게 붙잡혀 그의 장수가 되었다. 나중에 왕세충이 황제를 칭하자 반란을 꾀하다 발각되어 피살된다. 그러므로 역적이 된 것이다.[236]

---

235) 『隋書』 卷68, 「列傳」 第33, 李密. "愚有三計, 惟公所擇. 今天子出征, 遠在遼外, 地去幽州, 懸隔千里. 南有巨海之限, 北有胡戎之患, 中間一道, 理極艱危. 今公擁兵, 出其不意, 長驅入薊, 直扼其喉. 前有高麗, 退無歸路, 不過旬月, 齋糧必盡.

236) 여기에서 나오는 역적들은 모두 고리가 수나라를 막는 데 도움을 준 사람들이고, 앞서서 본 공신들은 모두 적군의 우두머리들이다. 이처럼 역사는 어느 쪽에서 보느냐에 따라 선악에 대한 구별이 하늘과 땅 차이만큼 달라진다. 그렇기 때문에 25사의 기록은 우리 기록이 아니라 상대국 기록이란 점을 깊이 인식하고 해석해야 한다.

(4) 『수서』에 나오는 유일한 구리(句麗)

〈표 31〉에서 보는 바와 같이 『수서』에는 딱 한 번 구리(句麗)가 나오는데, 「열전」에서 공신과 역적을 기록하고 나서 수서를 편찬한 사신(史臣)이 전체를 평가하는 글에서 나온다.

> 지세가 험하고 중요하기를 논하자면 요수(遼隧)를 통하는 길은 장강과 비교할 수 없고, 사람들이 도모하는 것을 말하자면 구리(句麗)는 진국(陳國)과 같을 수 없다. 고조가 강남을 쓸어 사방을 평정하였는데, 양제가 요동(정복)을 일삼았으나 천하를 잃어버린 것은 무슨 까닭인가? 했던 행적은 같지만 마음 씀씀이가 달랐던 것이다.[237]

사신의 평가는 '고조가 장강을 넘어 강남을 정복한 것은 양제가 요하를 넘어 고리(高麗)를 치는 것보다 어렵지만 대업을 이루었는데, 왜 양제는 고리를 치다가 망해버렸는가?라는 역사적 사실에 대한 평가다. 그것은 마음 씀씀이(所用之心)가 달랐기 때문이라는 것이다. 강남을 정복하는 것은 통일 의지에서 나왔으나 고리(高麗)를 친 것은 무리한 개인이 과욕에서 나왔다고 보았다. 다시 말해 명분이 없는 전쟁을 일으켜 결국 나라가 망했다는 평가다. 그러나 이처럼 평가하는 사관도 주변국을 얕보는 태도는 양제와 마찬가지였던 것으로 보인다. 당시 당당하게 사용하던 '고리(高麗)'라는 나라이름을 낮추어 부르기 위해 옛 이름인 구리(句麗)를 썼기 때문이다. 그러나 이런 보기는 『수서』 전체에서 오직 한 번뿐이다.

---

237) 『隋書』卷70,「列傳」第35. 論地險則遼隧未擬於長江, 語人謀則勾麗不侔於陳國. 高祖掃江南以淸六合, 煬帝事遼東而喪天下. 其故何哉? 所爲之跡同, 所用之心異也.

(5) 『수서』「열전」에 나온 고리(高麗) – 성절(誠節)·문학·예술인

성절(誠節)이란 충성과 절개를 지킨 신하를 말하는데, 풍자명(馮慈明, ?~616) 이야기에서 고리가 1회 나온다. 그는 수 양제가 즉위한 뒤 크게 중용되지 않아 물러나 있었다. 그러다 '대업 9년(613) 조정에 들어왔다. 당시 병부시랑 곡사정(斛斯政)이 고리(高麗)로 망명하였을 때인데 황제가 (풍)자명을 보고 깊이 위로하고 힘써 일하라고 격려하였다.[238]'는 내용이다.

열전 제41에서 45까지는 문학인, 예술인, 열녀들이 기록되어 있는데 그 가운데 3명의 전기에 고리(高麗)가 4회 나온다.

첫째, 문학에서 두정장(杜正藏)이 '문장체식(文章體式)'을 지었는데 후진들이 크게 보배로 여겨 당시 사람들이 글 짓는 표준으로 삼았고, 해외로 고리(高麗), 백제에도 모두 전해져 익혔는데『두가신서(杜家新書)』라고 불렀다는 내용에서 고리(高麗)가 한 번 나온다.[239]

둘째, 예술가 유질(庾質) 전에서 나오는데, 그는 문신이지만 고리(高麗) 침공 때 황제가 의견을 물었을 때, 황제가 직접 가는 것을 두 번이나 반대했다. 그 뒤 곡사정이 고리(高麗)로 도망가고 양현감이 반란을 일으키자 황제가 그를 인정하는 대목에서 고리(高麗)라는 나라이름이 3회 나온다.[240]

---

238) 『隋書』卷68,「列傳」第33, 馮慈明. 大業九年, 被征入朝. 時兵部侍郞斛斯政亡奔高麗, 帝見慈明, 深慰勉之.

239) 『隋書』卷76,「列傳」第41, 文學 杜正藏. 著碑誄銘頌詩賦百餘篇. 又著《文章體式》, 大爲後進所寶, 時人號爲文軌, 乃至海外高麗·百濟, 亦共傳習, 稱爲《杜家新書》.

240) 『隋書』卷78,「列傳」第43, 藝術, 庾質. 八年, 帝親伐遼東, 征詣行在所. 至臨渝謁見, 帝謂質曰:"朕承先旨, 親事高麗, 度其土地人民, 才當我一郡, 卿以爲克不?"質對曰:"以臣管窺, 伐之可克, 切有愚見, 不願陛下親行."… 九年, 復征高麗, 又問質曰:"今段複何如?"對曰:"臣實愚迷, 猶執前見. 陛下若親動萬乘, 糜費實多."帝怒曰:"我自行尙不能克, 直遣人去, 豈有成功也!"帝遂行. 旣而禮部尙書楊玄感據黎陽反, 兵部侍郞斛斯政奔高麗, 帝大懼, 遽而西還, 謂質曰:"卿前不許我行, 當爲此耳. 今者玄感其成事乎?'

셋째, 열녀 초국부인(譙國夫人)의 전기에 고리(高麗)가 나오는데 남편과 관계되는 이야기다.[241]

(6) 『수서』 「열전」에 나온 고리(高麗) - 동이열전

전체 열전에 나오는 83번의 고리(高麗) 가운데 절반이 넘는 43회가 바로 이 열전의 고리(高麗)와 주변 국가에 관한 내용에서 나온다. 그 중에서 동이열전에서 31회 나오는데, 바로 해동 3국과 말갈에 관한 내용이기 때문에 당연한 일이다.

(가) 먼저 나온 고리전(高麗傳)에서 나라이름이 10회 나오는데, 모두가 다 고리(高麗)인데 고구리(高句麗)가 딱 한 번 나온다.

먼저 고구리(高句麗)에 대한 기록을 보면, 나라를 세우는 이야기를 하였기 때문에 당시의 나라이름인 고구리(高句麗)를 쓴 것이다. 처음 세운 나라이름이 고구리(高句麗)였기 때문에 역사적 사실을 그대로 기록하기 위한 것이다.

> 고리(高麗)의 선조는 부여에서 나왔다.…… 주몽이 나라를 세워 스스로 고구리(高句麗)라고 부르고 고(高)를 성으로 썼다.[242]

고리(高麗)전은 이전 사서와 마찬가지로 전반부는 고리(高麗)의 역사와 사회에

---

241) 『隋書』 卷80, 「列傳」 第45, 列女, 譙國夫人. 梁大同初, 羅州刺史馮融聞夫人有志行, 爲其子高涼太守寶娉以爲妻. 融本北燕苗裔, 初, 馮弘之投高麗也, 遣融大父業以三百人浮海歸宋, 因留於新會.

242) 『隋書』 卷81, 「列傳」 第46 東夷. 高麗之先, 出自夫餘. 夫餘王嘗得河伯女, 因閉於室內, 爲日光隨而照之, 感而逐孕, 生一大卵, 有一男子破殼而出, 名曰硃蒙. 夫餘之臣以硃蒙非人所生, 鹹請殺之, 王不聽. 及壯, 因從獵, 所獲居多, 又請殺之. 其母以告硃蒙, 硃蒙棄夫餘東南走. 遇一大水, 深不可越. 硃蒙曰："我是河伯外孫, 日之子也. 今有難, 而追兵且及, 如何得渡？"於是魚鼈積而成橋, 硃蒙遂渡, 追騎不得濟而還. 硃蒙建國, 自號高句麗.

대해 기록하였는데, 앞에서 본 『주서(周書)』와 거의 같아서 그 사서를 바탕으로 하였다는 것을 알 수 있다. 뒷부분은 주로 고리(高麗)를 침공한 기사인데, 이미 제기(帝紀)와 다른 열전에서 많이 나왔기 때문에 양은 그다지 많지 않다.

(가) 백제전에 나온 고리(高麗)가 고리(高麗)전보다 오히려 더 많은 12회가 나온다. 백제는 그 선조가 고리(高麗) 나라에서 왔다고 하면서 동명왕이 고리(高麗)에서 태어났다고 기록하여 내용 자체는 신빙성이 많이 떨어진다.

> 백제의 선조는 고리(高麗) 나라에서 왔다. 그 나라 왕에 한 몸종이 있어 뜻하지 않게 아이를 뱄다. 왕이 죽이려 하자 종이 말했다. "달걀 같은 물건이 있어 나에게 와서 통했기 때문에 아이를 뱄던 것입니다." 왕이 놓아 주었다. 나중에 마침내 한 사내아이를 낳았는데 뒷간에 버렸으나 오래 지나도 죽지 않아서 신령하다고 그대로 기르도록 하고 이름을 동명이라고 했다. 커가면서 고리(高麗) 왕이 미워하므로 동명이 두려워 도망하여 엄수(淹水)에 이르니 부여 사람들이 모두 받들었다.[243]

다만 이러한 역사적 사실은 모두 남북국시대 이전 나라이름이 고구리(高句麗)일 때의 기록이지만 모두 당시 이름인 고리(高麗)라고 바꾸어 기록하였다는 것이 특징이다.

그 밖에 '옷은 고리(高麗)와 대략 같다(其衣服與高麗略同)'든가 '상제는 고리(高麗)와 같다(喪制如高麗)'고 비교하는 내용에 나라이름 고리(高麗)를 썼다.

---

243) 『隋書』卷81,「列傳」第46, 東夷. 百濟之先, 出自高麗國. 其國王有一侍婢, 忽懷孕, 王欲殺之, 婢云："有物狀如雞子, 來感於我, 故有娠也." 王舍之. 後遂生一男, 棄之廁溷, 久而不死, 以爲神, 命養之, 名曰東明. 及長, 高麗王忌之, 東明懼, 逃至淹水, 夫餘人共奉之.

(다) 신라전에는 고리(高麗)가 모두 6회 나오는데 신라의 선조도 고리(高麗)라고 하고 있다.

신라(新羅) 나라는 고리(高麗) 동남쪽에 있는데 한나라 때 낙랑 땅으로 사라(斯羅)라고도 부른다. 위나라 장수 관구검(毌丘儉)이 고리(高麗)를 쳐서 이기니 (고리는) 옥저로 달아났다. 그 뒤 다시 자기 나라로 돌아왔지만 남아 있던 사람들은 마침내 신라를 세웠다. 그러므로 그 나라 사람들은 화하(華夏)·고리(高麗)·백제의 무리들이 뒤섞여 있다.[244)]

여기서도 관구검이 침략할 때는 나라이름이 고구리(高句麗)였지만 모든 역사를 다 고리(高麗)라고 기록한 것은 수서를 쓰던 당나라 태종 때는 고리(高麗)라고 이름을 바꾼 지 이미 200년이 지나 고리(高麗)가 완전히 일반화되고 역사가가 아니면 옛 이름이 고구리(高句麗)라는 사실도 몰랐으리라는 것을 쉽게 상상할 수 있다.

풍속·형정(刑政)·옷은 대략 고리(高麗)·백제와 같다고 하였다.

(라) 말갈전에서도 고리(高麗)가 4회 나온다.

① 말갈(靺鞨)은 고리(高麗) 북쪽에 있는데 마을마다 모두 추장이 있어 서로 통일되어 있지 않다. 모두 아홉 종 있다. 그 첫 번째 속말(粟末)부가 고리(高麗)와 서로 이어서 닿아 있는데, 뛰어난 군사 수천 명이 있고 날래고 굳센 병사가 많아 늘 고리(高麗)를 약탈하였다.

② 양제 초년에 (수나라가) 고리(高麗)와 싸울 때 자주 깨트리니 우두머리 도지계(度地稽)

---

244) 『隋書』卷81, 「列傳」第46, 東夷. 新羅國, 在高麗東南, 居漢時樂浪之地, 或稱斯羅. 魏將毌丘儉討高麗, 破之, 奔沃沮. 其後複歸故國, 留者遂爲新羅焉. 故其人雜有華夏·高麗·百濟之屬,

가 그 부대를 이끌고 항복해 왔다.[245]

(7) 『수서』「열전」에 나온 고리(高麗) - 서역(西域)전과 북적(北狄)전

(가) 서역전에서는 고창(高昌)에서 고리(高麗)가 한 번 나온다.

대업 4년(608) 사신을 보내 공물을 바쳤다. 황제가 그 사신을 아주 두터이 대해주었다. 다음 해(609) (국)백아(麴佰雅)가 몸소 와서 뵈었다. 고리(高麗)를 칠 때 쫓아갔으므로 돌아와 (황제의) 종족인 화용공주를 아내로 주었다.[246]

(나) 북적(北狄) 전에는 고리(高麗)라는 나라이름이 돌궐에서 4회, 서돌궐에서 1회, 해(奚)에서 4번이 나와 모두 9회 나온다.

① 지난해 이계찰(利稽察)이 고리(高麗)와 말갈에게 크게 패했고, 사비설(娑毗設)이 또한 흘지가한(紇支可汗)에게 죽었습니다. …

② 이전에 고리(高麗)가 사사롭게 계민(啓民)이 있는 곳에 사신을 보냈는데, 계민이 성심껏 상국을 받들어 감히 다른 나라와의 교류를 숨기지 않았다. 이날 고리(高麗) 사신을 만나기 전 우홍에게 다음과 같은 조서를 내리게 했다. "짐은 계민이 성심으로 상국을 받들기 때문에 몸소 그가 있는 곳까지 왔다. 내년에는 분명히 탁군(涿郡)까지 갈 것이다. 네가 돌아가는 날 고리(高麗) 왕에게 빨리 짐에게 와서 알현하고, 스스로 의심하거나 두려워하지 말라고 알려라."[247]

---

245) 『隋書』 卷81, 「列傳」 第46, 東夷. 靺鞨, 在高麗之北, 邑落俱有酋長, 不相總一. 凡有七種, 其一號粟末部, 與高麗相接, 勝兵數千, 多驍武, 每寇高麗中. … 煬帝初與高麗戰, 頻敗其衆, 渠帥度地稽率其部來降.

246) 『隋書』 卷83, 「列傳」 第48, 西域, 高昌. 大業四年, 遣使貢獻, 帝待其使甚厚. 明年, 伯雅來朝. 因從擊高麗, 還尙宗女華容公主.

(다) 서돌궐(西突闕)전에는 고리(高麗)가 1회 나온다.

(이궐 泥獗)처라(處羅)가 고리(高麗) 원정에 따라갔기 때문에 갈살나가한(曷薩那可汗)이란
호를 내리고 아주 큰 상을 주었다.[248]

(라) 해(奚)

북위(北魏) 때 고리(高麗)가 침입하자 한 부락 1만 명 남짓이 들어와 살기를 위해 백하(白
河)에 머물렀다. 그 뒤 돌궐이 위협하자 또 1만 가구가 고리(高麗)로 붙었다.…… 그 뒤
거란의 다른 부(部)인 출복(出伏) 등이 고리(高麗)를 등지고 무리를 이끌어 내부하였다.
…… 그 나라에는 철(鐵)이 없어 고리(高麗)에서 얻는다.[249]

2.『남사南史』와 『북사北史』의 고리高麗

당(唐) 시대 역사가 이연수(李延壽)가 남북조시대(420~589)의 사서들에서 꼼꼼
히 뽑아『남사』와『북사』180권을 편찬하였다.

『남사』와『북사』는 남북조시대의 사서인『송서(宋書)』,『양서(梁書)』,『진서(陳
書)』,『북제서(北齊書)』,『주서(周書)』,『수서(隋書)』에 기록된 역사를 뽑아서 만든
사료인데, 내용이 거의 중복된다. 한편 이처럼 남북조시대 기사들을 한데 모아놓

---

247)『隋書』卷84,「列傳」第49, 北狄, 突闕. 往年利稽察大爲高麗‧靺鞨所破, 娑毗設又爲紇支可汗所殺. … 先
是, 高麗私通使啓民所, 啓民推誠奉國, 不敢隱境外之交. 是日, 將高麗使人見, 敕令牛弘宣旨謂之日﹕"朕以
啓民誠心奉國, 故親至其所. 明年當往涿郡. 爾還日, 語高麗王知, 宜早來朝, 勿自疑懼. 存育之禮, 當同於啓
民. 如或不朝, 必將啓民巡行彼土."
248)『隋書』卷84,「列傳」第49, 西突厥. 處羅從征高麗, 賜號爲曷薩那可汗, 賞賜甚厚.
249)『隋書』卷84,「列傳」第49, 北狄, 奚. 當後魏時, 爲高麗所侵, 部落萬餘口求內附, 止於白貔河. 其後爲突厥
所逼, 又以萬家寄於高麗. … 其後契丹別部出伏等背高麗, 率衆內附. … 其國無鐵, 取給於高麗.

았기 때문에 남북조시대 고구리(高句麗)와 고리(高麗)를 어떻게 기록했는지 전체 상황을 파악하는 데는 편리한 면이 있어, 여기서는 그 점만 중점적으로 보려고 한다.

〈표 32〉『남사(南史)』와 『북사(北史)』의 고리(高麗)

		고구리(高句麗)	구리(句麗)	고리(高麗)	
남사(南史)	본기	1		41	42
	열전		7	12	19
북사(北史)	본기			84	84
	열전	14	6	105	125
		15	13	242	270

『남사(南史)』에는 고구리(高句麗)가 1회 나오고 구리(句麗)가 7회 나오는데, 권 1에서 1회 나오는 것을 빼고는 모두 권79 열전에서 나온다. 1권의 고구리(高句麗)는 『송서』에서 보았던 420년 송이 건국하고 처음으로 장수왕에게 책봉하는 기사이기 때문에 당연한 것이다. 그리고 나머지는 모두 열전[250]에 나오는 기사로 440년 기사나 이전의 자료를 인용하는 내용들이다. 다만 420년 기사를 비롯하여 이전 원 사료들이 '가라말 리(驪)' 자를 썼지만 여기서는 말 마 변을 떼어내고 '나라이름 리(麗)'를 썼다는 점이 다르다. 『남사(南史)』에는 고구리(高句麗)나 구리(句麗)에 비해 고리(高麗)가 압도적으로 많이 나온다. 모두 53회[251]가 나오고, 그것도 본기에서는 앞에서 본 고구리(高句麗) 한 번을 빼놓고는 모두 고리(高麗)를 썼다는 것을 알 수 있다.

『북사(北史)』에서도 거의 같은 경향을 볼 수 있다. 고구리(高句麗)가 14회 나오

250) 『南史』 卷79, 「列傳」 第69, 夷貊下.
251) 『南史』 권1(2), 권2(14), 권4(2), 권9(4), 권7(10), 권9(3), 권10(4), 권19(1), 권45(1), 권76(1), 권77(1), 권79(8) 모두 51회.

고 구리(句麗)가 6회 나오지만 모두 권94 열전[252]에서만 나오고, 고리(高麗)는 무려 209회[253]가 나온다. 특히 본기에는 84회 모두 고리(高麗)뿐이다.

앞 통계를 통해서 다음과 같은 두 가지 사실을 알 수 있다.

① 고구리(高句麗)가 장수왕 때 나라이름을 고리(高麗)로 바꾼 뒤 남북조시대 (420~589)까지 약 170년 동안 각국에서 새 나라이름 고리(高麗)가 일반화되었고 사서에서도 그것이 반영되었다.

② 『남사(南史)』에 비해 『북사(北史)』에 고리(高麗)라는 나라이름이 3.5배 가까이 많이 나오는 것은 고리(高麗)가 북조 나라들과 잇대어 있어 그만큼 교류가 많고, 상대적으로 남조 나라들과는 교류가 적었기 때문이다.

3. 『구당서舊唐書』의 고리高麗

『구당서』는 당나라 290년(618~907) 역사를 쓴 정사로 오대(五代)의 후진(後晉) 개운(開運) 2년(945)에 유향(劉昫) 등이 편찬하였다. 처음 편찬할 때는 『당서(唐書)』였지만 나중에 송나라 때 구양수(歐陽修) 등이 편찬한 새로운 『신당서(新唐書)』가 나온 뒤 『구당서(舊唐書)』라고 불렀다.

천하를 통일했던 수나라가 불과 2대 36년 만에 망하고 만다. 수백만 명을 동원

---

252) 『北史』卷94, 「列傳」第82.
253) 『北史』권1(1), 권2(12), 권3(20), 권4(5), 권5(17), 권7(6), 권8(3), 권11(9), 권12(11), 권16(2),권19(2), 권 23(2), 권25(1), 권31(1), 권38(4), 권40(2), 권41(1), 권45(4), 권49(2), 권59(1), 권60(1), 권63(1), 권64(1), 권 66(1), 권74(1), 권76(9), 권77(1), 권78(2), 권79(1), 권80(2), 권89(2), 권90(1), 권93(11), 권94(41), 권97(1), 권98(1), 권99(5), 권100(1)

하여 대운하를 만드는 과정에서 민중은 피폐하고 불만이 높아갔으며, 결정적으로 4차에 걸친 고리(高麗) 침공으로 온 나라가 극도로 혼란에 빠져서 각지에서 반란이 일어났다. 618년 양제는 결국 친위대장 우문화급(宇文化及)에게 살해되고, 수 양재의 신하로 국경 반란을 진압하고 있던 이연(李淵)이 황제가 되어 나라이름을 당(唐)으로 고쳤다. 그가 바로 당 고조(高祖)이다. 같은 해 고리(高麗)도 영양왕이 죽고 동생인 영류왕이 왕위에 오른다.

당나라는 907년 애제(哀帝) 때 후량(後梁)의 주전충(朱全忠)에게 멸망할 때까지 290년 동안 계속되는데, 우리나라 삼국시대를 지나 남북국시대 발해(926)와 신라(935)와의 깊은 관계를 이어갔다.

『구당서』에는 고구리(高句麗)·고리(高麗)라는 나라이름이 모두 210회 나온다. 그 가운데 28회가 본기에서 나오고, 지(志)에서 10회, 열전에서 172회가 나온다. 나라이름 210회 가운데 「음악지」에서 구리(句驪)가 1회 나오고, 「천문지」에서 고구리(高句驪)가 한 차례 나오는 것을 빼놓고는 모두 고리(高麗)다. 이는 당나라 때는 고구리(高句麗)나 구리(句驪)는 완전히 잊히고 모두 고리(高麗)만 썼다고 결론지을 수 있다.

〈표 33〉 『구당서(舊唐書)』에 나온 고구리(高句驪)·구리(句驪)·고리(高麗)

	고구리(高句驪)	구리(句驪)	고리(高麗)	
본기			28	28
지(志)	1	1	8	10
열전			172	172
	1	1	208	210

장수왕이 즉위하여 나라이름을 고구리(高句麗)에서 고리(高麗)로 바꾼 뒤 당나라가 선 618년까지 거의 200년 넘게, 그리고 고리(高麗) 조정이 당에게 항복할 때까지 250년 넘게 고리(高麗)라고 썼기 때문에 고리(高麗)라는 이름이 굳어진 것은

당연한 귀결일 것이다.

1) 『구당서^{舊唐書}』「본기」에 기록된 고리^{高麗}

618년에 당나라가 세워졌으나 『구당서』「본기」에 고리(高麗)가 가장 먼저 등장한 것은 6년 뒤인 624년 기사이다. 나라를 세운 뒤 왕세충을 비롯한 다른 세력들을 소탕하고, 제도를 정비하며 돌궐의 침략을 막는 등 국내 안정이 먼저였다. 그래서 6년이 지난 뒤에야 고리(高麗)·백제·신라에 대한 책봉이 이루어진다. 고조가 통치한 9년 동안의 본기에는 이 기사 하나에만 고리(高麗)가 나온다.

626년, 고조에 이어 태종이 제위에 오른다. 이때 신라·구자(龜茲)·돌궐·백제·당항(黨項) 같은 나라와 함께 고리(高麗)도 조공을 하는 기사가 〈표 34〉의 정리번호 2번이고 13년 뒤인 639년 기사(정리번호 4번)를 보면 그 사이 높아진 당나라의 위상을 실감할 수 있다.

고리(高麗)·신라·서돌궐·토화라(吐火羅)·강국(康國)·안국(安國)·파사(波斯)·소륵(疏勒)·우전(于闐)·언기(焉耆)·고창(高昌)·임읍(林邑)·곤명(昆明) 및 멀고 먼 변방(荒服)의 오랑캐 우두머리(蠻酋)들이 잇따라 사신을 보내 조공하였다.[254]

여기서 가장 먼 파사(波斯)는 지금의 이란인 페르시아이고 강국(康國)은 사마르칸드를 말한다.

---

254) 『舊唐書』 卷3, 「本紀」 第3 太宗(下), 貞觀13年.

	당(隋) 연대	고리(高麗) 연대	기사 내용
1	高祖 武德 7년	영류왕 7(624)	封高麗王高武爲遼東郡王·百濟王扶餘璋爲帶方郡王·新羅王金爲平爲樂浪郡王
2	太宗 武德 9년	영류왕 9(626)	是歲, 新羅·龜玆·突厥·高麗·百濟·黨項並遣使朝貢
3	貞觀 5년	영류왕 14(631)	遣使毁高麗所立京觀, 收隋人骸骨, 祭而葬之
4	13년	영류왕 22(639)	高麗·新羅·西突厥·吐火羅·康國·安國·波斯·疏勒·于闐·焉耆·高昌·林邑·昆明及荒服蠻酋, 相次遣使朝貢.
5	14년	영류왕 23(640)	高麗世子相權來朝
6	16년	영류왕 25(642)	是歲, 高麗大臣蓋蘇文弑其君高武, 而立武兄子藏爲王
7	18년	보장왕 3(644)	太宗將伐高麗, 命太子留鎭定州 發天下甲士, 召募十萬, 並趣平壤, 以伐高麗
8	19년	보장왕 5(645)	高麗別將高延壽·高惠眞帥兵十五萬來援安市, 以拒王師. 李勣率兵奮擊, 上自高峰引軍臨之, 高麗大潰
9	史臣曰	(?)	若文皇自定儲於哲嗣, 不騁志於高麗
10	高宗 永徽 6년	보장왕 14(655)	營州都督程名振破高麗於貴端水
11	顯慶 3年	보장왕 17(658)	程名振攻高麗
12	龍朔元年	보장왕 20(661)	命左驍衛大將軍 … 樂安縣公任雅相爲浿江道大總管, 以伐高麗
13	2년	보장왕 21(662)	蘇定方破高麗於葦島, 又進攻平壤城, 不克而還
14	麟德 2년	보장왕 24(665)	高麗王高藏遣其子福男來朝
15	乾封元年	보장왕 25(666)	六月 高麗莫離支蓋蘇文死. 其子男生繼其父位, 十月 命司空·英國公 勣爲遼東道行軍大總管, 以伐高麗
16	總章元年	보장왕 27(668)	四月 群臣複進曰:"星孛於東北, 此高麗將滅之征." 帝曰: "高麗百姓, 卽朕之百姓也. 九月 司空·英國公勣破高麗, 拔平壤城,
17	2년	후 1(669)	移高麗戶二萬八千二百, 車一千八十乘, 牛三千三百頭, 馬二千九百匹, 駝六十頭, 將入內地,
18	咸亨 4년	후 5(673)	燕山道總管李謹行破高麗叛黨於瓠盧河之西, 高麗平壤餘衆遁入新羅
19	儀鳳 2년	후 9(677)	工部尙書高藏授遼東都督, 封朝鮮郡王, 遣歸安東府, 安輯高麗餘衆
20	玄宗 開元 3년	후 27 (715)	及高麗莫離支高文簡·都督鶈跌思太等, 各率其衆自突厥相繼來奔
21	代宗 大曆 6년	후 83 (771)	其長行高麗白錦·大小花綾錦, 任依舊例織造. 有司明行曉諭
22	憲宗 元和 13년	후 130(818)	是歲, 回紇·南詔蠻·渤海·高麗·吐蕃·奚·契丹·訶陵國並朝貢
			고리(高麗) 28회

이 기록 이전인 622년 수나라 전쟁 때 양국에 포로가 된 사람들을 서로 교환하자는 제안에 따라 실제 실행되었는데, 고리(高麗)에서 당나라에 보낸 포로만 1만

명에 이르렀다고 한다.[255] 그 뒤 631년 당나라가 사신을 보내 수나라 전사들의 해골을 묻은 곳에 와서 제사지내고 고리(高麗)가 세운 경관(京觀)을 허물었다(정리번호 3번).

640년에 당나라가 고창(高昌)을 멸하고 이어서 고리(高麗)를 칠 명분을 찾고 있는 당나라에 고리(高麗)는 세자를 보내 황제를 뵙게 한다(5번 기사). 다음 해인 641년 태종은 이에 대한 보답이라면서 사신 진대덕(陳大德)을 보내 고리(高麗)의 허실을 염탐하도록 하였다. 그리고 다음 해인 642년, 드디어 그 명분을 손에 쥐었다. 연개소문이 영류왕을 죽이고 보장왕을 세운 것이다(정리번호 6번).

당나라가 고리(高麗)를 칠 수 있는 또 하나의 명분이 추가된다. 643년 신라가 당나라에 사신을 보내 "백제가 40개가 넘는 우리나라 성을 공격하여 빼앗고 다시 고리(高麗)와 연합하여 입조(入朝)하는 길을 끊으려 한다며 군사를 내서 구원해 달라고 청한 것이다.[256]

사실상 당과 신라가 연합해 백제와 고리(高麗)를 치자는 간청이었다. 이와 똑같은 원군 요청은 이미 이전에도 있었고, 이런 구원 요청은 신라뿐 아니라 토벌의 대상이 된 백제 자신도 같은 요청을 했다.

(무덕) 9년(626, 영류왕 9년) 신라와 백제가 사신을 보내 (고리 왕) 건무(建武)를 고발하기를 "고리(高麗)가 길을 막아 입조하지 못하게 하고, 또 서로 틈이 생겨 거듭 서로 침략하고 있습니다."라고 말하였다. (황제가) 원외산기시랑(員外散騎侍郞) 주자사(朱子奢)를 보내 조서를 내려 화해하게 하였다. (고리 왕) 건무는 표를 올려 사죄하고 신라 사신과 함께 만

255) 『삼국사기』 권20, 「고구리본기」 제8, 영류왕 5년.
256) 『삼국사기』 권20, 「고구리본기」 제9, 보장왕 5년.

나 다짐할 수 있는 자리를 만들어 달라고 청하였다.[257]

626년 당시 3국은 서로 싸우는 사이이기 때문에 영류왕이 오히려 화해하는 자리를 마련해 달라는 요구는 매우 수준 높은 외교수단이라고 할 수 있다. 북쪽을 안정시켜 남쪽에 힘을 쏟기 위한 것이었다. 영류왕이 이처럼 당의 예봉을 피해갔던 사례에 비해 643년 연개소문의 대처는 당나라의 침입을 불러일으킬 수 있는 빌미를 제공하였다. 연개소문이 당나라 사신 현장(玄奬)에게 이렇게 말했다.

> 고리(高麗)와 신라는 원한으로 사이가 틀어진 지 이미 오래되었다. 지난날 수나라가 쳐
> 들어왔을 때 신라는 그 틈을 타서 고리(高麗) 500리 땅을 빼앗고, 성읍을 모두 신라가 차
> 지하였다. 스스로 땅과 성을 되돌려주지 않으면 이 싸움은 그만둘 수가 없다.[258]

이처럼 연개소문은 당나라의 제안을 정면으로 거절하였다. 당나라는 세 나라가 서로 불화하므로 이 점을 적극적으로 이용하여 고리(高麗)를 양쪽에서 공격할 수 있는 좋은 계기가 되었다. 연개소문은 선대의 여러 왕을 비롯하여 바로 직전의 영류왕처럼 외교전술을 쓰지 못하고 빌미를 제공한 것이다. 위의 두 가지가 고·당전쟁에서 적어도 표면적인 원인으로 작용하였다는 것은 이어지는 태종의 이야기에서 확인할 수 있다.

---

257) 『舊唐書』 권199(상), 「열전」 제149(上), 東夷 高麗. 『삼국사기』 권20 「고구리본기」 제9, 영류왕 5년.
258) 『舊唐書』 권199(상), 「열전」 제149(上), 東夷 高麗. 蓋蘇文謂玄奬曰 : 「高麗ˊ新羅, 怨隙已久. 往者隋室相
　　侵, 新羅乘釁奪高麗五百里之地, 城邑新羅皆據有之. 自非反地還城, 此兵恐未能已.」; 『삼국사기』 권20, 「고
　　구리본기」 제9, 보장왕 3년.

"(연)개소문은 자기 임금을 죽이고 대신들을 해쳤으며, 백성들을 잔인하게 학대하였다. 이제 다시 나의 명령을 듣지 않고 이웃나라를 침략했으니 토벌하지 않을 수 없다."[259]

글쓴이가 이처럼 전쟁이 일어나게 된 까닭을 본 것은 정리번호 7번과 8번은 모두 태종이 벌인 1차 고·당전쟁에 관한 내용이기 때문이다. 전쟁 상황은 열전 고리전(高麗傳)에 자세히 기록되어 있어서 본기에서는 간단히 언급하여 나라이름 고리(高麗)는 4회밖에 나오지 않는다. 644년에는 태종이 고리(高麗)를 정벌하기로 하였다는 기사에서 고리(高麗)가 2번 나오고, 635년 안시성 싸움에서 고리(高麗)의 별장 고연수와 고혜정의 군사 15만을 무찌르는 기사에서도 2번 나온다.

그리고 태종이 죽으면서 전쟁을 중단하라고 유언했는데 사관(史官)이 '만일 문황제가 자기가 뽑은 태자가 좋은 계승자라면 고리(高麗)에 뜻을 두지 않고 개인의 바람에 만족했을 것이다'고 평하는 데서 1회 나온다.

649년 태종의 뒤를 이어 제위에 오른 고종은 한동안 고리(高麗)에 대한 침공을 거론하지 않았다. 그러나 고리(高麗) 침공을 포기하지는 않았다. 한편 고리(高麗)는 국내 정세를 안정시키고 당의 침입에 대비하여 힘을 길러야 했다. 그런데 그 사이에 다시 힘을 허비하고 신라와의 관계를 악화시키는 전쟁이 일어났다.

보장왕 13년(654) 말갈 군사와 함께 거란을 치다가 크게 패하고, 14년(655)에는 백제·말갈과 함께 신라 변경을 쳐서 33성을 빼앗았다. 결국 협공을 받은 신라 김춘추는 다시 당나라에 사신을 보내 원조를 구하였고, 당나라는 기다렸다는 듯이 고리(高麗)를 쳤다. 그리고 이어서 당나라의 침공은 이어졌다.

---

259) 『舊唐書』권199(상), 「열전」제149(上), 東夷 高麗.. 『삼국사기』권20 「고구리본기」제9, 보장왕 3년. 太宗 曰 蓋蘇文弑其君 賊其大臣 殘虐其民 今又違我詔命 侵暴鄰國 不可以不討

| 10 | 영휘 6년 | 보장왕 14(655) | 정명진 귀단수에서 고리(高麗)를 깨트리다. |
| 11 | 현경 3年 | 보장왕 17(658) | 정명진(程名振) 고리(高麗) 공격 |

백제는 신라와 당의 연합군의 협공을 이기지 못하고 660년에 망하고 만다. 그리고 고리(高麗)라는 나라이름이 안 나와 표에서는 빠졌지만 그해 11월 백제 다음 목표인 고리(高麗)를 공격한다. 이어서 2년 연속 고리(高麗)를 쳐들어갔으나 성과 없이 돌아간다.

| 12 | 용삭 원년 | 보장왕 20(661) | 좌효위대장군 등에 명하여 고리(高麗)를 치다. |
| 13 | 2년 | 보장왕 21(662) | 소정방 위도에서 고리(高麗)를 깨트리고, 평양성을 쳐들어 갔지만 이기지 못하고 돌아왔다. |

한 동안 잠잠해지자 고리(高麗) 왕은 태자를 당나라에 보내 태산에서 올린 제사에 참석하게 한다(정리번호 14). 그러나 고리(高麗)의 그러한 화친 노력도 다음 해인 666년에 막리지인 연개소문이 죽고 아들인 남생이 아버지 자리를 잇자 물거품이 되고 만다. 남생이 막리지가 되어 여러 성을 순행하는 사이에 뒷일을 맡은 동생 남건과 남산이 주변의 이간질에 넘어가 형제간에 싸움이 벌어졌기 때문이다. 새로 막리지가 된 남건이 형을 치니, 남생은 달아나 국내성에 머물면서 그의 아들 헌성을 보내 당나라에 구차한 목숨을 구걸하게 한다.

당나라로서는 그동안 여러 번 고리(高麗)를 쳤지만 번번이 실패하여 여러 궁리를 하고 있는 차에 고리(高麗)를 이길 수 있는 절호의 기회가 온 것이다. 연개소문이 6월에 죽고, 남생이 궁지에 몰려 아들을 보내 간청을 하자 바로 8월에 군사를 내어 전면전에 들어간 것을 보면 알 수 있다.

당나라 군대는 다음 해인 667년, 요동의 각 성을 격파하고 남생의 군대와 합하게 되니 당 군은 절대적인 승기를 잡게 된다. 고리(高麗)의 군사비밀과 지형을 가장 잘 아는 남생이 당 군의 앞잡이 노릇을 했다는 것은 고리(高麗)로서는 결정적인 타격었다. 결국 668년 평양성이 함락되면서 고리(高麗) 조정은 항복하였다.

| 15 | 건봉 원년 | 보장왕 25(666) | 6월 고리(高麗) 막리지 연개소문이 죽었다.
10월 고리(高麗)를 쳤다. |
| 16 | 총장 원년 | 보장왕 21(662) | 4월 복진 : 고리(高麗)는 망할 것입니다.
　　황제 : 고리(高麗) 백성은 곧 짐의 백성이다.
9월 (이)적이 고리(高麗)를 깨고 평양성을 빼앗았다. |

2) 『구당서(舊唐書)』「지(志)」에 기록된 고리(高麗)

『구당서(舊唐書)』 21권부터 50권까지 30권이 갖가지 「지(志)」다. 「지(志)」에 나타난 나라이름이 모두 10회 나오는데 「음악지」에서 구리(句驪)가 1회, 「천문지」에서 고구리(高句驪)가 1회 나오고 나머지 8회는 모두 고리(高麗)였다.

〈표 35〉『구당서(舊唐書)』「지(志)」에 나타난 고구리(高句驪)·구리(句驪)·고리(高麗)

	『舊唐書』卷	지(志)	고구리(高句驪)	구리句驪	고리(高麗)
1	23	志第 3 禮儀			1
2	28	志第 8 音樂(1)			1
3	29	志第 9 音樂(2)			3
4	31	志第11 音樂(4)		1	
5	36	志第16 天文(下)	1		1
6	38	志第18 地理(1)			2
			1	1	8

(1) 「예의지(禮儀志)」의 고리(高麗)

「예의지」에 딱 한 번 나오는 고리(高麗)는 712년으로, 고리(高麗)의 조정이 항복한 지 44년이 지난 뒤의 일이다. 당시 현종이 조현하는 모습에서 나온다.

(현종 개원 13년, 712) 임진, 현종이 조현(朝見)하는 장전(帳殿)에 들어가고 진영이 다 갖추어졌다. 문무백관, 두 왕의 후손, 공자의 후손, 사방의 사신들, 주와 군 장관이 추천한 어질고 착한 유생, 문인이 올린 부(賦)를 읽는 사람, 서융·북적·동이·남만·강호(羌胡) 같은 나라에서 뵈러 온 사신, 돌궐의 힐리발(頡利發), 거란·해(奚) 등의 왕, 대식(大食)·사시(謝䫻)·오천십성(五天十姓)·곤륜·일본·신라·말갈에서 온 시자와 사신, 갈마든(番) 내신, <u>고리(高麗) 조선왕</u>, 백제 대방왕, 십성(十姓)인 마하사나(摩訶斯那) 흥석가한(興昔可汗), 삼십성 좌우의 현왕(賢王), 일남(日南)·서축(西竺)·찬치(鑿齒)·조제(雕題)·장가(牂柯)·오호(烏滸)의 우두머리들이 모두 자리했다.[260]

　　여기서 나오는 '고리(高麗) 조선왕'은 고리(高麗) 조정이 항복한 뒤 당나라에 끌려가 살던 보장왕을 말한다. 고리 조정이 항복한 뒤 당은 고구리 땅을 차지하여 다스리지 못하고 결국 5년 뒤인 677년(또는 678년)에 보장왕, 곧 조선왕을 돌려보내 백성들을 무마하고 고리(高麗)를 다스리도록 한다. 712년은 아직 조선왕을 파견조차 하지 못하고 있었던 것이다. 백제 땅은 이미 신라가 차지하고 있었기 때문에 대방왕도 부임하지 못한 것은 마찬가지였다.

---

260) 『舊唐書』卷23, 「志」 第3, 禮儀(3). 壬辰, 玄宗禦朝觀之帳殿, 大備陳布. 文武百僚, 二王後, 孔子後, 諸方朝集使, 嶽牧擧賢良及儒生·文士上賦頌者, 戎狄夷蠻羌胡朝獻之國, 突厥頡利發, 契丹·奚等王, 大食·謝䫻·五天十姓, 昆侖·日本·新羅·靺鞨之侍子及使, 內臣之番, 高麗朝鮮王, 百濟帶方王, 十姓摩訶阿史那興昔可汗, 三十姓左右賢王, 日南·西竺·鑿齒·雕題·牂柯·烏滸之酋長, 鹹在位.

(2) 「음악지(音樂志)」에 나온 고리(高麗)와 구리(句驪)

『구당서』「지(志)」에서는 『수서』와 마찬가지로 「음악지(音樂志)」에서 고리(高麗)가 가장 많이 나온다.

먼저 「음악지」(1)에 나온 내용을 보기로 한다.

> ① 태화 3년(829) 8월, 태상례원(太常禮院)이 아뢰었다. "……태종이 동도(東都)를 평정하고 송금강(宋金剛)을 깨뜨리고, 그 뒤 소정방이 하노(賀魯)를 잡고 이적(李勣)이 고리(高麗)를 평정한 뒤에는 모두 군용을 갖추고 개선가(凱歌)를 연주하며 서울로 들어왔습니다." [261]

「음악지」에 나온 내용이지만 음악 그 자체에 관한 내용이 아니고 고리(高麗)를 평정하고 나서 당의 군대가 서울로 개선할 때 개선가를 연주했다는 내용이다. 고리(高麗)가 항복한 지 61년 뒤에 언급한 내용이다.

「음악지」(2)에 나오는 고리(高麗)는 모두 3개 나온다. 고리(高麗) 기악(伎樂)이 송나라 때부터 있었다는 내용이고, 고리악(高麗樂)에 대한 자세한 설명과 '굴뢰자'라는 음악이 고리(高麗)에도 있었다는 내용이다.

> ② 송(宋)나라 때 고리(高麗)·백제기악(伎樂)이 있었다. 위나라가 탁발을 평정하고 (그 음악을) 얻었지만 보전하지 못했다.
>
> ② 고리악(高麗樂)의 악공은 자줏빛 비단모자(紫羅帽)에 새 깃털을 꾸미고, 노란 소매 긴

---

261) 『舊唐書』卷28,「志」第8, 音樂(1). 大和三年八月, 太常禮院奏 : … 太宗平東都, 破宋金剛, 其後蘇定方執賀魯, 李勣平高麗, 皆備軍容凱歌入京師.

옷에 자줏빛 비단 띠를 두르고, 통 넓은 바지를 입고, 붉은 가죽신을 신고, 오색 끈을 매었다. 춤을 추는 4명은 뒤로 상투를 틀고, 진한 붉은 빛을 이마에 칠하고, 금귀고리를 달았다. 두 사람은 노란 치마저고리에 붉은 빛을 띤 노란 바지이고 두 사람은 붉은빛을 띤 노란 치마저고리와 바지를 입는데, 소매는 아주 길며, 검은 가죽신을 신고 쌍쌍이 나란히 서서 춤을 춘다. 악기는 탄쟁(彈箏) 하나, 추쟁(搊箏) 하나, 와공후(臥箜篌) 하나, 수공후(豎箜篌) 하나, 비파 하나, 의취적(義觜笛) 하나, 생(笙) 하나, 퉁소(簫) 하나, 작은 필률(小篳篥) 하나, 큰 필률(大篳篥) 하나, 복숭아 껍질 필률(桃皮篳篥) 하나, 장구(腰鼓) 하나, 제고(齊鼓) 하나, 첨고(簷鼓) 하나, 패(貝) 하나를 쓴다.

무태후(武太后) 때는 25곡이 있었으나 지금은 오로지 한 곡만 익히고 있고, 옷도 차츰 낡아 없어져 본디 그 모습을 잃었다.[262]

③ 굴뢰자[窟礧子] : 괴뢰자[魁礧]子라고도 한다. 인형을 만들어 노는데 노래와 춤이 훌륭하다. 본디 초상집 노래다. 한나라 말 처음으로 가례(嘉禮)에서 쓰기 시작했는데 제(齊)나라 후주 고위(高緯)가 특히 좋아했다. 고리나라(高麗國)에도 있다.[263]

「음악지」(4)에는 『구당서』에서는 단 하나밖에 없는 구리(句驪)가 나온다.

고종 천황 대제가 제사를 지낼 때 '균천지무(鈞天之舞)' 1장을 썼다. 고종은 도(道)에 힘을

---

262) 『舊唐書』卷29, 「志」第9, 音樂(2). 宋世有高麗·百濟伎樂. 魏平拓跋, 亦得之而未具. …《高麗樂》, 工人紫羅帽, 飾以鳥羽, 黃大袖, 紫羅帶, 大口袴, 赤皮靴, 五色條繩. 舞者四人, 椎髻於後, 以絳抹額, 飾以金璫. 二人黃裙襦, 赤黃袴, 二人赤裙襦袴 極長其袖, 烏皮靴, 雙雙並立而舞. 樂用彈箏一, 搊箏一, 臥箜篌一, 豎箜篌一, 琵琶一, 義觜笛一, 笙一, 簫一, 小篳篥一, 大篳篥一, 桃皮篳篥一, 腰鼓一, 齊鼓一, 簷鼓一, 貝一. 武太後時尚二十五曲, 今惟習一曲, 衣服亦浸衰敗, 失其本風. 『삼국사기』에서 같은 내용이 나오는데, 당나라 재상 두우(杜佑:735~812)가 편찬한 『통전(通典)』에서 인용하였다.
263) 『舊唐書』卷29, 「志」第9, 音樂(2). 《窟礧子》, 亦云《魁礧子》, 作偶人以戲, 善歌舞. 本喪家樂也. 漢末始用之於嘉會. 齊後主高緯尤所好. 高麗國亦有之.

써 앞장서서 모범을 보였다. 훈죽(獯鬻)을 교화해 껴안고 군사로 구리(句驪)를 잡도리하
였다.[264]

내용 자체는 음악과 아무 상관이 없다. 고종을 칭송하는 글에서 고리(高麗)를
얕잡아 일부러 낮추어 부르는 구리(句驪)를 썼는데, 한나라 때 썼던 '가라말 려
(驪)'를 끌어와 구리(句驪)를 썼다.

(3) 「천문지」와 「지리지」의 고구리(高句驪)와 고리(高麗)

『구당서』에서 한 번밖에 나오지 않은 고구리(高句驪)가 「천문지」에서 나온다.
①에 나오는 고구리(高句驪)는 한 무제가 옛 조선을 치고 세운 고구리현(高句驪
縣)에 관한 기사이기 때문에 옛 이름을 그대로 쓰고, ②는 668년 기사이기 때문에
고리(高麗)를 쓴 것이다.

① 낙랑은 조선현에 있고 현도는 고구리(高句驪)현이었는데, 지금은 모두 동이에 있
다.[265]
② 총장 원년(668) 4월,…… 경종(敬宗)이 또 나아가 말했다. 별이 동북쪽에서 나타났습니
다. 이는 왕사께서 죄를 물으면 고리(高麗)가 장차 망할 징조입니다.[266]

「지리지」에는 2개의 기사에서 각각 1개씩 고리(高麗)가 모두 2회 나온다.

---

264) 『舊唐書』 卷31, 「志」 第11, 音樂(4). 高宗天皇大帝室奠獻用《鈞天》之舞一章：高皇邁道, 端拱無爲. 化懷獯
鬻, 兵戢句驪. 265) 『舊唐書』 卷36, 「志」 第16, 天文(下). 樂浪在朝鮮縣, 玄菟在高句驪縣, 今皆在東夷也.
265) 『舊唐書』 卷36, 「志」 第16, 天文(下). 樂浪在朝鮮縣, 玄菟在高句驪縣, 今皆在東夷也.
266) 『舊唐書』 卷36, 「志」 第16, 天文(下). 總章元年四月, …… 敬宗又進曰："星孛於東北, 王師問罪, 高麗將滅
之征."

① 고종 때 고리(高麗)·백제를 평정하여 요해(遼海) 이동은 모두 (당나라의) 주(州)가 되었는데 갑자기 다시 배반하여 봉지(封地)로 끌어들이지 못했다.[267]

② 이제 천보(天寶) 11년(752)에 실린 지리(지)를 보면, 당나라 영토는 동으로는 안동부(安東府)에 이르고, 서로는 안서부(安西部)에 이르고, 남으로 는 일남군(日南郡)에 이르고, 북으로는 단우부(單于府)에 이른다. 남북은 한나라가 융성할 때와 같지만 동쪽은 미치지 못하고, 서쪽은 넘친다. 〈한(漢)의 영토는 동쪽으로 낙랑·현도에 이르렀는데 지금의 고리(高麗)·발해가 그것이다. 지금의 요동은 당(唐)의 영토가 아니다. 한(漢)의 국경은 서쪽으로 돈황군(敦煌郡)에 이르는데 지금의 사주(沙州)로 당(唐)의 땅이다. 또 구자(龜玆)는 한(漢)의 융성을 넘어선 것이다.〉[268]

지리지에 나오는 이 두 기사는 아주 중요한 내용을 담고 있다. 곧 당나라가 고리(高麗)를 쳐서 왕을 비롯한 정권이 항복했지만 끝내 고리(高麗)는 당(唐)의 영토에 들어가지 않았다는 점을 아주 뚜렷이 기록하였다. 이 문제는 〈고구리·고리사 연구〉 총서 5권 남북국시대의 형성 부분에서 다시 자세히 논하려고 한다.

3) 『구당서(舊唐書)』 「열전」에 기록된 고리(高麗) - 전쟁 공신

열전에 나온 고리(高麗)를 표로 만들어 보면 고리(高麗)라는 나라이름이 모두 172회나 나온다. 몇 가지 절로 나누어 보았는데 여기서 가장 중요한 것은 172회

---

267) 『舊唐書』 卷38, 「志」 第18, 地理(1). 高宗時, 平高麗'百濟, 遼海已東, 皆爲州, 俄而複叛, 不入提封.

268) 『舊唐書』 卷38, 「志」 第18, 地理(1). 今擧天寶十一載地理. 唐土東至安東府, 西至安西府, 南至日南郡, 北至單於府. 南北如前漢之盛, 東則不及, 西則過之. (漢地東至樂浪·玄菟, 今高麗' 渤海是也. 今在遼東, 非唐土也. 漢境西至燉煌郡, 今沙州, 是唐土. 又龜玆, 是西過漢之盛也.)

의 나라이름 가운데 단 한 번도 고구리(高句麗)나 구리(句驪) 같은 나라이름이 나오지 않고 모두 다 고리(高麗)였다는 것이다. 특히 동이전 고리(高麗)전에 나라이름을 바꾸기 이전의 기사도 모두 고리(高麗)라고 기록되었다는 것은 그만큼 당나라 때는 나라이름 고리(高麗)가 완전히 자리를 잡았음을 뜻한다(〈표 36〉).

〈표 36〉『구당서(舊唐書)』「열전」에 나타난 고리(高麗)

	『구당서』 열전	열전(列傳)	고리(高麗)
1	53(3)	李密	2
2	54(4)	竇建德	2
3	59(9)	姜譽	1
4	60(10)	〈宗室〉江夏王 道宗	1
5	61(11)	溫大雅	3
6	62(12)	楊恭仁	1
7	63(13)	蕭瑀(1), 裴矩(4)	5
8	65(15)	高士廉(2), 長孫無忌(1)	3
9	66(16)	房玄齡	5
10	67(17)	李靖(1), 李勣(3)	4
11	68(18)	尉遲敬德	2
12	69(19)	張亮(1), 薛萬徹(3)	4
13	75(25)	韋雲起	1
14	77(27)	韋挺(2), 韋待價(2), 閻立德(1), 柳亨(1)	6
15	80(30)	褚遂良	5
16	82(32)	許敬宗	2
17	83(33)	張儉(1), 薛仁貴(10), 程務挺(1)	12
18	84(34)	劉仁軌(11), 郝處俊(3)	14
19	90(40)	王及善(1), 楊再思(2)	3
20	92(42)	魏元忠	1
21	93(43)	王晙	1
22	104(54)	高仙芝	4
23	106(56)	王毛仲	1
24	109(50)	契苾何力	2
25	110(60)	王思禮	1
26	124(63)	李正己	1
27	185(상)(136)	〈良吏〉李君球(3), 韋機(1), 蔣儼(4)	8
28	189(상)(139)	〈儒學〉國學(1), 歐陽詢(1), 朱子奢(1), 敬播(1)	4
29	190(중)(140)	〈文苑〉元萬頃	4
30	191(141)	〈方伎〉張憬藏	1

31	194(상)(144)	〈突闕 상〉默啜	1
32	194(하)(144)	〈突闕 하〉處羅可汗(1), 阿史那彌射者(1)	2
33	195(145)	迴紇	1
34	196(상)(146)	吐藩	1
35	199(상)(149)	東夷	47
36	199(하)(149)	北狄(15), 史臣(1)	16
			172

『구당서』「열전」에는 나라이름 고리(高麗)가 나오는 기사에서 언급된 공신들이 무려 38명이나 된다. 이는 고리(高麗)와 당나라 사이에 오랜 전쟁이 있었던 만큼 당나라 쪽에서는 많은 공신들이 등장할 수밖에 없었던 여건이었다. 고리(高麗)라는 이름이 많이 나온 순서대로 주요한 공신들을 간추려 보면 다음과 같다. 물론 이 공신들은 침략을 받은 고리(高麗) 입장에서는 가장 악독한 적의 괴수일 뿐이다.

■ **유인궤(劉仁軌, 603~686)** 유인궤전에는 나라이름 고리(高麗)가 11회나 나온다. 유인궤는 660년 백제를 멸망시키는 데 큰 공을 세우고 검교웅진도독이 되어 당군을 지휘하였다. 668년 고리(高麗)가 항복하자 설인귀와 함께 군대 2만을 거느리고 평양에 주둔하였다. 674년에는 계림도대총관(鷄林道大總管)이 되어 신라를 정벌하였는데, 칠중성 함락에 큰 공을 세워 3국을 침략에 모두 참여하였다.

■ **설인귀(薛仁貴, 613~683)** 고리(高麗)라는 나라이름이 10회나 나온다. 설인귀는 644년 당 태종의 고리(高麗) 침공 때부터 모든 전쟁에 참여한다. 667년 연남생(淵男生)의 반란군과 합류하여 남소성(南蘇城)·목저성(木底城)·창암성(蒼巖城)을 점령하였다. 668년에 이적(李勣, ?~669)의 군대와 합류하여 평양성 점령에 공

을 세우고, 검교안동도호(檢校安東都護)가 되어 군정 총독(總督)이 되었다. 671년부터 신라와의 전쟁에 나섰지만 이기지 못하고, 신라와 고리(高麗) 부흥군의 반격으로 세력이 위축되자 당(唐)은 676년에 평양성을 버리고 안동도호부(安東都護府)를 요동(遼東)의 고군성(故郡城)으로 옮겼으며, 677년에는 다시 신성(新城)으로 옮겼다.

■ **방현령(房玄齡, 579~648)** 고리(高麗)라는 나라이름이 5번 나온다. 방현령은 태종의 신임이 두터워 고리(高麗)를 치러 갈 때 장안에 남아 성을 지켰다. 목숨이 다하는 순간에 고리(高麗)를 치는 태종에게 명분 없는 전쟁을 하지 말라고 간했는데, 그 내용은 『삼국사기』 사론(史論)에서 인용할 만큼 유명하다. 당시 사정을 잘 알 수 있는 내용이기 때문에 주에 원문을 실었다. 물론 당 태종은 이 간언을 듣지 않았다. 이런 경우는 당의 공신이지만 고리(高麗) 입장에서도 충신이라고 할 수 있다.[269]

■ **저수량(褚遂良, 596~658)** 고리(高麗)라는 나라이름이 5회 나온다. 유명한 구양순으로부터 서예를 배워 당 태종의 서법을 논하는 관리가 되어 태종의 신임

---

269) 『舊唐書』 卷66, 「列傳」 第16, 房玄齡. 老子曰:「知足不辱, 知止不殆.」 謂陛下威名功德, 亦可足矣 ; 拓地開疆, 亦可止矣. 彼高麗者, 邊夷賤類, 不足待以仁義, 不可責以常禮. 古來以魚鱉畜之, 宜從闊略. 若必欲絕其種類, 恐獸窮則搏. 且陛下每決一死囚, 必令三覆五奏, 進素食·停音樂者, 蓋以人命所重, 感動聖慈也. 況今兵士之徒, 無一罪戾, 無故驅之於行陣之間, 委之於鋒刃之下, 使肝腦塗地, 魂魄無歸, 令其老父孤兒·寡妻慈母, 望轊車而掩泣, 抱枯骨而摧心, 足以變動陰陽, 感傷和氣, 實天下冤痛也. 且兵者凶器, 戰者危事, 不得已而用之. 向使高麗違失臣節, 陛下誅之可也 ; 侵擾百姓, 而陛下滅之可也 ; 久長能爲中國患, 而陛下除之可也. 有一於此, 雖日殺萬夫, 不足爲愧. 今無此三條, 坐煩中國, 內爲舊王雪恥, 外爲新羅報讎, 豈非所存者小, 所損者大·願陛下遵皇祖老子止足之誡, 以保萬代巍巍之名. 發霈然之恩, 降寬大之詔, 順陽春以布澤, 許高麗以自新, 焚淩波之船, 罷應募之衆, 自然華夷慶賴, 遠肅邇安.

을 받았다. 태종의 요동 친정을 극력 반대한 인물이다.

■ **배구(裴矩)** 고리(高麗)라는 나라이름이 4회 나온다. 배구는 이미 본기에서 보았다. 고리(高麗) 사신이 돌궐에 갔다가 황제에게 들켰을 때 바로 옆에서 그 처리를 제시했던 사건이다. 배구는 수 양제에게 고리(高麗) 침공의 정당성을 적극 주장했고 당에서도 고리(高麗)의 침략을 적극 주장했던 인물이다.

■ **이적(李勣, 594~669)** 고리(高麗)라는 나라이름이 3회 나온다. 당 태종의 고리(高麗) 침략부터 참여하여 고리(高麗)가 항복할 때까지 이어진다. 668년 2월, 부여성을 함락하고 9월 한 달이 넘도록 평양을 포위하였다. 보장왕이 연남산 일행과 항복한 상대가 바로 이적의 부대이고, 연남건이 항거하였으나 연남건을 사로잡아 장안으로 이송한 사람도 이적이다.

■ **설만철(薛萬徹, ?~653)** 설만철전에는 고리(高麗)라는 나라이름이 3회 나온다. 당 태종이 644~645년 대규모 고리(高麗) 침공에 실패하고 그 다음부터는 소규모 전쟁을 벌이는 작전을 썼다. 648년 정월에 설만철이 해군 3만 명으로 1차 침공을 하고, 9월에는 배로 압록강을 거슬러 올라와 박작성을 침공한다. 압록강 입구를 확보하고 다음 해인 649년에 대규모 전쟁을 준비하였으나 태종이 죽으면서 조서로 전쟁을 그만두게 하여 그 전쟁은 일단 일단락되었다.

■ **온대아(溫大雅, 약 572~629)** 고리(高麗)라는 나라이름이 3회 나온다. 당나라 고조가 당나라를 세우는 과정에 계속 관여하여 618년 당나라가 들어선 뒤 고조를 아주 가까이 모신다. 그는 무덕 3년(620)부터 8년 동안 당의 설립과정을 기

록한『대승상당왕관속기(大丞相唐王官屬記)』,『금상왕업기(今上王業記)』,『대당창업기거주(大唐創業起居注)』같은 책 3권을 펴낸다. 그가 이처럼 당나라 초기 조정에서 고조와 가까이 있었던 까닭에 고리(高麗) 침공을 논의할 때 고조의 견해를 아주 잘 기록해 놓을 수 있었다. 온대아의 전기에서 나라이름 고리(高麗) 3회는 모두 이 대목에서 나온다.[270]

■ **학처준(郝處俊, 607~681)** 고리(高麗)라는 나라이름이 3회 나온다. 당 고종 때의 신하로 고리(高麗) 원정에 참여한 장군이다. 건봉(乾封) 2년(667) 고리(高麗)의 침공에 대총관 사공(司空) 이적을 도와 부총관으로 참여한다.[271]

위에서 고리(高麗)라는 나라이름이 3회 이상 나온 9명의 공신들을 보았는데, 그밖에도 열전에는 고리(高麗)가 2회 나온 공신들이 6명 있다. 위지경덕(尉遲敬德), 위정(韋挺), 허경종(許敬宗), 고사렴(高士廉), 위대가(韋待價), 양재사(楊再思) 같은 신하들이다. 또 고리(高麗)가 1번씩 나오는 신하들도 16명이 있는데 강하왕(江夏王) 도종(道宗), 양공인(楊恭仁), 소우(蕭瑀), 장손무기(長孫無忌), 이정(李靖), 장량(張亮), 위운기(韋雲起), 염립덕(閻立德), 유형(柳亨), 장검(張儉), 정무정(程務挺), 왕급선(王及善), 위원충(魏元忠), 왕준(王晙), 계필하력(契苾何力), 강모(姜謩) 같은 인물들이 나온다.

---

270)『舊唐書』卷61,「列傳」第11, 溫大雅. 時高麗遣使貢方物, 高祖謂群臣曰:「名實之間, 理須相副. 高麗稱臣於隋, 終拒煬帝, 此亦何臣之有?朕敬於萬物, 不欲驕貴, 但據土宇, 務共安人, 何必令其稱臣以自尊大? 可卽爲詔, 述朕此懷也.」彦博進曰:「遼東之地, 周爲箕子之國, 漢家之玄菟郡耳. 魏·晉已前, 近在提封之內, 不可許以不臣. 若與高麗抗禮, 則四夷何以瞻仰?且中國之於夷狄, 猶太陽之比列星, 理無降尊, 俯同夷貊.」高祖乃止.

271)『舊唐書』卷84,「列傳」第34, 郝處俊. 乾封二年, 屬高麗反叛, 詔司空李勣爲浿江道大總管, 以處俊爲副. 嘗次賊城, 未遑置陣, 賊徒奄至, 軍中大駭. 處俊獨據胡床, 方餐乾糧, 乃潛簡精銳擊敗之, 將士多服其膽略.

4) 『구당서』 「열전」에 기록된 고리(高麗) - 반신(叛臣)들

특이하게 『구당서』에는 반신들 3명을 가장 앞에 놓았다. 당나라를 세운 이연(李淵) 자신이 반신이었기 때문에 그랬는지도 모른다. 이 반신 가운데 3명의 전기에 고리(高麗)가 나온다.

■ **이밀(李密)** 이밀에 대해서는 이미 수(隋)나라 때 자세히 다루었기 때문에 여기서는 생략한다. 전기에 고리(高麗)라는 나라이름이 2회 나온다.

■ **두건덕(竇建德, 573~621)** 두건덕은 수 양제가 611년 고리(高麗)를 치려고 군사를 모집할 때 자기 군(郡)에서 뽑힌 200명의 대장이 된다. 그러나 뒤에 반란을 일으키고 왕세충을 도왔으나 이세민에게 패해 피살당한다. 반란을 일으켰을 때 현령을 죽이고 투항한 손안조(孫安祖)에게 한 말 가운데 고리(高麗)가 2번 나온다. 그 내용에서 수나라가 고리(高麗)를 침략하여 멸망한다는 것을 알 수 있다.

5) 『구당서(舊唐書)』 「열전」에 기록된 고리 - 고리(高麗)가 원적(原籍)인 공신들

■ **고선지(高仙芝, ?~755)** 고선지전에는 모두 4회 고리(高麗)라는 나라이름이 나오는데, 첫 번째가 바로 '고선지는 본디 고리(高麗) 사람이다(高仙芝, 本高麗人也)'는 출신을 이야기할 때다. 그리고 나머지 3회는 747년 기사에서 나오는데, 고리(高麗) 유민에 대한 이야기가 있어 우리말로 옮겨본다.

천보(天寶) 6년(747) 8월, (고)선지가 발률(勃律)의 왕과 공주를 사로잡아 적불당(赤佛堂)

길을 따라 돌아왔다. 9월에 다시 파륵천(婆勒川) 연운보(連雲堡)에 이르러 번령성(邊令誠) 등과 만났다. 그달 말 파밀천(把密川)으로 돌아와 유단(劉單)에게 명하여 승전보의 초를 잡게 하고, 중사(中使)의 판관(判官) 왕정방(王廷芳)을 보내 (조정에) 보고하도록 하였다. (고)선지가 하서(河西)에 돌아오자 부몽영찰(夫蒙靈詧)이 사람들에게 맞이하지 못하게 하고 (고)선지에게 욕하며 말했다.

"개 창자 먹는 고리(高麗)놈, 개똥 먹는 고리(高麗)놈! 우전(于闐) 진수사(鎭守使)(자리)는 누가 함께 아뢰어 얻게 해 주었느냐?"

"중승(中丞)입니다."

"언기(焉耆) 진수사(鎭守使)는 누구 편에서 얻었느냐?"

"중승(中丞)입니다."

"안서부도호사(安西副都護使)는 누구 편에서 얻었느냐?"

"중승(中丞)입니다."

"안서 도지병마사(安西都知兵馬使)는 누구 편에서 얻었더냐?"

"중승(中丞)입니다."

"이런 것(직책)은 모두 내가 아뢰어 얻은 것들인데, (어떻게) 나의 처분도 기다리지 않고 승전보를 올릴 수 있느냐! 고리(高麗) 놈의 이번 죄는 목을 베어야 한다. 다만 새로이 큰 공을 세웠기 때문에 처벌하지 않겠다."[272]

---

272) 『舊唐書』卷104, 「列傳」第54, 高仙芝. 天寶六載八月, 仙芝虜勃律王及公主趣赤佛堂路班師. 九月, 復至 婆勒川連雲堡, 與邊令誠等相見. 其月末, 還播密川, 令劉單草告捷書, 遣中使判官王廷芳告捷. 仙芝軍還至 河西, 夫蒙靈詧都不使人迎勞, 罵仙芝曰:「啖狗腸高麗奴! 啖狗屎高麗奴! 于闐使誰與汝奏得?」仙芝曰:「中 丞.」「焉耆鎭守使誰邊得?」曰:「中丞.」「安西副都護使誰邊得?」曰:「中丞.」「安西都知兵馬使誰邊得?」 曰:「中丞.」靈察曰:「此旣皆我所奏, 安得不待我處分懸奏捷書! 據高麗奴此罪, 合當斬, 但緣新立大功, 不 欲處置.」

선임 안서절도사 부몽영찰(夫蒙靈詧)이 고선지가 세운 전공을 시기한 나머지 욕을 한 내용이다. 갖가지 나쁜 형용사를 붙여 '고리놈(高麗奴)'이라는 욕이 3회나 나온다. '부몽(夫蒙)'이라는 성은 본디 서강(西羌) 사람이 썼다. 그러니까 부몽영찰도 소수민족으로 귀화한 사람인데 당시는 얼마나 당화(唐化) 되었느냐를 놓고 소수민족끼리도 서로 멸시하였다는 것을 알 수 있다. 고선지는 이처럼 빛나는 전적을 세웠지만 마지막 결국 참형을 당한다.

■ **왕모중(王毛仲, ?~ 731)** 왕중모도 출신이 고리(高麗)라는 것을 설명하는 맨 처음에 나라이름이 한 번 나온다. 당 현종(玄宗) 시대의 무장이다. 당 현종(李隆基)이 임치왕(臨淄王)이던 시절부터 가노로 임치왕을 섬겼는데, 임치왕이 황제로 즉위하자 대장군(大將軍)이 되고, 개원(開元) 9년(721) 삭방도방어토격대사(朔方道防御討擊大使)가 되었다.

개원 18년(730) 현종에 대해 원망하는 말을 꺼낸 것을 평소 왕모중을 시기하던 환관 고력사(高力士)가 현종에게 알렸고, 이듬해인 개원 19년(731) 영릉(零陵)으로 유배당했으며, 영주(永州)에서 교살되었다.

■ **왕사례(王思禮, ?~ 761)** 나라이름 고리(高麗)는 '왕사례는 본디 고리(高麗) 사람이다(王思禮, 本高麗人也)'는 출신 이야기할 때만 한 번 나온다. 안녹산의 난 때 병마부원수 관내절도사로서 난의 평정에 공을 세웠으며 벼슬이 사공에 이르렀다. 761년에 병으로 죽자 황제는 하루 동안 조회를 폐하였고 그를 태위(太尉)에 추증하였다.

■ **이정기(李正己, 732~781)** 나라이름 고리(高麗)는 '이정기는 본디 고리(高麗)

사람이다(李正己, 本高麗人也)'는 출신 이야기할 때만 한 번 나온다. 안사(安史)의 난(755~763) 때 평로군(平盧軍)의 비장(裨將)으로 두각을 나타내어 절충장군(折衝將軍)이 되었다. 그 뒤 산동지역을 중심으로 10개 주를 장악하고 10만 대군을 거느렸다. 776년에는 15주를 지배하는 대번(大藩)의 번수(藩帥)가 되었다. 이후 당나라 조정과 대립하며 군사적 충돌 직전까지 갔다가 781년 8월, 갑자기 악성 종양으로 사망하였다.[273)]

6) 『구당서(舊唐書)』 「열전」에 기록된 고리(高麗) - 관리와 문화인

(1) 훌륭한 관리(良吏) 열전에 나온 고리(高麗)

■ **이군구(李君球) 열전에 나온 고리(高麗).** 그가 올린 소에 모두 3회 고리(高麗)가 나온다. 이 소는 당 고종에게 고리(高麗)의 침략은 명분이 없는 부당한 전쟁이고, 정벌해도 땅은 차지하지 못한다고 간언했지만 듣지 않고 출정하였다. 다음에 보겠지만 그의 말처럼 멸망시켰지만 땅을 차지하지 못하고 헛되이 국력만

---

273) 고리(高麗) 원적의 당나라 공신들에 대한 역사적 평가. 몇 년 전 방송국 역사스페셜에서 '고선지 장군' 편을 방영하면서 장군에 대한 평가를 해달라는 인터뷰 요청을 했을 때 글쓴이는 사양했다. 나의 솔직한 평가는 방송에 나갈 수 없다는 것은 PD도 알았기 때문에 결국 없는 일로 하였다. 그들은 출신은 고리(高麗)지만 당나라에 벼슬한 당나라 장군들이다. 그리고 모두 당나라의 주변국 침략에 참여하여 공을 올렸다. 만일 그들의 공을 역사적으로 인정한다면 고리(高麗)를 침략하여 멸망시킨 당의 침략을 공으로 인정해야 한다. 이것은 적국인 당나라에 항복하지 않고 싸우다 산화한 수많은 고리(高麗)의 장수들과 군사들, 끝까지 싸워 끝내는 발해를 세운 대조영 같은 고리사람(高麗人)을 평가하는 기준을 볼 때 그들은 당연히 적군의 장수들이다. 만일 양쪽 장수들을 모두 위대하다고 한다면 이는 역사적 모순이다. 이 세상 어떤 역사에서도 자기 나라를 멸망시킨 나라의 장수를 공신이라고 칭송하지 않는다. 만일 일제 강점기 일본으로 귀화해 태평양 전쟁에 나아가 큰 공을 세운 장수가 있다면 과연 그가 조선 출신이라는 사실 때문에 영웅이 될 수 있는지를 생각하면 답은 간단히 나온다.

낭비하고 온 천하를 어지럽게 했다.[274]

■ **위기(韋機) 현경(懸慶, 656~655)** 연간에 단주자사(檀州刺史)로 있을 때 계필하력(契苾何力)이 고리(高麗)를 치고 돌아오는 길에 난하(灤河)를 건너는데 힘들었을 때 도와주었다는 기사에서 고리(高麗)가 1회 나온다.

■ **장엄(蔣儼, 610~687)** 정관(貞觀) 연간에 우둔위병조참군(右屯衛兵曹參軍)을 지냈다. 태종이 요동을 치기 위해 고리(高麗)로 가는 사신을 모집했으나 모두 두려워서 가지 않으려고 하였다. 이때 장엄이 자원하여 고리(高麗) 사신으로 갔을 때 연개소문이 굴에 가두어버린다. 바로 이 이야기에서 고리(高麗)라는 나라이름이 3회 나온다.

(2) 유학(儒學) 열전에 나온 고리(高麗)

■ **국학에 입학한 왕자** 장안에 국학을 열자 여러 나라 왕자들이 와서 입학했는데 고리(高麗)에서도 왔다는 기사에 고리(高麗)가 1회 나온다.

■ **구양순(歐陽詢, 557~641)** 유명한 서예가인데, 그의 서법이 고리(高麗)에서도 귀중히 여겨 사신들이 와서 구해간다는 이야기에서 나라이름이 한 번 나온다.

---

274) 『삼국사기』 권22, 「고구리본기」 제10 보장왕 20년 조에서 이 글의 일부를 인용하고 있는데 661년에 건한 것으로 되어 있어 2년의 차이가 난다.

■ **주자서(朱子奢, ?~641)** 수·당 때 유학자로 626년 신라와 백제가 당나라에 사신을 보내 고리(高麗) 사신 길을 막고 침략을 일삼는다고 하자, 주자서를 보내 화해하도록 하였다. 이 이야기에서 고리(高麗)가 1회 나온다.

■ **경파(敬播, ?~663)** 고리(高麗)와 관련이 없지만, 당 태종이 고리(高麗) 침공 때 머물던 산을 주필산(駐蹕山)이라고 했는데, 이를 찬양했다는 이야기에서 고리(高麗)가 1회 나온다.

(3) 문예 열전에 나온 고리(高麗)

■ **〈문단(文苑)〉 원만경(元萬頃)** 당나라 때 유명한 작가인데 고리(高麗)를 침공할 때 문인으로 따라가서 있었던 이야기에 고리(高麗)가 4회 나온다.

건봉(乾封) 연간(677) 영국공 이적(李勣)을 따라 고리(高麗) 정벌에 따라가 요동도총관기실(遼東道總管記室)이 되었다. 별수(別帥) 풍본(馮本)이 수군으로 비장 곽대봉(郭待封)을 도우려 하였는데 시기를 놓쳤다. (곽)대봉이 (이)적에게 글을 쓰려고 했는데 고리(高麗)가 구원병이 오지 않았다는 사실을 알고 기회를 틈타서 쳐들어올까 봐 두려워 이합시(離合詩)를 지어 (이)적에게 보냈다. (이)적은 그 뜻을 모르고 크게 화가 나서 말했다. "군대 사정이 위급한데 무슨 시를 썼느냐! 반드시 목을 베겠다." (원)만경의 그 뜻을 풀어주자 그쳤다. (이)적이 (원)만경에게 고리(高麗)에 보낼 격문을 쓰라고 했다. 그 내용에 "압록강의 험한 곳을 지킬 줄 모르느냐!"고 고리(高麗)를 나무라는 말이 있었다. (고리의) 막리지가 "삼가 명을 받들겠습니다." 라고 답을 보내고 군사를 옮기고 압록강을 단단히 지키니 관군들이 들어갈 수가 없었다. (원)만경이 이 때문에 영외(嶺外)로 유배가는 형을 받았다.[275]

■ 〈방기(方伎)〉 장경장(張憬藏) 일찍이 고리(高麗)에 땅굴에 잡혀 있다가 6년이 지난 뒤에 돌아왔다.[276] 앞에서 본 장엄(蔣儼)과 같은 경우인데 장경장은 방기(方伎) 열전에 들어가 있다. 방기(方伎)는 천문, 의약, 양생 같은 기능을 가진 사람들을 말한다.

7) 『구당서舊唐書』「열전」에 기록된 고리高麗 - 서북 국가들

(1) 돌궐전에 나온 고리(高麗)

■ 묵철(默啜, ?~716) 동돌궐의 가한(可汗)이다. 고리(高麗) 정부가 당에 항복한 뒤 돌궐로 옮겨간 고리(高麗) 유민 집단에 고문간(高文簡)이라는 우두머리가 있었다. 돌궐에 들어간 뒤 돌궐의 왕이었던 묵철가한(默啜可汗)의 사위가 되었으며, '고리왕 막리지(高麗王莫離支)'라는 칭호를 받았다. 8세기 초 돌궐에 대한 당나라의 공세가 심해지고, 묵철가한의 횡포에 대한 반란이 내부에서 일어나 돌궐국이 혼란에 빠져들었다. 그러자 당나라로 투항하는데 그때 고문간(高文簡)을 설명하는 내용에서 고리(高麗)가 한 번 나온다.[277]

■ 처라가한(處羅可汗) 돌궐의 왕으로, 수 양제가 고리(高麗)를 침공할 때 공을

275) 『舊唐書』卷190(중), 「列傳」第140(중), 元萬頃. 乾封中, 從英國公李勣征高麗, 爲遼東道總管記室. 別帥馮本以水軍援神將郭待封, 船破失期. 待封欲作書與勣, 恐高麗知其救兵不至, 乘危迫之, 乃作離合詩贈勣. 勣不達其意, 大怒曰:「軍機急切, 何用詩爲? 必斬之!」 萬頃爲解釋之, 乃止. 勣嘗令萬頃作文檄高麗, 其語有譏高麗「不知守鴨綠之險」, 莫離支報云「謹聞命矣」, 遂移兵固守鴨綠, 官軍不得入, 萬頃坐是流於嶺外.

276) 『舊唐書』卷191, 「列傳」第141, 張憬藏. 嘗奉使高麗, 被莫離支囚於地窖中, 經六年, 然後得歸.

277) 『舊唐書』卷194(상), 「列傳」第144, 默啜. 明年, 十姓部落左廂五咄六啜·右廂五弩失畢五俟斤及子婿高麗莫離支高文簡·欱跌都督欱跌思泰等各率其衆, 相繼來降, 前後總萬餘帳. 制令居河南之舊地;授高文簡左衛員外大將軍, 封遼西郡王…….

세운 이야기에서 고리(高麗)가 1회 나온다.

■ **아사나미사(阿史那彌射)** 당 태종이 고리(高麗)를 침공할 때 세운 공으로 평양현(平襄縣) 우두머리에 봉해진다.

(2) 회흘(回紇)과 토번(吐藩) 열전에 나온 고리(高麗)

(가) 회흘(回紇) 영휘(永徽) 6년(655) 당 고종이 처음 고리(高麗)를 침입할 때 참전한 이야기에서 고리(高麗)라는 나라이름이 1회 나온다.

(나) 토번(吐藩) 당 태종이 고리(高麗)를 침공했다 돌아온 뒤 토번이 축하하는 표를 올리는데 그 내용에 고리(高麗)가 1회 나온다. 고리(高麗)와 직접적인 관계는 아니다.

8) 『구당서舊唐書』「열전」에 기록된 고리高麗 - 동이 열전

동이열전에는 고리(高麗)라는 나라이름이 47회나 나오는데, 이는 바로 고리(高麗)를 비롯한 3국이 가장 중요한 이슈가 되기 때문이다. 동이는 고리(高麗), 백제, 신라, 왜, 일본 같은 5개 나라가 나오는데 왜와 일본에는 고리(高麗)라는 나라이름이 나오지 않아서 세 나라만 보기로 한다.

(1) 고리(高麗)

제목까지 합해서 모두 25회 나오는데 모두 고리(高麗)다.

'고리(高麗)는 부여에서 나온 한 갈래(別種)다 (高麗者 出自扶餘之別種也)'고 시

작하여 처음부터 옛 이름인 고구리(高句麗)를 쓰지 않고 고리(高麗)를 쓴다. 고리
전(高麗傳) 자체에서 고구리(高句麗)란 나라이름은 마치 잊혀진 이름처럼 전혀 쓰
이지 않았다는 것은 당시 고리(高麗)라고 나라이름을 바꾼 지 200년이 넘어 완전
하게 자리잡았다는 것을 뜻한다.

고리전(高麗傳)에 나온 내용은 대부분 이미 앞에서 본기와 여러 열전에서 본
내용과 겹치기 때문에 여기에서는 간단히 마친다.

(2) 백제

백제전에서는 고리(高麗)라는 나라이름이 13회 나온다. 백제전에서는 당나라
가 해동삼국(海東三國), 곧 고리(高麗), 백제, 신라 세 나라의 관계를 이용하여 겉
으로는 황제로서 화해를 시키는 것처럼 하면서 궁극적으로 이 불화를 이용하여
백제를 멸하는 내용이 나온다.[278)]

(3) 신라

신라전에는 고리(高麗)가 9회 나온다. 대부분 당나라와 연합하여 고리(高麗)와

---

278) 『舊唐書』卷191, 「列傳」第141, 百濟. 高宗嗣位, 永徽二年, 始又遣使朝貢. 使還, 降璽書與義慈曰: 至如海
東三國, 開基自久, 幷列疆界, 地實犬牙. 近代已來, 遂構嫌隙, 戰爭交起, 略無寧歲. 遂令三韓之氓, 命懸刀
俎, 尋戈肆憤, 朝夕相仍. 朕代天理物, 載深矜憫. 去歲王及高麗·新羅等使幷來入朝, 朕命釋玆仇怨, 更敦款
穆. 新羅使金法敏奏書: 高麗·百濟, 脣齒相依, 競擧兵戈, 侵逼交至. 大城重鎭, 幷爲百濟所幷, 疆宇日蹙, 威
力幷謝. 乞詔百濟, 令歸所侵之城. 若不奉詔, 卽自興兵打取. 但得故地, 卽請交和. 朕以其言旣順, 不可不
許. 昔齊桓列土諸侯, 尙存亡國; 況朕萬國之主, 豈可不恤危藩. 王所兼新羅之城, 幷宜還其本國; 新羅所獲
百濟俘虜, 亦遣還王. 然後解患釋紛, 韜戈偃革, 百姓獲息肩之願, 三蕃無戰爭之勞. 比夫流血邊亭, 積屍疆
疆, 耕織幷廢, 士女無聊, 豈可同年而語矣. 王若不從進止, 朕已依法敏所請, 任我與王決戰; 亦令約束高麗,
不許遠相救恤. 高麗若不承命, 卽令契丹諸蕃渡遼澤入抄掠. 王可深思朕言, 自求多福, 審圖良策, 無貽後悔.
六年, 新羅王金春秋又表稱百濟與高麗·靺鞨侵其北界, 已沒三十餘城. 顯慶五年, 命左衛大將軍蘇定方統兵
討之, 大破其國. 虜義慈及太子隆·小王孝演·僞將五十八人等送於京師, 上責而宥之.

백제를 치는 내용에 나온다. 이미 당 태종이 고리(高麗)를 칠 때부터 연합군을 형성했다.[279] 당으로서는 고리(高麗)가 남북 양쪽으로 군사력을 분산시켜 협공하는 작전이 되고, 신라는 영토를 넓히는 기회로 삼은 것이다. 마지막으로 백제를 멸하고 나서 신라가 서쪽과 북쪽으로 영토를 넓혔다는 내용에서 나온다.[280]

9) 『구당서(舊唐書)』 「열전」에 기록된 고리(高麗) - 북적전

(1) 철륵(鐵勒)

철륵전에서는 당 태종이 고리(高麗)를 칠 때 뒤에서 설연타가 침범하지 못하도록 단속하는 내용에 고리(高麗)라는 나라이름이 2회 나온다.[281]

(2) 거란(契丹)

거란전에는 거란의 위치와 당 태종의 고리(高麗) 침공 때 있었던 사실, 2가지에 각각 한 번씩 2회의 고리(高麗)가 나온다.[282]

---

279) 『舊唐書』卷199(下),「列傳」第149, 新羅. 十七年, 遣使上言：高麗·百濟, 累相攻襲, 亡失數十城, 兩國連兵, 意在滅臣社稷. 謹遣陪臣, 歸命大國, 乞偏師救助. 太宗遣相里玄奬齎璽書賜高麗曰：新羅委命國家, 不闕朝獻. 爾與百濟, 宜卽戢兵. 若更攻之, 明年當出師擊爾國矣. 太宗將親伐高麗, 詔新羅纂集士馬, 應接大軍. 新羅遣大臣領兵五萬人, 入高麗南界, 攻水口城, 降之.

280) 『舊唐書』卷199(下),「列傳」第149, 新羅. 六年, 百濟與高麗·靺鞨率兵侵其北界, 攻陷三十餘城, 春秋遣使上表求救. 顯慶五年, 命左武衛大將軍蘇定方爲熊津道大總管, 統水陸十萬. 仍令春秋爲 嵎夷道行軍總管, 與定方討平百濟, 俘其王扶餘義慈, 獻於闕下. 自是新羅漸有高麗·百濟之地, 其界益大, 西至於海.

281) 『舊唐書』卷199(下),「列傳」第149, 北狄, 鐵勒. 十九年, 謂其使人曰：語爾可汗, 我父子幷東征高麗, 汝若能寇邊者, 但當來也. 夷男遣使致謝, 復請發兵助軍, 太宗答以優詔而止. 其冬, 太宗拔遼東諸城, 破駐蹕陣, 而高麗莫離支潛令靺鞨誑惑夷男, 啗以厚利, 夷男氣懾不敢動.

282) 『舊唐書』卷199(下),「列傳」第149, 北狄, 契丹. 契丹居潢水之南, 黃龍之北, 鮮卑之故地, 在京城東北五千三百里. 東與高麗, 西與奚國接, 南至營州, 北至室韋. …… 太宗伐高麗, 至營州, 會其君長及老人等, 賜物各有差, 授其蕃長窟哥爲左武衛將軍.

② 태종이 고리(高麗)를 치고 영주에 이르러 그 군장과 노인 등을 만나 차등 있게 물자를 내리고 번장(蕃長)인 굴가(窟哥)에게 좌무위장군으로 삼았다.[283]

(3) 말갈(靺鞨)

말갈전에서는 모두 4회의 고리(高麗)가 나오는데 말갈에 대한 일반 설명에서 1회, 말갈, 특히 백산부가 고리(高麗)에 붙어산다는 내용에서 3번이 나온다.[284]

(4) 발해말갈(渤海靺鞨)

발해말갈전에는 모두 7번의 고리(高麗)가 나오는데, 먼저 발해가 세워지는 과정과 발해에 대한 기본 설명에서 5회 나온다.[285]

다음에는 흑수말갈과 관련된 기사에서 나온다. 흑수말갈이 발해에 고하지 않고 직접 당의 벼슬을 받자 무예(武藝) 왕이 흑수말갈을 치러 했다. 그때 문예(門藝)가 당을 거슬리면 안 된다며 건의한 말에 고리(高麗)가 2회 나온다.

"……지난날 고리(高麗)가 융성할 때는 강한 군사 30만으로 당과 맞서서 복종하지 않다가 당병이 한번 덮치매 땅을 쓸어버린 것처럼 다 멸망하였습니다. 오늘날 발해의 인구가

---

283) 『舊唐書』卷199(下),「列傳」第149, 北狄, 契丹. 太宗伐高麗, 至營州, 會其君長及老人等, 賜物各有差, 授其蕃長窟哥爲左武衛將軍.

284) 『舊唐書』卷199(下),「列傳」第149, 北狄, 靺鞨, 蓋肅愼之地, 後魏謂之勿吉, 在京師東北六千餘里. 東至於海, 西接突厥, 南界高麗, 北鄰室韋. 其國凡爲數十部, 各有酋帥, 或附於高麗, 或臣於突厥.

285) 『舊唐書』卷199(下),「列傳」第149, 北狄, 渤海靺鞨. 渤海靺鞨大祚榮者, 本高麗別種也. 高麗既滅, 祚榮率家屬徙居營州. 萬歲通天年, 契丹李盡忠反叛, 祚榮與靺鞨乞四比羽各領亡命東奔, 保阻以自固. 盡忠既死, 則天命右玉鈐衛大將軍李楷固率兵討其餘黨, 先破斬乞四比羽, 又度天門嶺以迫祚榮. 祚榮合高麗・靺鞨之衆以拒楷固, 王師大敗, 楷固脫身而還. 屬契丹及奚盡降突厥, 道路阻絶, 則天不能討, 祚榮遂率其衆東保桂婁之故地, 據東牟山, 築城以居之. 祚榮驍勇善用兵, 靺鞨之衆及高麗餘燼, 稍稍歸之. 聖曆中, 自立爲振國王, 遣使通於突厥. 其地在營州之東二千里, 南與新羅相接. 越憙靺鞨東北至黑水靺鞨, 地方二千里, 編戶十餘萬, 勝兵數萬人. 風俗與高麗及契丹同, 頗有文字及書記.

고리(高麗)의 몇 분의 일도 못 되는데, 그래도 당을 저버리려 하니 이 일은 결단코 옳지
못합니다. ……." [286]

(5) 사신(史臣)의 평가

동이전과 북적전의 끝에 실린 사관(史官)의 마지막 결론에도 고리(高麗)가 1번
나온다.

사신은 말한다. ……수 양제가 욕심이 크고 만족할 줄 몰라 군사를 일으켜 요동으로 가
서 성급하고 난폭하게 욕심을 채우려 하니, 이로 말미암아 (동이들이) 일어난 것이다. 나
라를 어지럽히는 신하들이 이를 빌미로 일어나 (양제는) 무기를 거두어들이지 못하고 스
스로를 태워 죽이니 마침내 그 나라가 망했다.

우리 태종 문황제가 몸소 수레를 몰아 동쪽으로 고리(高麗)를 정벌하러 가서 성공하기
는 했지만 잃은 것도 많았다. 그렇기 때문에 이기고 돌아오는 날 좌우를 돌아보며 말하
기를 "짐에게 위징(魏徵)이 있었더라면 이번 행차는 없었을 것이다"고 하였다. 이는 곧
출병하여 싸운 일을 뉘우쳤다는 것을 알 수 있다. 무슨 까닭인가? 동이와 북적의 나라들
은 돌밭과 같아서 얻어도 이익이 없고, 잃어도 손해가 없는데, 오로지 헛된 명성을 얻으
려고 (백성들을) 고달프게 만들었던 것이다. ……. [287]

---

286) 『舊唐書』卷199(下),「列傳」第149, 北狄, 渤海靺鞨. 昔高麗全盛之時, 强兵三十餘萬, 抗敵唐家, 不事賓伏,
   唐兵一臨, 掃地俱盡. 今日渤海之衆, 數倍少於高麗, 乃欲違背唐家, 事必不可.
287) 『舊唐書』卷199(下),「列傳」第149, 史臣曰 :… 隋煬帝縱欲無厭, 興兵遼左, 急欲暴欲, 由是而起. 亂臣賊
   子, 得以爲資, 不戢自焚, 遂亡其國. 我太宗文皇帝親馭戎輅, 東征高麗, 雖有成功, 所損亦甚. 及凱還之日,
   顧謂左右曰:「使朕有魏徵在, 必無此行矣.」則是悔於出師也可知矣. 何者?夷狄之國, 猶石田也, 得之無益,
   失之何傷, 必務求虛名, 以勞有用.….

4. 『신당서新唐書』의 고리高麗

945년에 이미 『당서(唐書)』가 나왔으나 송나라 때 새로운 기록들이 나타나자 그 자료들을 보충하고 왜곡된 부분을 바로잡기 위해 새로운 사서를 편찬한 게 『신당서』다. 송나라의 인종(仁宗)의 명을 받아 구양수(歐陽修) 등이 1044~1060년 사이에 완성하였다. 당시 중시되던 고문으로 문장을 간결하게 기술한 특징이 있으나 너무 지나치게 간략하고 문장의 앞뒤가 맞지 않는 부분도 있어 사료 가치는 『구당서』보다 못하다는 평도 있다. 『구당서』의 기(紀)와 전(傳)을 편찬할 때 숙종의 건원(乾元, 758~759) 연간까지를 기록한 유방(柳芳)과 우휴열(于休烈)의 『당서』, 대종의 대력 13년(778)까지를 기록한 『당서』와 『실록』을 바탕으로 하였기 때문에 고리(高麗) 정권이 항복한 668년까지의 기록은 비교적 충실하다고 볼 수 있다. 또한 북적전의 발해나 동이전의 고리(高麗)전은 『구당서』와 대체로 같다.[288]

이런 작은 차이는 글쓴이가 연구 목적으로 하는 나라이름에서는 크게 중요하지 않기 때문에 『신당서(新唐書)』는 자세히 분석하지 않고 전체적인 통계만 내보기로 한다.

〈표 37〉에 따르면 『신당서(新唐書)』에는 고리(高麗)가 모두 210회 나와 『구당서』와 똑같다는 것을 알 수 있다. 물론 〈표 37〉에서 보는 바와 같이 본기, 지, 열전에 나오는 고리(高麗)의 수는 차이가 나지만 두 사서에 나오는 나라이름의 빈도수는 거의 같기 때문에 『신당서(新唐書)』를 따로 분석하지 않은 것은 논리 전개에 하등의 영향을 주지 않는다.

---

288) 延世大學校 國學研究院 篇, 『高句麗史研究』(II), 延世大學校出版部, 1988, 1129~1930쪽.

	『신당서』 卷	기(紀)·지(志)·열전(列傳)	고리(高麗)
1	2	本紀 제2 太宗 李世民	10
2	3	本紀 제3 高宗 李治	15
3	21	志 제11 禮樂(11)	4
4	22	志 제12 禮樂(12)	1
5	23(하)	지 제13(하) 儀衛(하)	1
6	33	지 제23 천문(3)	2
7	39	지 제29 지리(3)	1
8	43(하)	지 제33(하) 지리(7)	4
9	44	지 제34 選擧志(상)	1
10	58	지 제48 藝文(2) 乙部史錄	2
11	75(하)	表 제15(하) 宰相世系(5하)	2
12	78	列傳 제3 宗室 江夏郡王 道宗	2
13	84	열전 제9 李密	1
14	89	열전 제14 尉遲敬德	1
15	91	열전 제16 溫大雅	2
16	93	열전 제18 李靖(1), 李勣(3)	4
17	94	열전 제19 張亮(1), 薛萬均(3)	4
18	95	열전 제20 高儉	2
19	96	열전 제21 房玄齡	4
20	97	열전 제22 魏徵	1
21	98	열전 제23 韋挺	2
22	100	열전 제25 楊恭仁(1), 裴矩(3), 張儉(2), 韋弘機(1)	7
23	101	열전 제26 蕭瑀	1
24	103	열전 제28 韋雲起	1
25	105	열전 제30 長孫無忌(1), 褚遂良(1), 李義琰(1)	3
26	108	열전 제33 劉仁軌	8
27	109	열전 제34 楊再思	2
28	110	열전 제35 諸夷蕃長 馮盎(1), 契苾何力(3), 泉男生(3)	7
29	111	열전 제36 張儉(2), 蘇烈(2), 薛仁貴(8), 程務挺(1), 王晙(1)	14
30	112	열전 제37 柳澤	1
31	115	열전 제40 郝處俊	1
32	116	열전 제41 王及善	1
33	119	열전 제44 高曾	1
34	121	열전 제46 王毛仲	1
35	122	열전 제47 魏元忠	1
36	135	열전 제60 高仙芝	2
37	147	열전 제72 王思禮	1
38	198	열전 제123 儒學(1), 歐陽詢(1), 朱子奢(1) 敬播(1)	4
39	201	열전 제126 文藝(상) 元萬頃(2)	2
40	202	열전 제127 문예(중) 蕭穎士	1

41	204	열전 제129 方技 袁天綱	1
42	213	열전 제130 李正己	1
43	215(상하)	열전 제140(상) 突闕	4
44	216(상)	열전 제141(상) 土蕃	2
45	217(상하)	열전 제142(상) 回鶻	3
46	219	열전 제144 北狄, 契丹(2), 奚(1), 室韋(1), 黑水靺鞨(5), 발해(9)	18
47	220	열전 제145 東夷, 고리(高麗)(29), 백제(10), 신라(8), 일본(2), 流鬼(1)	50
48	221(하)	열전 146(하) 西域	1
49	222(하)	열전 147(하) 南蠻 環王(1), 南平獠(2)	3
50	223((상)	열전 148(상) 간신 許敬宗	2
			210

두 사서에서 가장 큰 차이는 『구당서』에서는 210개 가운데 고구리(高句驪)와 구리(句驪)가 한 번씩 들어 있지만 『신당서』에서는 210개 모두가 단 하나의 예외도 없이 모두 고리(高麗)라는 것이다. 다시 말해 『신당서』에는 고리(高麗) 말고 그 이전의 고구리(高句驪)나 구리(句驪)는 단 한 번도 나오지 않는다.

〈표 38〉 『구당서(舊唐書)』와 『신당서(新唐書)』에 나타난 고리(高麗)

사서	구당서			신당서
나라이름	고구리(高句驪)	구리(句驪)	고리(高麗)	고리(高麗)
본기			28	25
지(志)	1	1	8	16
열전			172	169
	1	1	208	210

5. 25사에 나온 고구리(高句驪)·고리(高麗)에 대한 종합과 결론

이상에서 25사 가운데서 고구리(高句驪)와 같은 시대에 존재했던 서북 왕조들의 16개 사서에 나온 고구리(高句驪)·고리(高麗)에 관한 검토를 마쳤다. 여기에

	사서명	본기(本紀)				지(志)·열전(列傳)							
		고구리 高句驪	구리 句驪	고구리 高句麗	고리 高麗	고구리 高句驪	구리 句驪	구리 句麗	하구리 下句驪	고구리 高句麗	고리 高驪	고리 高麗	
1	漢書					6	1		1				8
2	後漢書	9				13	12		1				35
3	三國志	5	3			2	3	19	下句麗 1	9			42
4	晋書	3		1		13	2	3		17			39
5	宋書	1			20	6	1				4	2	34
6	南齊書				1		1					9	11
7	梁書	1			13	5	14						33
8	陳書	1			5						1		7
9	魏書				108					18		61	187
10	北齊書				9								9
11	周書									3		2	5
12	隋書				24			1		1		83	109
13	南史	1			41			7				12	61
14	北史				84			6		14		105	209
15	舊唐書				28	1	1					180	210
16	新唐書				25							185	210
		21	3	1	358	46	35	36	3	62	5	639	1,209

나온 고구리(高句麗)의 나라이름들을 표로 만들어보면 〈표 39〉와 같다.

〈표 39〉의 내용을 좀 더 간추려 보면 〈표 40〉과 같다.

16개 사서에 모두 1,209회의 나라이름이 나온다. 가장 많은 것이 '고리' 다.

	본기	지·열전	합계
고구리(高句驪)	21	46	67
구리(句驪)	3	35	38
구리(句麗)		36	36
하구리(下句驪)		2	2
하구리(下句麗)		1	1
고구리(高句麗)	1	62	63
고리(高驪)		5	5
고리(高麗)	358	639	997
	383	826	1,209

고리(高麗) 997회와 '가라말 리(驪)'를 쓴 고리(高驪) 5회를 합치면 모두 1,002회로 전체의 82.9%를 차지한다.

두 번째가 '고구리'다. 고구리(高句驪) 67회와 고구리(高句麗) 63회를 합치면 모두 130회로 10.8%를 차지한다.

세 번째는 '구리'다. 구리(句驪) 38회와 구리(句麗) 36회를 합치면 모두 74회로 6.1%를 차지한다.

네 번째는 '하구리'다. 하구리(下句驪) 2회와 하구리(下句麗) 1회를 합쳐 3회 나온다.

1) 고구리(高句麗)와 고구리(高句驪)

나라이름이 가장 먼저 나오는 『한서(漢書)』에서는 6회가 나온다. 모두 '가라말 리(驪)' 자를 쓴 고구리(高句驪)라고 썼는데, 본기에는 나오지 않고 지리지에서만 나온다.

『후한서』에서도 본기에 9회, 열전에서 13회, 모두 22회 모두 고구리(高句驪)라고 '가라말 리(驪)' 자를 썼다.

『삼국지』에서는 본기에서 5회, 열전에서 2회, 모두 7회를 고구리(高句驪)라고 썼으나, 열전에서는 '가라말 리(驪)' 자를 쓰지 않는 고구리(高句麗)를 9회나 썼다. 다시 말해 『삼국지』에서 처음으로 고구리(高句麗)라고 말 마 변(馬)을 뗀 '리(麗) 자'를 쓴 것이다.

『진서』 본기에 고구리(高句驪)가 3회 나오고 고구리(高句麗)가 1회 나오는데 정사에 고구리(高句麗)가 나오기는 처음이다. 이 기사가 바로 장수왕 원년(413) 기사로 『남사』에는 '고리(高麗)'라고 나온다. 이 기록이 바로 나라이름을 '고리(高

麗)'로 바꾼 해이기 때문에 다음 장에서 자세히 보기로 한다.

『송서』이후 본기에서는『송서』1회,『양서』1회,『진서』1회,『남사』에서 1회씩만 나온다. 책봉 기사에 관례로 한 번씩 쓴 경우를 빼놓고는 '고구리'라는 나라이름은 거의 쓰지 않았다는 것을 알 수 있다. 그러나 열전에서는 송서 이후에도 고구리(高句驪) 12회, 고구리(高句麗) 36회나 나와 꽤 많이 쓰였음을 알 수 있다. 주로 동이전 고구리 열전에서 많이 나오는데 장수왕 이전의 역사를 언급할 때도 많이 썼다.

2) 구리(句麗)와 구리(句驪)

고구리 나라이름이 가장 먼저 나오는『한서(漢書)』에 고구리(高句驪)와 함께 구리(句驪)가 나온다. 그렇기 때문에 '구리'는 '고구리'와 함께 가장 오래전부터 쓰인 나라이름이다. 이 구리(句驪)가 본기에서는 삼국지에 3번 나오고 그 이상 나오지 않는다.『한서(漢書)』에 나온 구리는 지리지에 나오기 때문에 본기에 나온 '구리'는 삼국지에 나오는 3회가 전부라고 할 수 있다.

그러나 열전에는 구리(句驪)가 35회, 구리(句麗)가 36회나 나온다. 이 2개를 합친 71회 가운데 41회가 나라이름을 고리(高麗)로 바꾸기 이전인『한서』,『후한서』,『삼국지』,『진서』에 집중적으로 나온다. 나라이름이 고리(高麗)로 바뀐 뒤에 나오는 30회는 주로 동이전에 나오거나 고리(高麗)를 낮추어 부를 때 자주 쓰였다.

3) 하구리(下句麗)와 하구리(下句驪)

하구리는 왕망이 고구리(高句麗)를 깎아내리기 위해 높을 '고(高)' 자 대신 아래

'하(下)' 자를 쓴 기사에서 나온 것인데, 한서와 후한서에서는 하구리(下句驪)라고 했고, 『삼국지』에서는 말마변(馬)을 떼고 하구리(下句麗)라고 했다. 위의 세 사서에서만 1회씩 나오고 더 나오지 않는다.

4) 고리(高麗)와 고리(高驪)

표에서 보는 바와 같이 '고리(高麗)'는 『송서』 이후에 나오기 시작하여 모두 모두 1,002회나 나온다. 그 가운데 5회는 고리(高麗)를 깎아내리기 위해 '가라말 리(驪)' 자를 썼는데 『송서』에 4회, 『진서(陳書)』에 1회가 나온다. 그러니까 나머지 997회는 모두 고리(高麗)로 기록된 것이다.

장수왕 때 나라이름을 고리(高麗)라고 바꾼 뒤에도 열전에서는 고구리(高句麗·고구리(高句驪)나 구리(句麗·高驪)를 자주 썼지만, 『북제서』나 『신당서』처럼 오로지 고리(高麗)로만 기록한 사서도 있다.

일곱째 마당

고구리(高句麗)가 나라이름을
고리(高麗)로 바꾼 시기

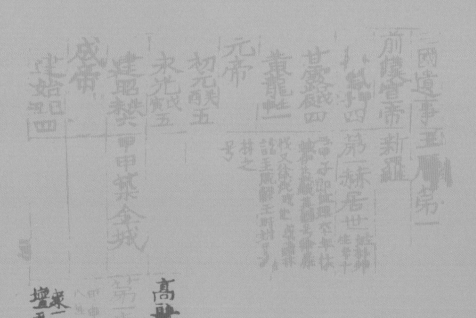

1. 나라이름을 고리高麗로 바꾼 시기에 대한 한국 학자들의 논의

앞에서 본 것처럼 고구리(高句麗)는 평양으로 수도를 옮기기 전 이미 나라이름을 바꾼 게 확실하다. 이 문제는 이미 학술적으로 많은 논의가 있었고, 고구리(高句麗)를 고리(高麗)로 바꾼 시기에 대해서는 여러 주장이 있었다.

1) 이병도의 '수·당(581~) 이후 고리(高麗)' 설

이병도는 일찍이 "삼국시대부터는 고구리(高句驪)를 고구리(高句麗)라고 '말 마 (馬) 변'을 빼고 썼으며, 수·당대부터는 고리(高麗)라고 줄여서 불렀다"고 주장하였다.

中國에서도 三國時代부터는 '高句驪'를 대개 '高句麗'로 書하고, 隋唐代부터는 '高麗'라 略稱하여 지금까지 韓國人은 一般的으로 Kauli[289]라고 부르고 있다.[290]

수나라 건립 581년을 근거로 6세기 후반부터 고리(高麗)로 불렀다고 보았다. 이병도가 고리(高麗)의 시작이 수·당이라고 한 것은 자신의 밀도 있는 연구 결과라기보다는 '고구리(高句麗)'가 대부분 '고리(高麗)'로 등장하는 『수서』와 『당서』를 근거로 간단히 언급한 것 같다. 비록 시기를 정확히 제시하지는 않았지만 고구리(高句麗) 때 2가지 나라이름을 모두 썼다는 분명한 인식이 있었음을 보여준다. 25사를 참고하여 연구한 학자로서 당연한 일이다.

앞에서 보았듯이 수·당 이전에 이미 여러 사서가 '고리(高麗)'로 썼다는 점을 인식하지 못한 결과이다.

2) 김진희의 '5세기 이후' 설

1989년 김진희는 「高句麗 국호표기의 변천에 관한 고찰」[291]이란 논문에서 "국호가 늦어도 5세기 이후에는 '고리(高麗)'로 변화되었다."고 주장하였다.

김진희는 서론에서 다음과 같은 가설로 논문을 시작한다.

중앙집권적 귀족국가를 확립하는 단계에서 고구려인의 국호 인식은 점진적으로 '高麗'

---

289) kauli에 대해서는 이미 『고구리 · 고리 연구』 1권에서 보았듯이 한국인은 그렇게 부르고 있지 않다.

290) 李丙燾, 「高句麗國號考 -高句麗 名稱의 起源과 그 語義에 對하여-」, 『서울大論文集』 3, 1956; 이병도, 『한국고대사연구』, 박영사 1981, 362쪽

291) 金鑛熙, 「高句麗 國號 表記의 變遷에 關한 考察」, 영남대학교 교육대학원 역사교육과 석사학위 논문, 1989.

로 변화되었다. 적어도 5세기 이후의 고구려인의 국호에 대한 인식은 '高麗'가 분명하며, 이는 '高句麗'의 단순 약칭이 결코 아니며, 팽배한 국가적 자긍심이 투영된 새로운 단계 의 국호인 것이다.[292]

이 석사학위 논문은 각 사서에 나온 고구리(高句麗)·고리(高麗)·구리(句麗) 국 호를 모두 뽑아 표로 만들고 그 빈도를 제시하여 이 방면에 일정한 연구 성과를 제공하였다.

『삼국사기』에서는 '高句麗'가 479회, '高麗'가 22회, '句麗'가 6회 빈도로 각각 나타나 있 다. 이로써 '高句麗'가 국호로 절대적으로 사용되어 있음을 알 수 있다. …… '高麗'로 표 기된 22회 용례 중 21회는 인용문이다.[293]

(『삼국유사』에는 92회의 표기 예가 나타나는데) '高麗'가 72회, '高句麗'가 8회, '句麗'가 12 회로 『삼국유사』의 주된 표기는 '高麗'였음을 알 수 있다. ……이상의 용례들을 고찰해 보면 '高句麗'로 표기된 기록 8회 가운데 2회는 다른 사서에서 인용한 부분이다. 나머지 6회는 권1에서 5회, 권2에서 1회 기록한 것으로, 이는 모두 초기 高句麗 시대를 묘사하고 있다. 이러한 사실은 『삼국유사』가 시대의 변화에 따른 국호 인식의 변화를 의식한 것을 말해주고 있다.[294]

그러나 나라이름 '구리(高句麗)'가 고리(高麗)로 바뀐 배경을 주로 고구리(高句

---

292) 金鎭熙, 「高句麗 國號 表記의 變遷에 關한 考察」, 영남대학교 교육대학원 역사교육과 석사학위 논문, 1989. 4쪽.
293) 金鎭熙, 「高句麗 國號 表記의 變遷에 關한 考察」, 영남대학교 교육대학원 역사교육과 석사학위 논문, 1989. 14, 16쪽.
294) 金鎭熙, 「高句麗 國號 表記의 變遷에 關한 考察」, 영남대학교 교육대학원 역사교육과 석사학위 논문, 1989. 22, 24쪽

麗)의 성장과 변화에 초점을 두었기 때문에 나라이름을 바꾼 정확한 시기를 밝히지 못하고 '5세기 이후'라는 정도에서 머물렀다.

3) 정구복의 '장수왕 10년대' 설

1991년 정구복의 「高句麗의 '高麗' 國號에 대한 一考」[295]는 지금까지 한국에서 발표된 이 방면의 논문 가운데 가장 자세하고 치밀한 수작이다. 『삼국사기』의 기사를 중심으로 논문을 전개하면서 『삼국사기』가 인용한 원전에 대해서도 철저하게 대조해 나갔다. 그러나 분석 결과는 명확한 연도를 유보하고 대체적인 시기만 제시하는 소극적인 면을 보여주고 있다.

'高麗'라는 국호가 중국 문헌에 나타난 것 중 확실한 시기는 장수왕 8년 이후 11년과 23년(435)이지만 국호의 개칭 시기는 정확히 말할 수 없다. 대체로 장수왕 10년대에 국호의 개칭이 있었다고 할 수 있다. 그러나 이를 광개토대왕 시기로 올려 잡을 수 있는 개연성도 완전히 배제할 수는 없다.[296]

정구복은 高麗가 가장 먼저 기록된 자료가 『위서(魏書)』와 『송서(宋書)』이기 때문에 이 두 사서를 집중적으로 분석하였다. 먼저 『위서』를 분석하여 두 가지 기록을 놓고 접근한다.

---

295) 鄭求福, 「高句麗의 '高麗' 國號에 대한 一考 - 三國史記의 기록에 관련하여-」 『호서사학』(19·20), 1992.
296) 鄭求福, 「高句麗의 '高麗' 國號에 대한 一考 - 三國史記의 기록에 관련하여-」 『호서사학』(19·20), 1992. 377쪽.
297) 『魏書』, 권2, 「帝紀」 제2, 태조기, 元興 원년 춘 정월.
298) 漢나라 때 서역에 있었던 나라.

① 산동 6주의 백성과 관리 및 도하와 高麗 오랑캐 36만, 각종 장인, 연예인 10만여 명을 옮겨 서울의 인구를 채웠다(徙山東六州民吏及徒何, 高麗雜夷三十六萬, 百工伎巧十萬餘口, 以充京師)[297]

② 태원 원년 6월 병오, 고려와 선선(鄯善)[298]이 모두 사신을 보내 공물을 바쳤다(太延元年 六月 丙午 高麗鄯善國竝遣使朝貢).

①은 『위서』에서 가장 먼저 고리(高麗)가 기록된 내용으로 광개토태왕 8년인 398년이다. 정구복은 이 기록에서 고리(高麗)를 사용한 것은 믿기 어렵다고 하였고, ②는 장수왕 23년(435)의 기사로 이 뒤부터는 거의 매년 본기에서 고리(高麗) 기사를 쓰고 있기 때문에 『위서』에서는 이 시기를 가장 먼저라고 보았다.

다음으로 검토한 『송서(宋書)』에서는 다음 두 가지 자료를 선택하였다.

① 영초 원년(420) 7월 갑진, 정동장군 高句驪王 고련(高璉)을 정동대장군으로 호를 높여 주었다(永初元年七月 甲辰 征東將軍高句驪王高璉 進號征東大將軍)[299]

② 경평 원년(423) 3월 그 달 高麗國이 사신을 보내 공물을 바쳤다(景平元年三月 是月高麗國遣使朝貢)[300]

이 두 자료에서 420년에 고구리(高句驪) 왕으로 썼으나 3년 뒤 고리나라(高麗國)로 바뀌었기 때문에 이 사이에 나라이름이 바뀌었다는 심증을 가진 것 같은데, "경평 원년은 423년으로 장수왕 11년에 해당한다. 그러나 이는 혹 남송 대에

---

297) 『魏書』 권2, 「帝紀」 제2, 태조기, 元興 원년 춘 정월.
298) 漢나라 때 서역에 있었던 나라.
299) 『宋書』 권3, 武帝 하
300) 『宋書』 권3, 武帝 하

보궐(補闕)한 결과가 아닐런지도 모르므로 확실하다고 단언하기 어렵다."고 신중을 기했다. 그 뒤부터는 사신 왕래 기록에도 본기에서는 모두 고리(高麗)를 썼기 때문에 '장수왕 10년대' 라든가 '장수왕 연간'이라는 모호한 표현을 썼던 것이다. 아울러 『위서』의 자료 ①번을 믿기 어렵다고 하면서도 "광개토대왕 대의 국호 개칭 문제는 다른 자료가 더 나올 때까지 보류하여 둔다."고 한다거나 "이를 광개토대왕 시기로 올려 잡을 수 있는 개연성도 완전히 배제할 수는 없다."고 하여, 모든 개연성을 열어두었다.

한편 고구리(高句麗)가 국호를 고친 배경과 평양 천도와의 관계도 조심스럽게 제기한다.

국호의 개칭은 혹 장수왕 15년의 평양 천도와 관련이 있을는지도 모르겠으며, 고구려의 대외적 문화적 발전의 결과라고 판단된다. 고구려에서의 국호 개칭한 연대를 정확히 알 수 없지만 그러한 개칭의 배경을 신라와 백제의 경우를 통하여 유추할 수 있을 것이다. … 국호를 처음으로 정할 때에는 전통적으로 음을 비교적 그대로 표기하였으나 후일에 뜻이 좋은 한자로 바꾸는 경향을 신라와 백제의 경우에 생각할 수 있다. 즉, 백제의 경우 '佰濟'에서 '百濟'로, 신라의 경우 '徐羅伐'에서 '新羅'로, 바뀐 것은 이러한 실례라고 할 수 있다. ……광개토대왕 이후의 비약적인 발전과 한문화의 성숙된 이해 그리고 평양으로 천도함을 계기로 고구려에서 한자적인 의미가 없는 '句' 자를 생략시켜 '高麗' 라는 국호로 개칭함으로써 한자의 일반적 의미로 풀어도 좋은 의미를 갖는 국호가 되었다고 할 수 있다.[301]

---

301) 鄭求福, 「高句麗의 '高麗' 國號에 대한 一考 -三國史記의 기록에 관련하여-」 『호서사학』(19·20), 1992. 377쪽.

4) 서길수의 423년 이전설

2007년 고구리(高句麗)의 소릿값을 연구할 때 423년 이전 나라이름을 고리(高麗)로 바꾸었다는 것을 정리하였는데[302], 다음 절에서 당시의 논리전개를 바탕으로 다시 검토하려고 한다.

5) 조경철의 423년 전후설

조경철도 최근의 연구에서 423년 전후설을 지지하고 있다.

고구려의 국호는 중국 기록에 구려(句麗), 구려(句驪), 구려(駒驪), 고구려(高句麗), 고구려(高句驪), 하구려(下句驪), 고려(高驪), 고려(高麗)로 나타나고 있다. 고려란 국호가 처음 등장하는 중국 사서는 『송서(宋書)』다. 『송서』의 고려란 국호의 초출(初出)은 본기 소제 경평 원년 423년(장수왕 11)이다. 『송서』보다는 후대에 편찬된 『위서』에는 423년보다 앞서는 제기 태조 천흥 원년 398년(광개토왕 영락 8년)에 고려가 보이고 있다. 대체적으로 427년 평양 천도를 전후하여 국호가 변경되었을 것은 확실하며 적어도 『송서』의 423년 기사는 고려의 국호변경을 확실하게 보여주는 것이라고 하였다.

하지만 그 시기를 평양천도 이전 광개토왕이나 장수왕 11년(423) 이전으로 앞당길 수도 있다. 『위서』 경우 398년 고려란 국호가 보이므로 398년(광개토왕 영락 8년) 이전에 국호 변경의 가능성을 유추할 수 있다. 다음 『남사』의 경우 413년 고려란 국호가 보이므로 413년(장수왕 2년) 이전 국호 변경의 가능성도 열려 있다.[303]

---

302) 서길수, 「'高句麗'와 '高麗'의 소릿값(音價)에 관한 연구」, 고구려연구회 『고구려연구』(27), 2007, 참조.
303) 조경철, 「한국의 나라이름과 국호계승의식」, 한민족연구 (14), 2014.

423년을 중심으로 그 이전에 나온 『위서』의 398년과 『남사』의 413년설도 가능성을 열어 놓은 것이다.

2. 다른 나라 학자들의 고구리高句麗 나라이름 바꾼 시기 문제 논의

이 문제는 만주국 학자인 김육불이 논의를 시작하여 최근 중화인민공화국 학자들도 논의를 이어갔다. 차례로 그 내용을 정리해 보면 다음과 같다.

1) 김육불(金毓黻) : '560년(평원왕 2년)' 설

만주국 국립도서관 주임이던 김육불(金毓黻, 1887~1962)은 560년 북제(北齊) 때 고구리(高句麗) 왕 양(陽)을 '고리왕(高麗王)'으로 봉하면서 처음 '구(句)' 자를 빼고 '驪' 자를 '麗' 자로 바꾸었다고 하였다.

> 하나는 고구리(高句麗)를 고리(高麗)로 바꿔 부른 것이다. 고구리(高句驪)를 구리(句驪)로 줄여서 부르기는 한나라 때부터이다. 그들 왕은 일찍이 고구리(高句麗) 왕이라고 자칭했고, 나중에 위나라 효문제 태화 16년에 고련(광개토왕 담덕의 아들)을 고구리왕(高句麗王)으로 책봉했으며, 북제의 폐제가 그들 왕 陽을 고리왕(高麗王)으로 책봉할 때 '句' 자를 없애기 시작했고, 또 驪를 麗로 고쳤다.[304]

---

304) 金毓黻, 『東北通史』 상편, 1941년 초판, 社會科學戰線雜誌社 번각본 176~177쪽. 〈一日高句驪之易稱高麗. 按高句驪本簡稱句麗, 始於漢代, 其王嘗自稱高句驪王, 後魏孝文帝太和十六年亦封高璉(卽廣開土王談德之子)爲高句驪王, 至北齊廢帝封其王陽爲高麗王始去句字, 又改驪作麗〉

이것은 다른 나라 학자들 가운데서 '고리(高麗)'가 나타난 시기에 대해 가장 먼저 논한 내용이다. 그런데 김육불이 북위의 효문제 16년(492)에 장수왕에게 '고구리왕(高句驪王)'을 봉했다는 것은 큰 착오이다. 장수왕 고련(高璉)은 이미 491년 세상을 떴고 문자왕이 들어섰는데 어떻게 장수왕을 봉할 수 있겠는가? 실제로 북위 효문제 16년의 기록에는 장수왕이 죽고 손자 운(雲)이 왕의 자리를 이어받았다는 기록만 있지 책봉한 기사는 없다. 그뿐만 아니라 이 당시 북위의 정사에서는 나라이름을 모두 '고리(高麗)'라고 썼고 열전에서만 '고구리(高句驪)'라고 썼는데 정사의 기록을 버리고 신빙성이 떨어지는 열전의 기록만 택한 것도 한계라고 할 수 있다.

따라서 그보다 68년이나 늦은 560년 기록을 근거로 나라이름을 바꾼 해로 보는 견해는 성립할 수가 없다. 김육불은 일찍이 처음으로 고구리(高句麗)의 나라이름이 고리(高麗)로 바뀐 시기를 논하였다 데 의의가 있지만 그 내용은 빈약하다고 할 수 있다.

2) 이전복(李殿福) : '520년(안장왕 2년)' 설

고구리(高句麗) 안장왕 때 양 무제로부터 고리왕(高麗王)으로 책봉을 받으면서 처음 고리국(高麗國)이 되었다는[305] 주장이다. 1992년에 쓴 이 논문은 2000년 고구려연구회에서 주최한 중원고구리비(高句麗碑) 신석문 국제 워크샵에서도 똑같은 주장을 하였다. 이전복은 중원왕조가 고구리(高句麗)를 책봉하면서 내린 봉호

---

305) 李殿福,「高句麗易名高麗考 - 兼談朝鮮半島中原郡碑和延嘉七年銘金銅如來佛的季代」,『韓國學報』(11), 臺北, 1992.

(封號)를 장수왕 때부터 보장왕 때까지 표를 만들어 그 가운데 가장 먼저 고리왕(高麗王)으로 봉한 기사를 골라 그 해를 기점으로 삼았다.

〈표 41〉에서 알 수 있는 바와 같이, 양 무제가 보통(普通) 원년(520년) 2월 계축에 안장왕을 '영동장군고리왕(寧東將軍高麗王)'으로 책봉하는 것을 시작으로 '구(句)' 자를 없애고 驪를 麗로 고쳤다.[306)

이전복은 1990년 중국 최초의 고구리사(高句麗史)를 한국에서 출판할 정도로 고구리사(高句麗史)에 정통한 학자이다. 그러나 1990년 이후 그의 고구리사(高句麗史) 연구 성향을 보면 학자적 양심을 의심할 만큼 편견과 아집으로 점철되어 있다.

먼저 〈표41〉을 보면 가장 중요한 내용이 담긴 북위(北魏)에 관한 기사들을 모두 고구리(高句麗) 열전에서만 뽑고 가장 신빙성이 있는 본기(本紀)는 손조차 대지 않았다. 자신이 주장해온 520년 설을 고집하기 위해서 불리한 본기의 기록을 의도적으로 누락시킨 것이다. 또 다른 하나는 의도적인 사료 왜곡이다. 『위서』의 열전 제목 고구리(高句驪)[307)부터 본문에 이르기까지 모두 고구리(高句驪)라고 '가라말 리(驪)'를 쓰고 있기 때문이다. 그러나 원 사료에는 제목은 물론 본문 어디에도 '가라말 리(驪)'를 쓰지 않았다. 이전복은 양이 많지 않은 열전의 원 사료를 잘못 읽어서 그랬을 리는 없고 스스로 내용을 왜곡한 것이 틀림없다.

이전복은 이런 자료를 가지고 520년에 가서야 '驪' 자를 '麗' 자로 고쳤다고 강

---

306) 李殿福, 「中原郡의 高麗碑를 통해서 본 高句麗 國名의 變遷」, 『高句麗硏究』(10), 2000, 399쪽.
307) 『魏書』 卷100, 「列傳」 88.

<표 41> 중원왕조의 고구려 책봉 기사

高句驪王	中原王朝	册封王號	年代	出典	備注
長壽王 高璉	北魏 世祖	遣員外散騎侍郎將, 遼東郡開國公, 高句驪王	長壽王二十二年北魏世祖太延元年(公元435년)	『魏書』卷一百『列傳』八八『高句驪』	高句驪王
	宋孝武皇帝	孝武七年에 조서를 내려 봉하기를 使持節散騎常侍都督平·營二州諸軍事·征東大將軍·高句驪王.이라 함	長壽王五十一年宋孝武大明七年(公元 463年)	『宋書』卷九十『夷蠻傳·高句驪國』	高句驪王
	北魏 孝文帝	車騎大將軍太傅遼東郡開國公高句驪王.	長壽王七十九年北魏孝文帝太和十五年(公元491年	『魏書』卷一百『列傳』八八『高句驪』	高句驪王
文咨王 高雲	北魏 孝文帝	遣大鴻臚拜璉孫雲爲使持節都督遼海諸軍·征東將軍領護東夷中郎將遼東郡開國公高句驪王.	文咨王元年北魏孝文帝太和十六年(公元492年)	『魏書』卷一百『列傳』八八『高句驪』	高句驪王
安臧王 高安	北魏 孝文帝	雲이 죽자 靈太后가 擧哀于東堂……世子安을 安東郡開國公高句驪王으로 봉하였다.	文咨王二十七年北魏孝文帝神龜元年(公元518年)	『魏書』卷一百『列傳』八八『高句驪』	高句驪王
	梁武帝	普通元年二癸醜 高麗世子 安을 寧東將軍, 高麗王으로 봉하였다.	安臧王二年梁武帝 普通元年(公元 520年)	『梁書』卷3三十本紀第二『梁武帝紀下』	高句驪를 高麗로 고치고 驪를 麗로 고쳤으며, 高麗王이라 부르기 시작하였다.
安原王 高延	梁武帝	7년 安이 죽고 아들延이 왕위에 올라 사신을 파견하여 공물을 바침. 조서를 내려 延에게 작위를 세습하게 하였다.	安臧王二年梁武帝 普通元年(公元526年)	『梁書』卷五十四『東夷傳·高句麗』	高麗王
陽原王 高成	北齊 文宣帝	北齊文宣帝天寶元年季九月癸醜, 散騎常侍東騎將軍을 護東夷校尉로 봉하고, 王公은 이전과 같다.	陽原王六年北齊文宣帝天寶元年(公元550年)	『北齊書』卷四『文宣帝紀』	高麗王
平原王 高陽成	北齊 廢帝	高麗世子湯(陽)을 使持節領東夷校尉遼東郡公高麗王으로 봉하였다.	王平原王二年北齊廢帝乾明元年(公元560年)	『北齊書』捲五『廢帝紀』	高麗王
嬰陽王 高平陽	隋文帝	高麗王으로 봉하였다.	嬰陽王二年隋文帝開皇十一年(公元591年)	『隋書』捲八十一『東夷傳·高麗』	高麗王
榮留王 高建武	唐高祖	上柱國遼東郡, 高麗王으로 봉하였다.	榮留王七年唐高祖武憲七年(公元624年)	『新唐書』捲二百二十『東夷高麗』	高麗王
寶藏王 高 藏	唐太宗	藏을 遼東郡王, 高麗王으로 봉하였다.	寶藏王元年唐太宗貞觀十六年(公元642年)	『新唐書』捲二百二十『東夷·高麗』	高麗王

▶자료 : 李殿福,「中原郡의 高麗碑를 통해서 본 高句麗 國名의 變遷」,『高句麗硏究』(10), 2000.

조하였다. 그러나 이것은 잘못된 판단이었다. 우선 이전복의 주장을 보자.

> 『후한서(后漢書)』에는 고구리(高句驪)라 하였고, 구리(句驪)라고 약칭하였으며, 려(麗) 자
> 에 모두 마(馬) 자 변이 있다. ……『삼국지(三國志)』에서도 …… 고구리전(高句驪傳)에서
> 완전한 명칭으로 고구리(高句驪)를 사용하였고, 약칭으로 구리(句驪)라 불렀으며, 려(麗)
> 자에 마(馬) 자 변이 있다. ……『위략(魏略)』, 『송서(宋書)』, 『양서(梁書)』, 『남사(南史)』와
> 『북사(北史)』, 『위서(魏書)』 등 책의 고구리전(高句驪傳)에도 완전한 명칭이 고구리(高句
> 驪)고, 약칭이 구리(句驪)이며 려(麗)에 모두 마(馬) 자 변이 있다.[308]

그러나 위에서 언급한 사서 가운데 가장 먼저 쓰인 『삼국지』 고구리전(高句麗
傳)에는 말 마(馬) 변이 붙은 려(驪)가 하나도 나오지 않고 모두 말 마(馬) 변이 없
는 '리(麗)' 자가 나오고, 그 뒤에 나온 사서에도 고구리(高句麗)와 고구리(高句驪)
가 섞여서 쓰이고 있다. 그리고 앞에서 본 『위서』와 『송서』에서도 이미 이전복이
주장하는 시기보다 훨씬 앞선 시기에 말 마 변(馬)이 없는 '리(麗)' 자를 썼다. 고
구리(高句麗)의 '리' 자에 말마 변을 붙인 것은 당시 한인(漢人)들이 주변국의 국
명, 지명에 동물 글자 변을 붙여 깎아내리려는 상투적인 서식이었다. 그러므로
초기에 '가라말 리(驪)'를 쓰지 않다가 후대에 쓰기 시작한 것은 한인들의 의도적
인 호칭이지 원래 고구리(高句麗)의 이름자가 아니다. 이것도 사용한 사료가 몇
몇 열전에만 사용하였기 때문에 온 결과일 것이다.

이전복은 이런 연구를 바탕으로 '고리(高麗)'라는 국명이 유일하게 발견된 충
주고리비(忠州高麗碑)는 안장왕(519) 이후에 세워진 비라고 주장하고 "여러 차례

---

308) 李殿福, 「中原郡의 高麗碑를 통해서 본 高句麗 國名의 變遷」, 『高句麗硏究』(10), 2000, 397쪽.

의 연구를 거쳐 확정한 비문과 『삼국사기』의 기록을 자세히 검토한 결과, 이 비석이 평원왕(平原王) 시대에 세워졌고 비문 중의 '고리대왕(高麗大王)'이 평원왕(平原王)이라고 판단하였다"고 하였다. 고리비(高麗碑)가 평원왕(559~589) 때 세워졌다는 주장은 지금까지 여러 학자들이 주장하는 설립 연대 가운데 가장 늦은 것인데, 앞에서 본 나라이름의 변천에 대한 연구에 무리가 있었기 때문에 그런 연구결과를 대입한 고리비(高麗碑) 설립 연대도 신뢰성이 떨어질 수밖에 없다.

3) 손진기(孫進己)의 '423년(장수왕 11년)' 설

1994년 발행된 『동북민족사연구』 3편 10장의 고구리(高句麗) 국사 연구 6절에 「고구리국(高句麗國)이 고려(高麗)로 바꿔 부른 시기」를 다루고 있다.[309]

손진기는 시작부터 김육불과 이전복의 설을 소개하면서 특히 이전복의 520년 설을 집중적으로 비판하였다. 손진기는 주로 3가지 측면에서 접근하였다.

첫째, 남조(南朝) 사서를 통해서 이 문제를 접근하였는데, 『송서(宋書)』 「소제기(少帝紀)」, 경평(景平) 원년(423) 3월에 있었던 "고리국(高麗國)이 사신을 보내 조공하였다(高麗國遺使朝貢)"는 기록을 근거로 이전복보다 100년 정도를 앞으로 당겼다.

둘째, 북조의 사서를 통해서 이 문제를 접근하였는데, 『위서(魏書)』 태연(太延) 2년(436) "고리(高麗)가 갈로 같은 장수에게 병사를 이끌고 가서 맞이하였다(高麗遺將葛蘆等率兵迎之)"는 기록을 근거로 435년 이전에 이미 고리(高麗)라고 불렀다고 주장하였다. 다만 『위서(魏書)』 고구리전(高句麗傳)에는 모두 고구리(高句驪)

---

309) 孫進己, 『東北民族史研究』, 中州古籍出版社, 1994. 273~276쪽

라고 쓰여 있어 모순된다는 주장에 대해 "『위서(魏書)』 고구리전(高句麗傳)을 쓸 때 옛날의 칭호를 계속 이어받아 썼기 때문이다."고 보았다. 그 반증으로 『위서(魏書)』 예지(禮志)에 실린 조서(詔書)에 이미 고구리(高句驪)를 고리(高麗)로 바꾼 것을 예로 들고 있다.[310]

셋째, 고리(高麗)라는 나라이름이 확실하게 나타나는 연가칠년명금동여래입상(延嘉七年銘金銅如來立像)과 중원고구려비의 연대에 관한 것이다. 이것도 주로 이전복의 설을 비판하는 것인데, 이전복은 고구리(高句麗)를 고리(高麗)로 바꾼 것이 520년으로 보았기 때문에 고구리(高句麗) 유물들도 모두 그 뒤에 만든 것으로 보았고, 간지가 기미년인 금동여래입상은 539년에 만들었다고 본 것이다. 손진기는 그 이전인 419년과 479년도 기미년이라는 점을 강조하고, 내용을 재검토한 결과 419년은 힘들고, 자기가 주장하는 423년이 맞다는 결론을 내린다. 아울러 중원 고리비(高麗碑)도 이전복은 559~589이라고 늦은 시기를 주장하였지만 손진기는 480년으로 앞당긴다.[311]

한편 "고구리(高句麗)가 수도를 압록강 유역인 집안에서 대동강 유역인 평양으로 옮길 때가 427년인데, 고구리(高句麗)가 고리(高麗)로 나라이름을 바꾼 시기도 이즈음으로 보아 두 사건은 어떤 연관이 있다고 하지 않을 수 없다"고 하여 평양 천도와 나라이름 바꾼 것을 연관시켰다.

---

310) 孫進己, 『東北民族史硏究』, 中州古籍出版社, 1994. 273~274쪽.
311) 손진기는 중원고구려비에 신유년이라는 간지가 있고 12월 23일 갑인이라는 간지가 나오는데, 신유년은 449년, 480년, 506년, 573년, 599년이고, 그 가운데 갑인과 일치하는 해는 480년이기 때문에 그 해를 정했고, 이것은 자신이 주장하는 423년 高麗 개칭설과도 맞아 떨어진다.

4) 양보융(楊保隆)의 '398~413년(광개토태왕 8년~장수왕 1년)' 설

지금까지 나온 설 가운데 가장 이른 시기이다. 양보융은 사서에서 고리(高麗)라는 나라이름이 가장 먼저 나오는 『위서』의 398년 기사에 주목하였다.[312]

산동 6주의 백성과 관리 및 도하와 고리(高麗) 오랑캐 36만, 각종 장인, 예능인 10만여 명을 옮겨 서울의 인구를 채웠다.[313]

아울러 정식 조서 가운데 가장 먼저 고리(高麗)를 쓴 기록이 413년이라는 점도 들었다.

의희 9년(서기 413), 고리(高麗) 국왕 고련(高璉, 高連이라고도 쓴다)이 장사 고익을 파견하여 표문을 올리고 자백마(赭白馬)를 바치니, 고련을 고리왕(高麗王)과 낙랑군공으로 책봉했다.[314]

때문에 "서기 413년부터 서기 491년까지 근 80년 사이에, 고리(高麗)란 칭호가 책봉과 기사에 빈번히 쓰인 것을 볼 수 있을 뿐 아니라 일찍이 서기 413년 이전인 서기 398년에 이미 나타났다"는 것이다.[315]

---

312) 馬大正 等, 『古代中國高句麗歷史叢論』, 黑龍江教育出版社, 2001, 28쪽. 楊保隆의 다른 논문들: 「高句麗族族源與高句麗人流向」, 『民族研究』1998-4, 北京; 楊保隆, 「論高句麗與王氏高句麗無前後相乘關係」, 『社會科學戰線』1999-1; 楊保隆, 「各史『高句麗傳』的幾介問題辨析」, 『民族研究』1987-1.

313) 『魏書』권2, 「帝紀」제2 태조기, 元興 원년 춘 정월. 徙山東六州民吏及徒何, 高麗雜夷三十六萬, 百工伎巧十萬餘口, 以充京師.

314) 『册府元龜』封册 1, 晉 義熙 9年. 義熙九年(413), 高麗國王高璉(一作高連)遣長史高翼奉表, 獻赭白馬. 以璉爲高麗王, 樂浪郡公.

따라서 고리(高麗)라는 나라이름은 4세기 말에 이미 나왔을 것이고 늦어도 5세기 초기에는 나라 이름이 바뀌었다고 보았다.[316)

한편 "고리(高麗) 칭호가 나오게 된 것과 고구리(高句麗)의 왕성이 압록강 유역에서 평양으로 옮긴 것과 "어느 정도 관계가 있다"고 보는 관점에 대해서는 "이런 추측은 이를 지지할 수 있는 근거를 찾기 어렵다"고 손진기의 설을 부인하였다.

3. 여러 설에 대한 종합과 재검토

1) 여러 설에 대한 종합

지금까지 나온 설을 표로 만들어 보면 다음과 같다.

〈표 42〉 고구리(高句麗) 나라이름 바꾼 해에 대한 학설

정리번호	지은이	연대	평양 천도 관련
1	이병도	수·당이후(581년~)	
2	김진희	5세기 이후	
3	정구복	장수왕 10년대(423년~)	평양 천도와 관련 있다.
4	서길수	423년 전후설	평양 천도와 관련 있다.
5	조경철	423년 전후설	평양천도와 관계 있다.
6	金毓黻	560년	
7	李殿福	520년	
8	孫進己	423년	평양 천도와 관련 있다.
9	楊保隆	398년~413년	평양 천도와 관련 없다.

〈표 42〉에서 500년 이후의 설을 주장한 이병도, 김육불, 이전복의 주장은 연구

---

315) 馬大正 等, 『古代中國高句麗歷史叢論』, 黑龍江敎育出版社, 2001, 28쪽.
316) 마따정 외 지음, 서길수 옮김, 『중국이 쓴 고구려사』, 여유당, 2007, 140쪽.

사에서 차지하는 비중은 있지만, 내용을 볼 때는 그다지 가치가 없다. 김진희 연구는 좀 막연한 면이 있고, 정구복(1992), 손진기(1994)의 연구가 그 뒤 서길수·조경철에 이어지면서 인정을 받아가는 상황이라고 정리할 수 있다.

글쓴이는 이미 2007년 논문에서 정구복·손진기의 설을 보강하는 논문을 썼기 때문에 여기서 좀 더 보충하고 정리하여 결론을 맺고자 한다.

2) 여러 사서의 본기(本紀)에 대한 검토

앞 장에서 고구리(高句麗)·고리(高麗) 시대 중국 25사 가운데 나온 나라이름을 보았는데 그 중에서 본기(本紀)에 나온 부분만 모아서 표를 만들어 보았다.

본기는 대체로 당시에 실제로 일어난 사건을 중심으로 공식 기록한 내용인 데 비해 지(志)나 열전은 지난 사서들을 참고하여 편집한 경우가 많아서 그 시대의

〈표 43〉역대 사서 본기에 나온 고구리(高句麗)·고리(高麗)

	편찬 연대	사서명	고구리(高句驪)	고구리(高句麗)	고리(高麗)
1	5세기 중	후한서(後漢書)	9		
2	3세기 말	삼국지(三國志) 위서(魏書)	3		
3	7세기 중	진서(晋書)	3	1	
4	5세기 말	송서(宋書)	1		20
5	6세기 초	남제서(南齊書)			1
6	7세기 초	양서(梁書)	1		13
7	7세기 초	진서(陳書)	1		5
8	6세기 중	위서(魏書)			108
9	7세기 초	북제서(北齊書)			9
10	7세기 중	주서(周書)			
12	7세기 중	수서(隋書)			24
13	7세기 중	남사(南史)	1		41
14	7세기 중	북사(北史)			84
15	10세기 초	구당서(舊唐書)			28
16	11세기 중	신당서(新唐書)			25
			19	1	358

나라이름을 제대로 반영하였다고 보기는 어렵다.

이 표에서 보듯이 『송서』 이전에는 고리(高麗)가 안 나오다가 『송서』부터 나오기 시작하여 고리(高麗)가 무려 358회 등장한다.

먼저 『송서』 기록을 보면, 고구리(高句驪)가 1회, 고리(高麗)가 20회가 나온다. 대단히 중요한 기사이기 때문에 앞서 보았던 그 기사를 다시 인용한다.

① 『송서』 420년(장수왕 8년) : 永初元年七月 甲辰 征東將軍高句驪王高璉 進號征東大將軍 정동장군 高句驪王 고련(高璉)을 정동대장군으로 호를 높여 주었다)[317]

② 『송서』 423년(장수왕 11년) : 景平元年三月 是月高麗國遣使朝貢[318]

①의 기사에 나오는 420년은 6월에 유유(劉裕)가 진(晉)나라 공제(恭帝)를 폐하고 황제가 되어 나라이름을 송(宋)이라고 반포한 첫해이다. 그렇기 때문에 다음 달인 7월 고구리(高句麗) 왕의 호를 높여주므로 해서 주변 정세의 안정을 꾀한 것이다. 이 당시는 북위, 후연, 남연, 후량, 북량 같은 나라들이 각축하고 있었기 때문에 서둘러 고구리(高句麗)와 친선을 맺은 것이다. 송나라는 진나라를 이어받았기 때문에 관계적으로 써 내려온 고구리(高句驪)를 그대로 썼다고 볼 수 있다. 8년 전 동진이 내린 정동장군[319]을 한 단계 높여 정동대장군으로 부르는 의식적인 기록이기 때문이다.

바로 이어지는 ②의 423년 기사는 고리국(高麗國)이 사신을 보내 공물을 바쳤

---

317) 『宋書』 권3 武帝 하
318) 『宋書』 권3 武帝 하
319) 『송서』 열전에 보면 413년 장수왕이 즉위하고 長史 高翼을 晉에 사절로 보내자 東晉의 安帝가 장수왕을 高句驪王으로 봉한다. 晉 安帝 義熙九年 遣長史高翼奉表獻赭白馬 以璉爲使持節 都督營州軍事 征東將軍 高句驪王 樂浪公

다는 기록으로, 3년 전의 기록과 극적인 대조를 보여주기 때문에 나라이름을 바꾼 기점으로 잡기 좋은 자료이다. 그리고 계속 이어지는 본기의 고구리(高句麗) 관련 기사 20개는 단 하나의 예외도 없이 모두 고리(高麗)라고 기록되어 있다. 고리(高麗)가 실제로 쓰인 정사 본기를 가지고 논한다면 고구리(高句麗)가 나라이름을 고리(高麗)라고 바꾸어 쓴 첫 기록이 423년이기 때문에 이 해를 기점으로 하는 검토가 옳다. 글쓴이도 2007년 논문[320]에서는 이를 바탕으로 420~423년 사이라고 주장하였다.[321]

이 두 가지 기사는 앞에서 본 423년보다 아주 뒤의 기사이기 때문에 그 사이에 쓰인 수없이 많은 고리(高麗)에 대한 기사를 대치하거나 부정하기에는 너무 비중이 낮다. 그리고 좀 더 뜯어보면 이 두 기사는 모두 고리(高麗)에서 올린 조공기사가 아니고 둘 다 양나라와 진나라가 나라를 세우고 처음 주변 국가를 봉할 때 관례적으로 보낸 문장이었다. 그렇기 때문에 이 두 기사는 첫째 책봉할 때는 옛 이름을 썼다는 사례로 볼 수 있고, 아니면 둘 다 '가라말 리(驪)'를 써서 자기 존엄을 높이고 주변국을 좀 더 낮춰보며 당시 쓰던 나라이름보다는 이전 것일 가능성도 있다. 어쨌든 이 두 기사는 비록 고구리(高句驪)가 2회 나왔지만 423년 고리

---

320) 서길수, 「'高句麗'와 '高麗'의 소릿값(音價)에 관한 연구」, 고구려연구회 『고구려연구』 27, 2007.

321) 표에서 『송서』 이후 358번의 고리(高麗)가 나오고, 고구리(高句麗)가 4번 나오는데 이에 대한 보충 설명이 필요하다. 먼저 『송서』에서 나오는 고구리(高句驪) 기사는 바로 앞에서 본 ①번의 기사이고 『남서』에서 나오는 기사도 ①번과 똑같은 기사다. 『남서』는 남북국시대의 남쪽 나라들에 대한 기사이기 때문에 그 내용이 중복되었을 뿐이다. 다시 말해 420년 나라이름을 바꾸기 이전의 기사이기 때문에 설명을 더할 필요가 없다.

나머지는 『양서』와 『진서』에 나온 2번 고구리(高句驪)이다.

③ 천람(天監) 원년(502) 여름 4월 무진, 거기장군 고구리(高句驪) 왕 고운(高雲, 문자명왕)을 거기대장군(車騎大將軍)으로 올려 불렀다(進號).

④ 천가(天嘉) 3년(562) 윤2월 기유, 백제 왕 (부)여 명(明)을 무동대장군(撫東大將軍)으로 삼고, 고구리(高句驪) 왕 고탕(高湯)을 영동장군(寧東將軍)으로 삼았다.

(高麗)로 나라를 바꾸었다는 것을 부정할 수 있는 자료가 될 수는 없다고 본다.

당시 논문은 「'高句麗'와 '高麗'의 소릿값(音價)에 관한 연구」였고 소릿값에 무게를 두었기 때문에 나라이름을 바꾼 연대에 대해서는 몇 가지 문제를 제대로 검토하지 못했다. 그래서 이 장에서 그런 문제들을 좀 더 상세히 검토해보려 한다.

3) 『위서』398년(광개토태왕 8년)의 고리(高麗) 문제 검토.

앞서 보았듯이 양보융(楊保隆)은 『위서』398년(광개토태왕 8년)의 기록을 들어 나라이름을 바꾼 시기는 장수왕 이전으로 올라갈 수 있다고 주장했다. 그러므로 『위서』398년(광개토태왕 8년)의 기록을 검토해 보기로 한다. 이 문제는 이미 앞에서 『위서』를 볼 때 부정적으로 평가했지만, 여기서 좀 더 자세히 보기로 한다.

> 천흥(天興) 원년(398) 봄 정월 신유, (황제의) 수레가 중산(中山)을 떠나 망도(望都)의 요산(堯山)에 이르렀다. (太行)산 6주의 백성과 관리 및 도하(徒何)·고리(高麗) 같은 여러 오랑캐 36만과 갖가지 기술자·연예인 10만 명을 옮겨 서울을 채웠다.[322]

이 기사는 『위서(魏書)』 가운데 가장 먼저 나오는 고리(高麗) 기사인데, 고구리(高句麗)나 구리(句麗)라고 하지 않고 고리(高麗)라고 기록하였다. 원흥(元興) 원년은 기원 398년으로 고구리(高句麗) 광개토태왕 8년이다. 이 기록은 지금까지 나온 자료들 가운데 고리(高麗)라는 나라이름이 가장 먼저 나온 기사이다. 그러

---

322) 『魏書』卷2,「太祖紀」2 : 天興元年(398) 春正月 辛酉, 車駕發自中山, 至於望都堯山. 徙山東六州民吏及徒何' 高麗雜夷三十六萬, 百工伎巧十萬餘口, 以充京師.

나 이 기록을 근거로 고구리(高句麗)가 고리(高麗)로 나라이름을 바꾼 시기를 광개토태왕 8년으로 앞당기기에는 사료의 신빙성이 많이 떨어진다.

첫째, 『위서』 본기를 자세히 보면 이 기사가 나온 뒤 37년이나 지난 435년 세조 태무제가 들어서야 고리(高麗)에 관한 다음 기사가 나온다. 그 사이에 아무 기사도 없이 갑자기 이런 기사가 나오는 것은 정상적인 기록으로 보기 어렵다. 북위는 386년 나라가 세워진 뒤 고구리(高句麗)와는 외교관계가 없었고, 전쟁도 전혀 없었다. 북위와 고구리(高句麗) 사이에는 후연(後燕, 384~407)이 있었기 때문이다. 광개토태왕 때는 후연과의 세력다툼이 심했다는 것은 여러 사서나 광개토태왕 비에 쉽게 볼 수 있으나 북위와의 외교 관계나 전쟁 기사는 전혀 없다.

둘째, 당시 대부분 국제간의 기사는 먼저 책봉이나 조공 기사로 시작하는데, 그런 기사가 전혀 없이 너무 동떨어진 주제가 먼저 기록되었다. 만일 398년에 고구리(高句麗)가 나라이름을 고구리(高句麗)에서 고리(高麗)로 바꾸어 그 사실을 북위에게 통보했다면 이 기사보다 먼저 그 사실을 알리기 위해 사신이 간 기록이나 책봉에 관한 기사가 있어야 하는데, 무려 37년 동안이나 아무 기록도 없다는 것은 이 기사에 대한 신빙성을 의심하게 한다. 『삼국사기』에는 장수왕 13년(425)에 가서야 북위에 첫 사신을 파견한 것으로 되어 있는데 『위서』에는 이 기사가 없고 10년 뒤인 435년에 첫 기록이 나온다. 이런 경우는 고구리(高句麗)에서 사신을 보냈지만 중간에 있는 후연에 막혀 사신이 북위에 이르지 못한 경우일 가능성이 크다. 북위가 나라를 세운 뒤 남쪽의 동진과 동쪽의 북연과 피비린내나는 싸움이 계속되었기 때문에 북연을 넘어 고구리(高句麗)와 외교 관계를 맺을 겨를도 없었고 접촉도 없었는데 고구리(高句麗) 백성들이 북위의 세력 안에 있었다는 것은 있을 수 없는 일이다.

셋째, 내용을 보면 도하(徒何)와 고리(高麗) 같은 오랑캐 36만의 인구를 이동하

였다고 했다. 우선 고리(高麗)와 함께 오랑캐로 나온 도하(徒何)를 검토해 보면
『위서』에 그 기록이 나온다.

① (昭皇帝 拓跋祿官) 13년(307) 소황제(昭皇帝)가 붕어하였다. 도하(徒何)의 대선우(大單
于) 모용외(慕容廆)가 사신을 보내 조공하였다.[323]

② 황시(皇始) 2년(397) ……병주수장(幷州守將) 봉진(封眞)이 자신의 종족과 도하(徒何)
를 이끌고 반란을 일으켜 자사(刺史) 원정(元延)을 공격하려 했는데 (원)정이 쳐서 평정하
였다.[324]

①에서 도하(徒何)는 모용외가 대선우로 있는 곳이라는 것을 알 수가 있다. 모
용외(慕容廆, 269~333)는 선비족 모용부(慕容部)의 수장으로 훗날 전연(前燕)을 세
운 모용황(慕容皝)의 아버지다. 모용외는 289년에 서진에 복속되어 선비도독(鮮
卑都督)이 되었는데 우문부, 단부(段部)의 침입을 피해 본거지를 옮긴 것이 바로
도하(徒河)의 청산(靑山)이다. 307년 도하의 대선우(大單于, 선비족 수장을 뜻한다)
라고 하는 것은 바로 모용외가 머물렀던 지역을 말한다. ②는 397년 도하가 봉진
의 반란에 참가하였다가 북위의 자사 원정에게 패한 기사다.

그리고 다음 해인 398년 1월에 북위에 패한 도하의 백성들이 태행산 6주의 백
성들과 함께 서울로 옮겨갔다는 기사는 자연스럽고 사리에 맞다. 그러나 계속 싸
우고 있는 연나라를 건너 동쪽에 있는, 아직 한 번도 접촉이 없었던 고구리(高句
麗) 백성들을 함께 옮겼다는 것은 앞뒤가 맞지 않는다.

---

323) 『魏書』卷1,「序紀」第1, 十三年, 昭帝崩. 徒何大單于慕容廆遣使朝貢.
324) 『魏書』卷2,「太祖紀」2: 皇始 二年(397) … 幷州守將封眞率其種族與徒何爲逆, 將攻刺史元延, 延討平之.

넷째, 똑같은 기사가 여러 사서에서 다르게 전해지고 있다.

① 『위서』(6세기 중) : (太行)산 6주의 백성과 관리 및 도하(徒何)·고리(高麗) 같은 여러 오랑캐 36만(三十六萬)과 갖가지 기술자·연예인 10만 명을 옮겨 서울을 채웠다.

② 『북사』(7세기 중) : (太行)산 6주의 백성과 관리 및 도하(徒何)·고리(高麗) 같은 여러 오랑캐, 36서(三十六署)의 갖가지 기술자·연예인 10만 명을 옮겨 서울을 채웠다.[325]

③ 『자치통감(資治通鑑)』(11세기 초) : (太行)산 6주의 백성과 관리와 여러 오랑캐 10만 남짓을 옮겨 꽉 채웠다.[326]

먼저 ②에 나온 『북사』의 기록을 보면, 『위서』의 36만(三十六萬)이 36서(三十六署)라고 되어 있다. 만일 위서의 기록대로 6주의 주민과 오랑캐가 36만, 장인들이 10만이라면 모두 46만 명이 이사를 했다는 것인데, 당시 초기 북위시대의 상황으로서는 너무 지나친 숫자이다. 그래서 북사에서는 36만(三十六萬)을 36서(三十六署)라고 기록해서 전체 옮긴 숫자가 10만 명으로 26만 명이 줄어든다. 서(署)란 뒤에 이어지는 기술자·연예인들이 소속된 기구다. 그리고 ③의 『자치통감』 아예 도하(徒何)·고리(高麗)가 빠져 있다.

흔히 『위서(魏書)』는 북제(北齊, 550~577)의 위수(魏收)가 북위의 역사를 기전체(紀傳體)로 서술한 사서라고 알려져 있다. 그러나 위수(魏收)가 편찬한 『위서(魏書)』는 송(宋, 960~1279) 초기에 이미 30권쯤 없어져 완전하지 못한 상태였다. 인종(仁宗, 1023~1063) 때 유서(劉恕) 등이 위담(魏澹)의 『위서』와 당(唐)의 이연수

---

325) 『北史』 卷1: 徙山東六州民吏及徒何·高麗雜夷·三十六署百工伎巧十萬餘口, 以充京師.
326) 『通鑑』 卷110: 徙山東六州吏民·雜夷十餘萬口以實代.

(李延壽)가 편찬한 『북사(北史)』등을 바탕으로 빠진 부분을 채웠다. 새로 교정된 『위서』도 1127년 개봉(開封)이 금나라에게 함락될 때 훼손되었지만, 남송(南宋)의 고종(1127~1162) 때인 12세기에 다시 간행되었다. 이것을 '송촉대자본(宋蜀大字本)'이라고 하는데, 오늘날 전해지는 『위서(魏書)』는 이를 기초로 한다. 그렇기 때문에 이 '송촉대자본'을 기준으로 한다면 앞에서 본 3가지 자료보다 가장 늦게 편찬된 사서라고 할 수 있고, 이 『위서』는 북위시대의 1차 자료보다는 후대의 자료가 많이 들어갔다고 보아야 한다.

그런 면에서 이 기사의 신빙성은 많이 떨어지고, 이 기사 하나로 고구리(高句麗)가 398년 이전에 나라이름을 고리(高麗)라고 바꾸었다고 단정하기 어려운 것이다.

여기서 한 가지 짚고 넘어가야 할 것이 있다. 바로 『위서』의 본기와는 달리 열전 고구리전(高句麗傳)에서는 제목부터 고구리(高句麗)를 쓰고 본문도 모두 고구리(高句麗)를 썼다는 것인데, 바로 이 사실만으로 이전복은 520년까지는 고리(高麗)를 쓰지 않았다는 논리를 내세우고 있다. 그러나 공식 기록인 본기에서는 단한 번의 고구리(高句驪)도 나오지 않는다. 이 경우 당연히 공식 기록인 본서를 위주로 분석해야 한다. 실제로 열전은 그 사이 바뀐 나라이름에 주의를 기울이지 않고 앞선 사서를 베끼거나 사관(史官)의 주관적인 용어선택이 많기 때문이다.

4. 장수왕의 치세와 나라이름 변경

앞에서 여러 사서를 분석한 결과 423년(장수왕 11년)쯤 나라이름을 고구리(高句麗)에서 고리(高麗)로 바꾸었다는 사실을 보았다. 그러나 장수왕 즉위 11년에야 나라이름을 새로 바꾸었다는 것은 논리적으로 타당하지 않다. 423년은 고구리(高句麗)가 고리(高麗)라는 이름으로 공식 외교문서에 썼다는 기록이고, 나라이름을 바꾼 시기는 이미 그 이전이었음을 쉽게 유추할 수 있다. 그리고 그렇게 큰 정책은 새로운 왕이 즉위하면서 동시에 실시했을 가능성이 크다. 여기서는 장수왕의 즉위(413)와 함께 펼친 새로운 정책을 검토하면서 좀 더 정확한 국호 개정 동기와 연도를 추적해 보기로 한다.

1) 고구리의 새 위상을 다진 광개토태왕(391~413)의 치세(永樂之治)

413년에 장수왕이 즉위할 때는 이미 선왕 광개토태왕이 국력을 탄탄하게 다져놓은 시기이다. 광개토태왕의 치적은 장수왕 2년 세운 태왕비에서 그대로 드러난다.

중국사에서 '문경의 치(文景之治)'란 말이 있다. 여기서 '치(治)'란 우리가 흔히 말하는 치세(治世)를 말하는 것으로, ① 잘 다스려 태평한 세상, ② 세상을 잘 다스림이란 뜻이고 난세(亂世)의 반대말이다. 문경의 치란 서한(西漢)의 문제(文帝)와 경제(景帝)가 통치하던 시기의 치세(治世)를 가리킨다. 한나라 초에 전란으로 사회경제가 피폐하였을 때 대외적으로 전쟁을 막고, 대내적으로 백성들이 풍요롭게 잘 살 수 있도록 잘 다스리는 것을 말한다.

그런데 한나라 문제와 경제 때는 오랑캐 취급을 하던 흉노에게 가장 많이 조공했고, 가장 많은 옹주를 시집보냈다. 이처럼 치욕적인 저자세 외교를 했지만 두 황제를 최고의 성세로 보는 것은 무슨 까닭인가? 바로 두 황제가 왕도에 따라 백성을 위해 나라를 다스렸고, 그런 치욕적인 외교를 통해서라도 국가의 안녕을 지키고 나라를 부강하게 했기 때문이다.

사진 16 광개토태왕비. 1998년 7월 발해건국 1300주년 기념 고구리·발해 학술답사 때 찍음(사진 속 인물은 김진해 님).

글쓴이는 고구리 역사에서 광개토태왕 때와 장수왕 때를 이런 성세(盛世)라고 본다.

첫째, 광개토경평안호태왕(廣開土境平安好太王)은 빼앗겼던 영토를 모두 회복하여 통일을 이룩하였다. 동진과 5호16국 시대 말 391년 광개토태왕이 즉위하여 그동안 서녘 세력들의 강약에 따라 일진일퇴를 반복하던 요동을 비롯한 사방 영토을 통일하는 대업을 이루었다.

광개토태왕비에 보면 당시 고구리(高句麗)는 '천제의 아들(天帝之者)'이라 하고 '영락(永樂)'이라는 연호까지 사용하였다. 이는 주로 중국 사서들의 기록과 그 영향을 받은 사서에 기록된 사서의 내용과는 크게 차이가 난다. 다른 나라에 신속(臣屬)된 지방정권이 스스로를 '천제의 아들(天帝之者)'라 하고 '영락(永樂)' 같은

〈표 44〉 광개토태왕 대외관계 일람

	광개토태왕	기사 내용
1	영락 1년(391)	7월, 백제 정벌, 10성 함락 9월 거란 정벌, 500명 포로, 본국 백성 1만 명 귀환 백제 관미성 함락 [태왕비] 백제와 왜 격파
2	영락 2년(392)	백제 남쪽 변경 침략, 평양에 9개 절 창건
3	영락 3년(393)	7월 백제 침략. 8월, 7성 쌓아 백제 침공 대비
4	영락 4년(394)	패수에서 백제와 싸워 승리
5	영락 5년(395)	[태왕비] 패려(稗麗) 정벌
6	영락 6년(396)	[태왕비] 백제 정벌, 백제 항복
7	영락 8년(398)	[태왕비] 숙신 정벌
8	영락 9년(399)	후연에 조공. 후연 침입 2성 함락. [태왕비] 신라를 침입한 왜구(倭寇) 정벌
9	영락 10년(400)	[태왕비] 신라 구원, 왜구 궤멸.
10	영락 11년(401)	후연 숙군성 점령
11	영락 13년(403)	후연 침입했으나 실패
12	영락 14년(404)	[태왕비] 대방 침입한 왜구 격멸
13	영락 15년(405)	후연 침입했으나 실패
14	영락 17년(407)	[태왕비] 후연 정벌. 후연 멸망, 북연 설립 북연(北燕)에 종족의 정을 베풀자 고운이 답례
15	영락 20년(410)	[태왕비] 동부여 정벌

▶ 『삼국사기』와 「광개토태왕비문」을 바탕으로 작성함.

연호를 쓸 수 없기 때문이다. 〈표 44〉에서 보듯이 고구리 사람들이 직접 세운 비에는 사서에 없는 엄청나게 많은 공적들이 나와 있다. 만일 고구리 사람들이 쓴 역사책이 남아 있다면 고구리의 위상은 완전히 달라질 것이다.

태왕비에 보면 주변국에서 공물을 받는 사실도 기록되어 있다.

① 백잔·신라는 예부터 (고구려의) 속민인데 아직 조공을 바치지 않았고, 그리고 왜(倭)는 신묘년(391)부터 무엄하게 건너왔기 때문에 왕께서 백잔(百殘=백제)과 왜는 공파하고 신라는 신민으로 삼았다.[327]

② (영락) 8년(398) 무술에 교지를 내려 군대 일부를 파견하여 백신(帛愼)의 토곡(土谷)을 순시케 하였는데 그 편에 바로 막△라성 가태라곡의 남녀 300여 명을 잡아오니, 이때부터 조공을 바치고 섬겼다.[328]

③ (영락) 10년(400) 경자에, 보병과 기병 5만 명을 보내 신라를 구원하였다. 남거성으로부터 신라성에 이르니 왜△가 그 안에 있었는데 관군이 곧 이르자 왜적이 물러났다. △△△△△△△△ 뒤에서 급히 추격하여 임나가라에 이르러 성을 쳐 빼앗아 탈환하였다. 안라인(신라인) 수병(戍兵)이 신라성과 △성에서 왜구를 궤멸시켰다. ……옛날에는 신라 임금이 스스로 와서 △△한 적은 없었는데 국강상광개토경호태왕에게 △△신라 임금이 △△△△ 조공하였다.[329]

④ (영락)20년(410) 경술 동부여는 옛날 추모왕의 속민이었는데 중간에 배반하여 조공을

---

327) [1994年 高句麗研究會 釋文 廣開土太王碑文]. 百殘·新羅, 舊是屬民, 由未朝貢, 而倭以辛卯年, 來渡. 王破, 百殘△△△羅, 以爲臣民.

328) [1994年 高句麗研究會 釋文 廣開土太王碑文]. 八年戊戌 敎遣偏師 觀帛愼土谷 因便抄得莫△羅城 加太羅谷 男女三百餘人 自此以來 朝貢服事.

329) [1994年 高句麗研究會 釋文 廣開土太王碑文] 十年庚子 敎遣步騎五萬往救新羅 從男居城至新羅城 倭△其中 官軍方至 倭賊退 △△△△△△△△來背急追至任那加羅從拔城 城卽歸服 安羅人戍兵 拔新羅城△城 倭寇大潰 … 昔新羅寐錦 未有身來論事△ 國岡上廣開土境好太王△△新羅寐錦△△僕勾△△△△朝貢.

사진 17 광개토태왕비 실물 정밀 촬영(2006. 8. 15). '태왕(太王)'이라는 글자가 선명하다.

광개토왕이 아니라 광개토태왕이다.

* 고구려 19대 왕. 22년(391 ~ 412년) 동안 통치
  「호태왕(好太王)」 (일본, 중국 학자)
  「광개토왕(廣開土王)」 (한국, 일본 학자)
  「광개토대왕(廣開土大王)」 (한국 학자)

* 광개토태왕비 : 「국강상광개토경평안호태왕」
              (國岡上廣開土境平安好太王)

  「국강상」 = 태왕릉이 있는 땅이름
  「광개토경(廣開土境)」 = 영토를 많이 넓혔다.
  「평안」 = 백성을 평안하게 하였다.
  「(호)태왕)」 = 부르는 호칭

* 태왕릉에서 발견된 벽돌 - 「태왕」 이라고 기록
  「태왕릉」 이 산처럼 안전하고 단단하소서
  (願太王陵安如山固如岳)

* 중원고구려비 - 「태왕」 이라고 기록하고 있다.
* 따라서 「광개토태왕」 이라고 불러야 한다.
  고구려 - 태왕 (신라를 키운 진흥왕도
              「진흥태왕」 이라고 불렀다)

          중국 - 황제
          일본 - 천황

* 고구려의 독자적 천하관
    - 「태왕」 칭호, 연호(年號) 사용,
    하늘에 제사(천제)

중원고구려비 탁본　　태왕릉이라고　광개토태왕비
　　　　　　　　　　새겨진 벽돌　　탁본

사진 18 「태왕」에 관한 유적과 유물. 2004년 3월, 고구려연구회 창립 10주년 세계유산 고구리 특별전 판넬.

바치지 않으므로 왕께서 몸소 군대를 이끌고 가 토벌하셨다.[330]

이것은 서북녘에서는 황제 국가였다면 동녘에서 광개토태왕 시대는 태왕(太王)의 국가임을 보여주는 증거이다. 만일 광개토태왕비처럼 옛날『고기(古記)』나『유기(留記)』같은 역사서가 남아 있다면 고구리(高句麗)역사는 완전히 다시 쓰여져야 하겠지만, 아쉽게도 지금은 25사처럼 다른 나라 역사책에 많이 의존하고 있으므로 큰 한계를 가질 수밖에 없다.

둘째, 영토만 회복한 게 아니고 국내에서 백성들도 풍성하게 하였다.

위에서 광개토태왕은 군권을 강화하여 주변 영토를 통일하고 변경을 안정시켜 큰 공을 세웠다는 것을 보았다. 태왕의 시호 국강상광개토경평안호태왕(國岡上廣開土境平安好太王)을 보면 국강상＋광개토경(廣開土境)＋평안＋호태왕으로 나눌 수 있다. 국강상은 능을 만든 지역 이름이고, 광개토경은 영토를 넓혔다는 뜻이고, 평안은 백성들의 삶을 평안하게 했다는 뜻이며, 호태왕은 천제의 아들이고 연호를 쓸 수 있는 왕 중의 왕이라는 뜻이다. 비문에 보면 광개토태왕의 성덕을 이렇게 기록하고 있다.

> 열여덟 살(391년)에 왕위에 올라 연호를 영락(永樂)이라 했다. 태왕(太王)의 은택은 하늘에 두루 미쳤으며, 위무(威武)는 온 세상에 떨쳤도다. (태왕이) △△을 쓸어 없애 백성들이 편안하게 생업에 종사케 하시니 나라가 부강하고 민호(民戶)가 불어나며 오곡이 풍성하게 익었다.[331]

---

330) [1994年 高句麗研究會 釋文 廣開土太王碑文] 廿年庚戌, 東夫餘舊是雛牟王屬民 中叛不貢 王躬率往討.

331) [1994年 高句麗研究會 釋文 廣開土太王碑文] 二九登祚, 号爲永樂. 太王 恩澤△于皇天, 威武振被四海, 掃除△△, 庶寧其業, 國富民殷, 五穀豊熟.

　외세 침략을 없애고, 온 나라 백성들이 걱정 없이 생업에 종사할 수 있도록 하였고, 그렇게 되면 오곡이 풍성하게 익어 생산량이 늘어나고, 인구가 늘어나 나라가 부강하게 되었다는 내용이다.

　백성들의 정신적 안정을 위해 평양에 절을 지은 것도 특기할 만한 일이다. 『삼국사기』에 보면, 왕으로 즉위한 바로 다음 해인 392년 평양에 절 9개를 창건하였다.[332] 17대 소수림왕이 불교를 받아들이고, 18대 고국양왕이 불교를 국교로 만들어 선포하였다면 19대 광개토태왕은 앞으로 수도가 될 평양에 불교를 정착시킨 것으로, 고구리 불교는 이 3대 왕이 발전시킨 것이다. 이는 백성들에게 신앙을 통해 정신적 안정을 주었던 사례라고 할 수 있다.

　광개토태왕은 정복 왕으로 알려져 있지만 이처럼 백성을 위한 정책도 훌륭하

---

332) 『삼국사기』 권17, 「고구려본기」 제6. 광개토왕 2년. 創九寺於平壤.

게 수립한 왕이었다. 한편 앞에서 보았듯이 주변국을 점령해도 조공을 바치도록 하고 군사를 돌려왔으며, 신라가 왜구에게 무너지기 직전에 가서 구원하였고, 백제 왕이 항복하였으나 죽이거나 백제를 빼앗지 않고 용서하는 데서 그가 성왕으로 칭송받는 면모들 확인할 수 있다.

이상에서 본 광개토태왕의 여러 치적을 볼 때 '광개토태왕의 치세(廣開土太王之治)' 또는 '영락치세(永樂之治)'라고 기릴 수 있다.

2) 장수왕은 즉위하며(413년) 태왕(太王) 칭호와 연호(年號)를 썼다.

광개토태왕의 맏아들로, 412년 10월에 즉위한 장수왕은 위와 같은 선왕의 치적을 바탕으로 새로운 시대를 여는 데 적극적으로 노력하였다. 지금까지 선왕이 통일한 옛 고구리(高句麗)와 옛 조선(古朝鮮)의 영토를 온전히 지키며 백성들을 부유하게 하려는 강한 의지에서 나온 정치였다.

　장수왕은 즉위하면서부터 뚜렷한 국가전략을 세우고 출발하여 치밀한 외교력을 바탕으로 나라를 훌륭하게 다스렸다. 그러한 장수왕의 면모를 보기로 한다.

　선왕의 뒤를 이은 장수왕은 '천제의 아들(天帝之子)'이란 천하관을 더욱 단단히 하였다. 지금까지 어떤 사서에도 광개토태왕과 장수왕이 태왕이란 칭호를 쓰고 연호를 썼다는 기록은 없다. 그러나 19세기 광개토태왕비가 발견되면서 사서의 기록이 지닌 한계를 뛰어넘어 엄청나게 다른 역사 기록을 보여 주었다. 그 비를 세운 왕이 바로 장수왕이다. 그런데 장수왕 자신의 비가 발견되지 않았기 때문에 현재 남은 사서의 기록에는 장수왕이 태왕 칭호와 연호를 썼다는 기록이 남아 있지 않다. 그러나 발굴된 여러 유물을 통해서 장수왕 이후에도 이런 태왕 칭호와 연호가 계속 사용되었다는 사실이 밝혀지고 있다.

　먼저 연호 문제를 보자. 광개토태왕 연호가 사서 기록에는 없었으나 19세기에 발견된 태왕비에 의해 영락이 확인된 것처럼 장수왕 이후의 연호도 20세기 이후 고고학의 발굴에 따라 밝혀지고 있다. 〈표 45〉는 많은 논의를 거쳐 고구리(高句麗) 연호라고 밝혀진 연가(延嘉), 연수(延壽), 영강(永康), 경(景), 건흥(建興) 같은 연호의 연구결과를 정리한 것이다.

　이 결과를 왕대별로 보면 장수왕 대뿐 아니라 영양왕 대까지도 이어져 왔다는 것을 알 수 있다.

- 고국양왕 연호 : 연수(延壽, 고국양왕 말년, 391)
- 장수왕 연호 : 연가(延嘉, 장수왕 7년, 419), 연수(延壽, 장수왕 39년, 451),
　　　　　　　연가(延嘉, 장수왕 67년, 479), 영강(永康, 장수왕 77년, 489)
- 문자왕 연호 : 경(景, 문자왕 21년, 511)

〈표 45〉 유물에 새겨진 고구리(高句麗) 연호

연호	간지	발굴지	소장	연도	연구자
延嘉 7년金銅如來立像	己未	慶南 宜寧郡	국립중앙박물관	419(장수왕 7)	이호영, 김영태
				479(장수왕 67)	손영종, 정운용
				539(안원왕 9)	김원용, 정영호, 문명대
				599(영양왕 10)	황수영
延壽원년銀盒	辛卯	慶州 路西洞 瑞鳳家	국립중앙박물관	391(고국양왕 말)	최병헌
				451(장수왕 39)	손영종, 김창호, 정운용
永康 7년金銅光背	辛未	平壤 平川里	조선중앙력사박물관	489(장수왕 77)	정운용
				551(양원왕 7)	도유호, 손영종
景4년金銅三尊佛	辛卯	黃海道 谷山郡	호암미술관	511(문자왕 21)	손영종, 정운용 문명대, 양은경
				571(평원왕 13)	
建興5년金銅光背	丙辰	中原郡 老隱面	국립청주박물관	536(안원왕 6)	손영종, 황수영, 문명대, 정운용
				592(영양왕 3)	문명대

- 안원왕 연호 : 건흥(建興, 안원왕 6년, 536)

  연가(延嘉, 안원왕 9년, 539)

- 양원왕 연호 : 영강(永康, 양원왕 7, 551)

- 평원왕 연호 : 경(景, 평원왕 13, 571)

- 영양왕 연호 : 건흥(建興, 영양왕 3년(592)

  연가(延嘉, 영양왕 10년, 599)

이 같은 연구결과는 모두 불상의 광배와 은합에서 나온 것으로, 왕의 이름이 나오지 않아 어려움이 있지만(당시는 모두 아는 사실이라 연호만 쓰고 왕의 이름을 새길 필요 없었을 것이다), 장수왕 이후에도 연호를 썼다는 것을 강력하게 뒷받침해 주는 자료라고 할 수 있다.

■ 영강(永康) 7년이 새겨진 금동 광배

■ 경(景) 4년이 새겨진 금동 삼존불 입상(景四年銘金銅三尊佛立像)

■ 건흥(建興) 5년이 새겨진 금동 광배(光背)

태왕이라는 칭호도 연수(延壽) 원년이 새겨진 은합³³³⁾에 뚜렷하게 나온다.

■ 합(盒)의 겉 바닥(外底) : 延壽元年太歲在辛 / 三月中太王敬造合杅 / 用三斤
■ 합(盒) 뚜껑 안쪽(內部) : 延壽元年太歲在卯三月中 / 太王敬造合杅 用三斤六兩

또한 앞에서 보았듯이 충주고리비(中原高麗碑)에서도 '태왕(太王)'이란 글자가 뚜렷하게 나온다.

■ 五月中高麗太王祖王公△ …… 太王國土 ……

이렇게 보았을 때 장수왕은 선왕인 광개토태왕의 공적비에서 태왕과 연호를 기록한 것과 마찬가지로 본인도 즉위하자마자 태왕과 연호를 썼다고 볼 수 있다.

3) 장수왕은 즉위하며(413년) 평양 천도를 추진하였다.

장수왕은 즉위 15년에 고구리 수도를 국내성에서 평양으로 옮겼다.[334] 수도를 평양으로 옮긴 이유는 다른 나라의 침략 같은 외부요인 때문이 아니다. 국가발전의 기반을 바탕으로 준비해 둔 새로운 국가운영을 위해 계획적으로 실시한 선택이었다. 즉위한 지 15년이 지나서 실행한 천도는 그만큼 즉위할 때부터 이미 준비된 과정이 필요했다. 장수왕은 궁궐을 짓고 방어체계를 갖추기 위한 산성을 쌓는 등 적어도 15년의 준비를 마친 뒤에 전격 천도를 실행한 것이다.

미천왕 3년(302)에 3만 군사로 현도군을 쳐서 8,000명을 붙잡아 평양으로 옮겼다.[335] 이때 이미 고구리가 남녘 경영에 힘을 쏟기 시작했다는 말이다. 다음 왕인 고국원왕 4년(334)에 평양성을 늘려 쌓았다[336]는 기록을 보면, 평양성은 그 이전

---

333) 연수명은합(延壽銘銀盒) : 국립중앙박물관 소장, 소장번호 본관 14357. 입지름 17.8cm, 높이 15.6cm. 1926년 경주 서봉총(瑞鳳塚)에서 발굴된 은합(銀盒)에 새겨진 명문 속에 있다. 명문은 유물의 안쪽과 바깥쪽에 각기 새겨져 있는데, 연수(延壽) 원년이 간지로 신묘(辛卯)임을 밝히고 있다.

334) 『삼국사기』 권18, 「고구리본기」 제6. 十五年, 移都平壤.

335) 『삼국사기』 권17, 「고구리본기」 제5. 三年 秋九月, 王率兵三萬 侵玄菟郡 虜獲八千人 移之平壤.

에 이미 만들어졌으며, 이때 평양의 역할 또한 더 커졌다는 것을 알 수 있다. 그리고 고국원왕 12년(342) 전연 모용황 침입으로 수도가 유린당한 다음 해인 434년, 왕이 평양 동쪽 황성에서 거처하였다는 기록도 나온다.[337]

그 뒤 백제와의 싸움에서 평양성의 중요성은 한층 더 커졌다고 할 수 있다. 고국원왕이 평양성에서 백제와 싸우다가 화살에 맞아 죽었다(371)는 기록을 보더라도 평양성은 남쪽 방어의 최전방이었다.[338] 백제와 많은 전쟁을 치르는 동안 소수림왕 7년(377)에는 백제가 평양성까지 쳐들어왔다.[339]

광개토태왕 2년(392)에 평양에 절을 9개 세웠었다는 기록이 있는데[340], 이는 백제와의 전쟁에 지친 백성들에게 종교적 구원을 통해 안정을 되찾게 해 주려는 목적이었다. 372년 진(秦)에서 불교가 처음으로 들어온 뒤, 391년 교서를 내려 '불교를 믿어 복을 구하게 했고' 다음 해인 392년에 곧바로 절을 지은 것은 그런 국가적 목적을 실천한 증거라 할 수 있다. 한편 절을 9곳이나 지었다는 것은 그만큼 평양 인구가 많아졌고 이미 중요한 거점으로 성장했기 때문이었다. 광개토태왕 말년인 408년에는 나라 동쪽에 독산을 비롯한 여섯 성을 쌓고 평양의 민호를 옮긴 뒤 왕이 남쪽을 순행하였다[341]고 했는데, 새로 쌓은 6성을 순행하였다고 볼 수 있으며, 그 경우 6성은 나라 동쪽이 아니고 남쪽이 되어야 할 것이다.[342]

---

336) 『삼국사기』 권17, 「고구리본기」 제5. 四年 秋八月 增築平壤城

337) 『삼국사기』 권17, 「고구리본기」 제5. (十三年) 秋七月, 移居平壤東黃城 城在今西京東木覓山中.

338) 『삼국사기』 권17, 「고구리본기」 제5. 四十一年 冬十月, 百濟王帥 兵三萬 來攻平壤城, 王出師拒之, 爲流矢所中, 是月二十三日 薨.

339) 『삼국사기』 권17, 「고구리본기」 제6. 七年 冬十月, 無雪 雷. 民疫. 百濟將兵三萬 來侵平壤城.

340) 『삼국사기』 권17, 「고구리본기」 제6. 二年 秋八月, 百濟侵南邊 命將拒之. 創九寺於平壤

341) 『삼국사기』 권17, 「고구리본기」 제6. 十八年 夏四月, 立王子巨連 爲太子. 秋七月, 築國東禿山等六城, 移平壤民戶. 八月 王南巡.

342) 독산성은 「신라본기」 나물이사금 18년조와 「백제본기」 온조왕 11년조에도 나오는 것을 보면 3국이 서로 다투는 지점이라고 볼 수 있고, 이 경우 동쪽보다는 남쪽이 된다고 볼 수 있다.

이때 이미 평양은 남쪽의 거점을 만들어갈 때 고구리 백성들을 옮기는 본거지 노릇을 하고 있었다는 것을 알 수 있다. 이처럼 평양의 역할이 커지면서 장수왕이 즉위할 때는 수도를 평양으로 옮기는 작업을 시작했고, 15년 동안 안악궁을 비롯한 궁전을 지은 뒤 수도를 옮겼다고 본다.

장수왕이 수도를 평양으로 옮기게 된 동기는 이미 나라 안팎에서 많은 학자들의 연구결과가 발표되었다.

일찍이 박성봉은 고구리의 남진정책과 남방경영에 대해서 꾸준히 논문과 저서를 발표하였다.[343] 광개토태왕 이후 남쪽 영토를 넓혀가는 과정에서 그에 알맞은 천도가 필요했다는 것이다. 서영대의 중앙집권과 왕권의 강화를 위한 천도라는 설도 많이 인용된 논리다.[344]

경제적인 원인 때문에 천도했다는 설은 학자들 대부분 동의하는 설이다.[345] 산간지대였던 국내성에 비해 평야지대고 수륙교통이 편리하며 물산이 풍부한 평양을 택했다는 것이다.[346] 아울러 교통의 요지이고 군사적으로 유리한 위치라는 점도 평양 천도의 중요한 요인으로 꼽힌다. 한편 평양에서 나온 『조선전사』에서는 "삼국통일의 원대한 구상을 실현하기 위해서"라고 강조하였다.[347]

결과적으로 수도를 국내성에서 평양으로 옮긴 것도 아주 탁월한 선택이었다. 만약 계속해서 압록강 변에 남아 있었고 백제가 평양을 차지했다고 가정해 보면,

---

343) 박성봉, 「廣開土好太王期 高句麗 南進의 性格」, 『韓國史研究』(27), 1979; 『고구려의 남진 발전과 사적 의의』, 경인문화사, 2015.

344) 徐永大, 「高句麗 平壤遷都의 動機-王權 및 中央集權的 支配體制의 强化과정과 관련하여-」, 서울대학교 한국문화연구소 『韓國文化』(2), 1981.

345) 朴圭德, 「고구려의 평양천도 배경에 관한 일고찰」, 한국외국어대학교 석사논문, 2014, 60쪽.

346) 손영종, 『고구려사』(1), 과학백과사전종합출판사, 1990, 313쪽.

347) 사회과학원 역사연구소, 『조선전사』, 과학백과사전종합출판사, 1991, 117쪽.

그림 20 안학궁 모형도(2002년 평양 고구리전, 서울)

고리(高麗)는 견디기 힘들었을 것이다. 그렇기 때문에 평양으로 서울을 옮겨 남쪽 백제와 신라의 침입을 강력히 막으면서, 노련한 외교력으로 강북을 통일하여 북녘에서 가장 막강했던 북위와도 79년 동안 단 한 번의 충돌도 없었다는 것은 장수왕의 가장 빛나는 업적이라고 할 수 있다.

4) 장수왕은 즉위하며(413년) 나라이름을 고리(高麗)로 바꾸었다.

장수왕은 즉위(413)하며 태왕 칭호와 연호를 쓰고, 평양 천도를 추진하였으며, 동시에 나라이름을 바꾸었다는 가설을 세울 수 있다.

나라이름을 바꾼 것은 당시 스스로 천자 국가를 일컫는 나라들은 주·한·위·촉·오·송처럼 모두 외자(一字) 이름을 썼고, 주변 국가들은 선비·흉노·유유·부여·신라·백제처럼 두 자 이름을 썼지만, 고구리(高句麗)처럼 세 자 이름을 쓰는 나라가 별로 없었다. 그렇기 때문에 먼저 고구리(高句麗) 3자의 뜻을 그대로 살리면서 두 자인 고리(高麗)로 줄여쓸 필요를 느꼈다고 볼 수 있다.

이 책의 머리 부분에서 추모가 고구리(高句麗)라는 나라이름을 지으면서 기존에 있었던 구리(句麗)에다가 '고(高)' 자를 붙여 만들었다는 내용을 보았다. 장수왕이 나라이름을 다시 두 글자로 바꾸려 했을 때 가장 먼저 추모가 붙인 '고(高)' 자를 떼어내고 다시 구리(句麗)로 돌아가는 방법을 생각했을 것이다.

선대인 광개토태왕 때 이미 옛 구리(句麗)는 물론 옛 조선의 땅도 거의 다 통일 하여 새로운 천하의 바탕을 마련한 상황에서 이제는 굳이 '크다(高)'는 형용사를 붙이지 않아도 된다는 자긍심에서 나왔다고 볼 수 있다. 이는 대한민국(大韓民國)을 그냥 한국(韓國)이라 하고, 대일본(大日本)보다는 일본(日本)이라고 쓰는 것 과 같은 상황이라고 할 수 있다.

그래서 먼저 고구리(高句麗)에서 '고(高)'를 빼고 '구리(句麗)'로 줄인 뒤, '구(句)' 자를 뜻이 더 좋은 '고(高)' 자로 바꾸었다고 보아야 한다. 이처럼 두 글자를 바꾸는 선택은 아주 쉬웠으리라고 본다. 한문 글자만 달랐지 句麗나 高麗나 소릿 값은 똑같이 '고리'였을 가능성도 크기 때문이다. 이하 '구리(句麗)＝고리'로 소리 냈을 가능성에 대해서 보기로 한다.

우리말에서 /오/와 /우/ 소릿값은 거의 같다. 홀소리(母音)의 소릿값(音價)은 주로 입술 모양과 혀의 위치에 따라 결정된다.[348] 먼저 입술모양을 보자.

홑홀소리(單母音) /i/(이), /e/(에), /e/(에), /a/(아), /o/(오), /u/(우), /ʌ/(어), /ɯ/(으)의 8개 낱소리(音素) 가운데, /o/와 /u/는 둥근홀소리(圓脣母音)고 나머지 6개는 모두 안둥근홀소리(平脣母音)다. 그러므로 /o/와 /u/만 소리 낼 때 입술 모양이 같기 때문에 입술만으로 구분하기 쉽지 않다는 것을 알 수 있다.

그다음 혀의 위치를 보기로 한다.

표에서 보면 /o/와 /u/는 같은 뒤홀소리(喉舌母音)이고, 다만 /o/는 반연홀소리

---

348) 『한국민족문화대백과사전』, 「음성」을 바탕으로 간추려 설명하며 이해를 돕기 위해 용어를 순수한 우리 말로 바꾸고 한자말은 괄호 안에 넣었다. http://encykorea.aks.ac.kr/Contents/Item/E0043000

닫은홀소리 (閉母音)	앞홀소리 (前舌母音)	가운데홀소리 (中舌母音)	뒤홀소리 (後舌母音)
반닫은홀소리 (半閉母音)	/i/(이)		/ɯ/(으), /u/(우)
반연홀소리 (半開母音)	/e/(에)		/o/(오)
연홀소리 (開母音)	/e/(에)	/a/(아)	/ʌ/(어)

(半開母音)이고 /u/는 반닫은홀소리(半閉母音)이라는 차이만 난다.

① 반연홀소리(半開母音) : 혓바닥과 입천장의 거리가 반쯤 열리는 점에서 '반낮은홀소리(半底母音)'를 일컫는 말.

② 반닫은홀소리(半閉母音) : 혓바닥과 입천장의 거리가 조금 떨어져 공깃길이 약간 열리는 점에서 '반높은홀소리(半高母音)'를 일컫는 말.

혓바닥과 입천장 거리가 얼마나 열리고 닫히는 차이와 그때 내는 소리가 낮은 소리인지 높은 소리인지 그 차이인데, 음성학적인 설명이지만 실제 비전문가가 들어서 구분기는 쉽지 않다. 다시 말해 /o/와 /u/의 소릿값은 모음 8개 가운데 가장 가까운 소리고 가장 구별하기 어려운 소리라는 결론이 나온다.[349]

지금까지 우리가 본 구리(句麗)·구리(句驪)·구리(駒麗)는 고리(槀離)·고리(櫜離)·고리(膏離)·고리(高離)와 같이 그 소릿값이 모두 '고리'였을 가능성이 크다. '고리'는 본디 한자가 아니고 순수한 고리나라의 말이었는데, 그것을 듣고 기록한 서녘 나라의 사람들이 발음과 비슷한 글자를 나름대로 썼기 때문에 이렇게 수

---

349) 고대 튀르크 "룬" 문자에는 o/u를 위하여 한 개의 글자만 있었다. 다시 말해서 한 개의 글자를 /ㅐ/라고도 읽고 /ㅕ/라고도 읽는 것이다(Talat Tekin 지음, 이용성 옮김 『돌궐비문연구』, 제이앤씨, 2008, 57쪽.

많은 이름들이 나왔다고 볼 수 있다. 결국 위의 7가지는 한자는 다르지만 소릿값은 모두 '고리'라고 볼 수 있기 때문에 장수왕이 나라이름을 바꾸어도 나라 안에서는 혼란이 없었을 것이라고 본다.

결론적으로 장수왕은 먼저 고구리(高句麗)에서 '고(高)'를 빼고 '구리(句麗)'로 줄인 뒤, '구(句)'를 뜻이 더 좋은 '고(高)' 자로 바꾸어이름을 '고리(高麗)'로 확정지었다고 본다. 이렇게 해서 부여의 선조 나라인 고리(高離)의 뒤를 잇는다는 뜻도 갖추고 아울러 고리(槀離)·고리(橐離)·고리(膏離) 같은 갖가지 나라이름을 모두 아우르는 효과를 보았다고 평가할 수 있다.

5) 나라 이름을 '고리(高麗)' 바꾼 시기에 대한 재검토

앞에서 본 바와 같이 장수왕이 나라이름을 바꾼 것은 태왕 칭호 사용, 연호 사용, 평양 천도와 함께 새로운 국가경영을 내세운 비전 있는 정책의 일환이었음을 알 수 있다. 그렇기 때문에 이러한 정책들은 408년에 태자가 되었을 때부터 밑그림을 그렸고, 즉위와 동시에 실시하였다고 볼 수 있다. 그런데 앞에서 본 바와 같이 가장 믿을 만한 기록인 25사 본기에서는 423년까지밖에 거슬러 올라갈 수가 없어 즉위한 해와 10년의 차이가 난다. 그래서 열전의 기록을 통해서 그 부분을 보강해보려고 한다.

『남사』와 『책부원귀(册府元龜)』에 다음과 같은 기록이 나온다.

① 『남사(南史)』

　진(晉) 안제(安帝) 의희(義熙) 9년(413, 장수왕 1년) 고리(高麗) 왕 고련(高璉)이 장사(長史) 고익(高翼)을 보내 표를 올리고 붉은 무늬 흰 말을 올리니 진(晉)이 (고)련을 지절사(使持

節)·도독영주제군사(都督營州諸軍事)·정동장군(征東將軍)·고리왕(高麗王)·낙랑공(樂浪公)으로 삼았다.[350]

② 『책부원귀(册府元龜)』

의희(義熙) 9년(413, 장수왕 1년), 고리나라(高麗國) 왕 고련(高璉, 高連이라고도 한다)이 장사 고익을 보내 표를 올리고 붉은 무늬 흰 말을 올리므로 (고)련을 고리왕(高麗王)·낙랑군공으로 삼았다.[351]

장수왕이 즉위하고 바로 다음 해인 413년, 동진(東晉)에 '고리(高麗)'라는 나라 이름으로 사신을 보냈다는 것이다. 즉위와 함께 나라이름을 바꾸어 국제적으로 새로운 나라이름을 안팎으로 알려 고구리의 새로운 위상을 정립하려 한 것이다.

이 두 기록은 앞에서 본 『송서』의 장수왕 11년(423) 기록보다 10년이나 앞선 내용이다. 만일 이 설을 채택하게 되면 423년설보다 한 걸음 더 나아가 장수왕이 즉위한 장수왕 1년부터 나라이름을 '고구리(高句麗)'에서 '고리(高麗)'로 바꾸었다는 말이 된다. 다시 말해 장수왕이 즉위하면서 나라이름을 바꾸고 바로 외교문서에서 고리(高麗)를 썼다는 사실이 증명되는 셈이다.

다만 이 기록을 그대로 받아들이는 데는 『진서(晉書)』의 본기 기록과 『삼국사기』의 기록이 문제가 된다. 이 두 기록에는 같은 해 모두 '고구리(高句麗)'라고 기록했기 때문이다.

---

350) 『南史』卷79, 「列傳」第69, 夷貊(下), 高句麗. 晉安帝義熙九年, 高麗王高璉遣長史高翼奉表, 獻赭白馬, 晉以璉爲使持節 都督營州諸軍事 征東將軍'高麗王'樂浪公.

351) 『册府元龜』봉책(封册) 1, 晉. 義熙九年(413, 장수왕 1년), 高麗國王高璉(一作高連)遣長史高翼奉表, 獻赭白馬, 以璉爲高麗王. 樂浪郡公.

③ 『진서(晋書)』

　의희 9년(413, 겨울 12월) 이 해 고구리(高句麗)·왜국(倭國) 및 서남 오랑캐 동두대사(銅頭
大師)가 함께 방물을 올렸다.[352]

④ 『삼국사기』

　원년(서기 413), 임금이 장사(長史) 고익(高翼)을 진(晉)나라에 보내 표문을 올리고, 붉은
무늬 흰 말을 바쳤다. 진나라의 안제(安帝)가 임금을 고구려왕(高句麗王)·낙랑군공(樂浪
郡公)으로 책봉하였다.[353]

　위에서 본 4개의 기사 중 ①, ②, ④는 같은 기사인데, 『책부원귀』(1005~1013)는
『남사』(643~659)에 나온 기사에서 책봉한 벼슬 5개 가운데 마지막 2개인 고리왕
(高麗王) 낙랑군공만 따서 기록한 것이다. 『삼국사기』(1145)는 그렇게 줄인 『책부
원귀』의 내용을 그대로 옮기면서 나라이름만 고리(高麗)에서 고구리(高句麗)로
바꾸었다는 것을 알 수 있다. 『삼국사기』는 시대도 가장 뒤떨어지고, 김부식이
인용한 자료에 나온 고리(高麗)를 의도적으로 고구리(高句麗)로 바꾸어 편찬했기
때문에 ④의 기록이 ①, ②의 진위를 밝히는 데 큰 영향을 미칠 수 없다.

　여기서 핵심은 ①과 ③에서 ①은 고리(高麗)라 했고 ③은 고구리(高句麗)라고
했다는 것. 이 부분은 정확한 이해를 위해 원문으로 다시 견주어 보기로 한다.

　① 晉安帝義熙九年, 高麗王高璉遣長史高翼奉表, 獻赭白馬, 晉以璉爲使持節·都督營州諸

---

352) 『晉書』 권10, 「帝紀」 10 (義熙九年冬十二月) 是歲 高句麗倭國及西南夷銅頭大師 並獻方物.
353) 『삼국사기』 권18, 「고구려본기」 제6, 장수왕. 元年 遣長史高翼 入晉奉表 獻赭白馬 安帝封王高句麗王樂浪
　　郡公

軍事·征東將軍·高麗王·樂浪公.

③ (義熙九年冬十二月) 是歲 高句麗倭國及西南夷銅頭大師 並獻方物.

이 두 기사는 같은 해에 특산물(方物)을 바쳤다는 부분은 일치하지만, 그 내용이 전혀 다르다는 것을 쉽게 알 수 있다. ③의 기록에서 고구리(高句麗)·왜·서남이(西南夷)가 함께 방물을 바친 기록을 보면, 방물에 관한 자료에서 나온 것으로 보인다. 그에 반해 『남사』에 나온 ①은 고리(高麗) 쪽에서 표를 올리며(奉表) 붉은 무늬 흰 말을 바쳤고(獻赭白馬), 이에 대해 진(晉)은 장수왕에게 지절사(使持節)·도독영주게군사(都督營州諸軍事)·정동장군(征東將軍)·고리왕(高麗王)·낙랑공(樂浪公)을 봉했다는 공식외교 격식을 정확히 기록하였다는 점에서 ③과는 다른 원 사료에서 인용한 것으로 보이며, 그 내용도 편찬자가 지어낼 수 없는 신빙성이 높은 사료라고 할 수 있다.

①에 대한 논의를 할 때 한 가지 다음과 같은 합리적인 의문을 제기할 수 있다.

'『남사』는 고리(高麗)가 아주 일반화되었을 때 편찬한 것이기 때문에 『삼국사기』처럼 고구리(高句麗)를 고리(高麗)로 바꾸어 기록했을 수 있다.'

이 문제를 검토하기 위해 해당 기사가 나온 『남사』「열전」 제69, 이맥(夷貊)을 보면, 서문에 "진나라가 (양자) 강을 건너간 뒤부터 바다를 건너 사신을 보내오는 고구리(高句麗)·백제가 있고. 송(宋)·제(齊) 사이에도 조공(職貢)이 늘 통했으며, 양(梁)나라가 일어나자 더욱 잦아졌다."[354]고 했고, 해당 제목도 '고구리(高句麗)전'이라고 해서 필요한 곳에서는 분명히 고구리(高句麗)를 썼기 때문에 그럴 가능

성은 없다. 또『남사』의 송(宋) 본기에 나오는 송나라 원년 장수왕을 책봉한 기사
는『송서』「본기」에 나온 기사와 똑같이 "정동장군·고구리(高句麗)왕 고련을 정
동대장군으로 올려주었다"[355]고 고구리(高句麗)를 그대로 적었다. 이것을 보면
『남사』가 사료를 인용할 때『삼국사기』처럼 무조건 고리(高麗)로 바꾸지 않고 원
사료에 충실하였음을 알 수 있다.

　③의 사료에 대하여서도 한 가지 검토해 볼 만한 사항이 있다. ③의 사료가 나
오는『진서(晉書)』본기에서 고구리(高句麗)에 관한 기사는 다음 4개다.

　　① 319년(원제 태흥 2년, 미천왕 20년) 선비 모용외(慕容廆)가 요동을 치자 동이교위(東夷
　　校尉) 평주자사 최비(崔毖)가 고구리(高句麗)로 달아났다.[356]

　　② 336년(함강 2년, 고국원왕 6년) 1월 고구리(高句麗)가 사신을 보내 토산품(方物)을 바
　　쳤다.[357]

　　③ 343(건원 원년, 고국원왕 13년) 12월 고구리(高句麗)가 사신을 보내 알현하고 (토산품
　　을)을 바쳤다.[358]

　　④ 413(의희 9년, 장수왕 원년) 12월 이 해에 고구리(高句麗)·왜국 및 서남이(西南夷)인 동두
　　대사(銅頭大師)가 함께 토산품을 바쳤다.[359]

　위의 4개 기사 가운데 ①, ②, ③은 모두 '고구리(高句麗)'라고 말 마 변(馬)을 붙

---

354)『南史』卷79,「列傳」第69, 夷貊(下). 自晉過江, 泛海來使, 有高句麗·百濟, 而宋·齊間常通職貢, 梁興又有
　　加焉.
355)『南史』卷1,「宋本紀」(上) 第一 , 永初元年 秋七月 甲辰. 征東將軍·高句麗王高璉 進號征東大將軍
356)『晉書』卷6,「帝紀」제6 元帝 太興2年. 十二月乙亥, 鮮卑慕容廆襲遼東 東夷校尉平州刺史崔毖 奔高句驪.
357)『晉書』卷7,「帝紀」제7 成帝 咸康二年. 二月庚申, 高句驪遣使貢方物.
358)『晉書』卷7,「帝紀」제7 康帝 建元元年. 十二月高句驪遣使朝獻.
359)『晉書』卷10,「帝紀」제10 安帝. 義熙九年. 冬十二月 是歲高句麗倭國及西南夷銅頭大師 並獻方物.

인 '가라말 리(驪)' 자를 썼는데, 마지막 ④에서는 '고구리(高句麗)'라고 '나라이름 리(麗)' 자를 썼다. 이것은 당시 외교관계에서 주변 나라들을 비하하기 위해 쓴 '가라말 리(驪)'를 '나라이름 리(麗)'로 바꾼 어떤 외교적 사실이 존재했을 가능성이 크다. 그리고 ①의 『남사』 기록을 바탕으로 이때 이미 동진에서는 고구리(高句驪)→고리(高麗)로 이름을 바꾸었는데, 당나라 때 『진서』를 편찬하면서 고리(高麗)→고구리(高句麗)로 잘못 썼다고 추정할 수도 있다.

이러한 검토는 자료 ①의 사료 가치를 높여주는 데 도움이 된다고 본다.

흔히 『진서』는 일찍 편찬되었고, 『남사』는 후대에 편찬되었다고 생각해 『진서』의 기록에 더 무게를 둘 수 있다. 그러나 두 사서는 거의 같은 시기에 편찬되었다.

『남사』의 편찬은 이연수(李延壽)의 아버지인 이대사(李大師, 570~628)부터 시작되었다. 이대사는 종래의 남북조시대 각 왕조의 역사 기술이 공정하지 못하고 일관성과 통일성이 부족하다고 보고, 이를 하나의 체재(體裁)로 통일하여 통사(通史)를 만들고자 했으나 뜻을 이루지 못하고 죽었다. 이연수(李延壽)는 아버지의 유지를 계승하여 643년부터 659년까지 17년 동안 남조와 북조 국가들의 사서와 기록들을 연구·정리하여 본기 12권, 열전 88권의 『북사(北史)』와 본기 10권, 열전 70권의 『남사(南史)』를 편찬하였다.(두산백과)

『진서(晉書)』는 당나라 태종(太宗)의 지시로 방현령(房玄齡) 등이 644년 편찬한 진(晉)왕조의 정사(正史)이다. 주로 장영서(臧榮緒)의 『진서(晉書)』에 의존하였고, 기타 진시대사(晉時代史)도 참고로 하여 많은 사관(史官)이 집필하였다.

이 두 사서는 거의 같은 시기에 편찬되었음을 알 수 있다. 『남사』는 뚜렷한 목표를 두고 부자가 집필하였는데, 일찍이 628년 이전에 이대사가 자료수집과 집필을 시작했으며, 그 뒤 아들이 17년 동안 집필한 사서이다. 『남사(南史)』의 집필

시작 연도가 『진서(晉書)』보다 적어도 20년 이상 빠르다. 『진서(晉書)』는 황제의 명에 따라 많은 사관들이 주로 장영서(臧榮緒)의 『진서(晉書)』와 다른 진시대사 (晉時代史)도 참고하여 단시간에 완성한 결과물이다. 그러므로 『진서(晉書)』가 관찬이고 『남사(南史)』는 개인이 집필하였지만 공정한 기술을 목적으로 쓴 『남사 (南史)』의 사료 가치는 결코 『진서(晉書)』에 뒤지지 않다.

『책부원귀(册府元龜)』도 왕흠약(王欽若)·양억(楊億) 등이 북송 때 진종(眞宗)의 칙명으로 1005~1013년 사이에 편찬되어 644년에 편찬된 『진서』보다는 시대가 많이 늦지만 역사적으로 크게 평가받는 사서다.

> 『책부원귀』와 『태평광기(太平廣記)』 『태평어람(太平御覽)』 『문원영화(文苑英華)』을 합해서 '송나라 4대 책'이라고 부르는데, 『책부원귀』의 규모는 4대서 가운데 가장 커서 다른 책들의 몇 배나 된다. 그 가운데 당·오대사 부분은 『책부원귀』의 알짜(精華)가 들어 있어 적지 않은 사료들이 이 책에만 들어 있기 때문에 정사와 겹치는 부분이라도 비교하여 잘못을 바로 잡을(校勘) 가치가 있다.[360]

『책부원귀(册府元龜)』가 비록 당·오대사에 중점을 두었지만, 편찬자들의 자세나 자료 수집의 방대함은 『남사(南史)』의 사료 가치를 뒷받침한다고 할 수 있다.

이 같은 여러 검토를 종합해 볼 때 고구리(高句麗)가 나라이름을 고리(高麗)로 바꾼 시기는 장수왕이 즉위한 원년(413)까지 올라갈 수 있고, '장수왕이 즉위하면서 나라이름을 고리(高麗)로 바꾸었다.'고 보는 것이 타당하다.

---

360) 『百度百科』, 《册府元龜》与《太平廣記》·《太平御覽》·《文苑英華》合稱 "宋四大書", 而《册府元龜》的規模, 居四大書之首, 數倍于其它各書. 其中唐·五代史事部分, 是《册府元龜》的精華所在, 不少史料爲該所書僅見, 卽使与正史重復者, 亦有校勘价値.

6) 장수왕의 치세

장수왕은 98살까지 살면서 무려 79년 동안이나 고리(高麗)를 다스렸다. 79년 동안 내치에 크게 실패한 기록은 보이지 않는다. 주로 외치에 대한 기록이 차지하고 있지만 내치를 보여주는 좋은 보기가 남아 있다.

(장수왕) 12년(424) 봄 2월, 신라에서 사신을 보내와 예방하였다. 임금이 그를 후하게 예우하였다. 가을 9월, 큰 풍년이 들자 임금이 궁중에서 여러 신하들과 함께 연회를 베풀었다.[361]

풍년이 들었을 때 신하들과 함께 기쁨을 나누고, 광개토태왕 때 신민이 된 신라 사신을 잘 예우하였다. 450년에도 신라가 변경 장수를 죽여 군사를 일으키려 했지만, 신라왕이 사죄하자 그만두었다. 백제와 자주 싸웠는데 백제가 북위와 연합하여 치려고 했을 때는 강력하게 응징하여 수도 한성을 함락시켰지만, 힘으로 백제나 신라를 지배하지 않고 공생을 도모했다. 백성들이 죽어가는 전쟁을 최소화한 것이다. 이는 민유방본(民惟邦本)으로 왕도정치를 했다는 것을 알 수 있다.

장수왕의 치세 가운데 조공외교를 통해 나라의 안녕을 지켰다는 점을 빼놓을 수 없다. 장수왕이 즉위한 뒤, 413년에 동진이 멸망하였고, 436년에는 북연이 멸망하였으며, 479년에는 남송이 멸망하였다. 그 막강했던 북위도 장수왕이 세상을 떠난 지 43년 만에 망한다. 그러나 이런 국제적인 혼란 속에서 고리(高麗)가

---

361) 『삼국사기』 권18, 「고구려본기」 제6, 장수왕. 十二年 春二月 新羅遣使修聘 王勞慰之特厚. 秋九月 大有年 王宴群臣於宮.

그림 21 장수왕 무덤. 2004년 8월 찍음.

살아남을 수 있었던 데에는 바로 국제정세를 철저히 파악하여 빈틈없이 실시한
조공외교의 성과가 컸기에 가능하였다.

『송서』 열전에 북위를 「색오랑캐전(索虜傳)」이라고 했다. 선비족 가운데 색두
(索頭)의 풍이 있는 탁발씨가 세웠다고 해서 '땋은 머리 오랑캐(索頭虜)'라고 한
것이다. 반대로『남제서』에서는 북위를 위오랑캐(魏虜), 오랑캐(虜), 가짜 조정(僞
朝)이라고 하면서 서로 자기가 중국(中國)이라고 했지만, 그들은 모두 단명하게
사라져버렸다. 고리(高麗)의 장수왕은 79년 재위하는 동안 진나라에 1회, 송나라
에 19회, 위나라에 42회, 남제에 4회, 모두 66회나 조공했지만, 조공을 받은 나라
는 다 망하고, 조공외교를 편 고리(高麗)는 나라를 유지했다. 없어진 나라들이 사

라지는 과정에서 부자간이나 형제간에 난을 일으키고, 신하가 찬탈하는 과정에서 많은 백성들이 죽어가고 국가 살림이 엉망이 되었지만, 장수왕의 치세에는 피바람이 없었고, 백성들이 편안히 생업에 종사할 수 있었다. 이런 측면에서 서한 시대를 일컫는 '문경의 치세(文景之治)'와 견주어볼 때 장수왕이야 말로 '장수왕의 치세(長壽王之治)'라고 기리고도 남을 정치를 하였다고 할 수 있다.

끝으로 앞에서 본 '광태토태왕의 치세(391~412)'와 여기서 본 '장수왕의 치세(412~491)'를 합친 100년 동안의 고구리(高句麗)를 '광장(廣長)의 치세(廣長之治)'라고 해도 전혀 지나친 말이 아니라고 본다.[362]

그리고 이러한 치세의 성과 가운데 하나가 바로 나라이름을 고구리(高句麗)에서 고리(高麗)로 바꾼 것이다.

■ 덧붙임 : 충주고리비(忠州高麗碑)가 영락 7년(397)?

이 책의 첫 번째 교정을 마칠 즈음인 2019년 11월 22일 동북아역사재단과 한국 고대사학회 주최로 「충주[363] 고구려비[364] 발견 40주년 기념 학술대회」가 동북아 역사재단 대회의실에서 열렸다. 이 대회에서 동북아역사재단 고광희 박사가 「충주 고구려비 석문 재검토」라는 논문 발표하면서 충주 고리비(高麗碑)에서 영락 7년 비석의 머리 부분에 가로로 「영락칠년세재정유(永樂七年歲在丁酉)」라는 글

---

362) 자세한 내용은 앞으로 쓸 『서북공정 고구리사』에서 다룰 것이다.
363) 20년 전 고구리연구회에서 행사를 할 때까지는 중원 고구려비라고 했지만 지금은 공식적으로 '충주 고구려비'라고 부르고 있다. 충주 고리비(高麗碑)에서 '영락 7년(397)'을 읽어냈다.
364) 이 비석에 '고리(高麗)'라는 나라이름이 정확히 나와 있는데, 학계를 비롯한 온 나라가 40년 동안 '고구려(高句麗)' 비라 쓰고 있다. 놀라운 것은 그것이 잘못된 것인 줄도 모르고, 아무도 문제를 제기하지 않는다는 것이다. 이 책은 바로 이런 문제에 대한 대답이고, 또 앞으로 제대로 고치기 위한 첫걸음이다.

자를 새로 읽어냈다고 주장하였다.[365]

영락은 광개토태왕의 연호로 7년은 397년으로, 만일 이 판독이 받아들여진다면 충주 고리비(高麗碑) 연구에 획기적인 전환점이 될 것이다. 이날 종합토론에서 이 문제에 대해 집중적으로 논의가 되었는데, 전폭적인 동의를 받지는 못했지만 우선 글자가 존재한다는 사실만 밝힌 것도 연구성과라는 점과 적어도 7년(七年)이란 글자에 대해서는 많은 참가자들이 동의하였다.

글쓴이는 이날 "일단 새로운 판독문이 나왔으니 새로운 논쟁이 시작된 것이고, 앞으로 비문 판독은 물론 사료 연구를 통해서도 집중적인 논의가 이어져 가부 문제를 확인해 가기를 바란다"는 의견을 냈다. 물론 영락 7년(397)이 사실로 밝혀지더라도 비문의 내용에 나오는 사건과 비를 세운 시점은 다를 수 있으므로 고리(高麗)라는 나라이름이 397년에 쓰였다고 확정할 수 없다. 그러나 이 문제가 고구리가 고리로 나라이름을 바꾼 시점을 밝히는데 중요한 사료가 될 것이기 때문에 계속 관심을 가지고 보려고 한다. 고구리 문제는 고구리 자체의 사료나 유물들이 많지 않기 때문에 그만큼 충주 고리비(高麗碑)는 중요성을 갖는 것이다.

---

365) 『충주 고구려비 발견 40주년 기념 학술회의 논문집』 49쪽.

여덟째 마당

교과서에 나라이름이
고리(高麗)로 바뀐 사실이 실려야 한다.

1. 지금까지 번역과 인용에서 고리(高麗) 문제를 해결했던 편법들

경제사를 전공한 글쓴이는 삼국시대 사서에 대한 깊은 연구가 없어, 1990년대 초 고구리사(高句麗史)를 연구하기 전까지는 고구리(高句麗)가 나라이름을 고리(高麗)로 바꾸었다는 사실에 별다른 관심이 없었다. 그것은 글쓴이가 보고 읽은 역사책에 그런 사실이 나와 있지 않아서 이기도 하다. 그러나 고구리(高句麗) 역사를 제대로 연구하면서부터 바로 이 문제에 직면하였다. 특히 고리(高麗)로 기록된 사서나 중원고구리비(高句麗碑)를 연구할 때 분명히 사서와 비문에는 '고리(高麗)'라고 쓰여 있지만 사실과 다르게 '고구리(高句麗) 비(碑)'라고 옮겨 쓰면서 주하나도 달지 않았다. 너무도 당연하게 '고구리(高句麗)'로 써 버린 것이다.

연구를 더해 나가는 과정에서 비문과 금동불상은 물론 중국의 관련 정사들, 일본에서 나온 『일본서기』, 『속일본기』 같은 모든 책들이 '고리(高麗)'로 되어 있어 혼란을 넘어 학자로서 양심의 가책까지 느꼈다. 이런 문제는 나만의 문제가 아니었다. 많은 선학들은 이 문제를 해결하기 위해서 갖가지 편법을 동원하였다.

첫 번째 방법이 고리(高麗) 다음에 괄호를 만들고 고구리(高句麗)를 덧붙이는 방법이었다.

> ① 이병도, 「高句麗國號考」 : 周書 異域傳 高麗(高句麗) 條에……[366]
> ② 사회과학원 력사연구소 :《구당서》권199 고려(고구려)전[367]

이처럼 괄호 안에 고구리(高句麗)를 넣어 원문에는 고리(高麗)라고 되어 있지만 그것은 '왕건의 고리(高麗)가 아니고 추모의 고구리(高句麗)임을 나타내기 위해 편법'을 동원한 것이다. 만일 원본에 충실하게 '고리전(高麗傳)'이라고 할 경우, 왕건의 고리(高麗)와 구별되지 않아 혼란이 생길 수 있기 때문이다. 이 문제는 남북 학자들이 모두 고심해왔다는 것을 알 수 있다. 그러나 이런 방법은 괄호 안에 고구리(高句麗)를 넣는 이유를 밝히지 않은 터라 실제 나라이름이 바뀌었다는 사실을 모르는 사람에게는 아무런 도움이 되지 않는다. 왜냐하면, 그 자료를 설명하는 본문에서는 모두 고리(高麗)를 고구리(高句麗)라고 옮겨썼기 때문이다.

두 번째 방법은 고리(高麗) 사이에 괄호를 넣어 '고[구]리·高[句]麗'처럼 '구(句)' 자를 가두는 방법이다.

이 문제는 중국 정사 동이전을 우리말로 옮긴 『중국정사조선전(中國正史朝鮮傳)』에서 쓴 방법이다. 실제 중국 정사에는 『송사』 이후는 대부분 고리(高麗)라고

---

366) 李丙燾, 「高句麗國號考」, 『韓國古代史硏究』(9), 1976, 367쪽.
367) 사회과학원 력사연구소, 『조선전사』(3), 중세편 고구려사, 과학백과사전종합출판사, 1991, 162쪽.

기록되어 있는데, 그것을 그대로 고리(高麗)라고 옮겨놓으면 생길 수 있는 혼란을 생각했기 때문이다. 비록 동이전만 옮겼지만, 우리나라에서 가장 본격적으로 중국 정사를 옮긴 『중국정사 조선전(中國正史朝鮮傳)』 역주서에서는 고구리(高句麗)·고리(高麗) 나라이름에 대해서 이렇게 인식하고 있었다.

> 中國 正史의 경우 高句麗의 표기는 『漢書』에서 『晉書』에 이르기까지는 高句驪 또는 高句麗(『後漢書』 이후)로 표기하였으며, 그 略稱에 해당되는 것으로 句驪 또는 句麗라고 표기하여 왔다. 그런데 『宋書』를 제외하고는 모두 高句驪 또는 高麗로 그 표기가 통일되고 있다.[368]

그냥 '리(麗)' 자인가 말 마 변(馬)이 붙은 '리(驪)'자 인가에 대해서만 언급을 하고 나라이름 자체가 고구리(高句麗)에서 고리(高麗)로 바뀐 사실은 밝히지 않았다. 아마도 고구리(高句麗)에서 고리(高麗)로 바뀐 것도 구리(句麗)처럼 약칭으로 보지 않았을까 하는 생각이 든다. 그래서 이 문제를 위에서 본 것처럼 괄호로 처리한 것이다. 보기를 들면 다음과 같다.

① 『남제서』 동이열전(東夷列傳) : 高[句]麗. 高[句]麗는 서쪽으로 魏 오랑캐와 경계를 접하고 있다.[369]
② 『송서』 고구리(高句驪)전 : 태조는 왕백구와 조차흥을 사신으로 파견하여 아들을 맞이하게 하고, 아울러 고[구]려에게 [풍홍을 송나라로] 보내주도록 하였다.[370]

---

368) 국사편찬위원회, 『中國正史朝鮮傳』 譯註一, 389쪽.
369) 국사편찬위원회, 『中國正史朝鮮傳』 譯註一, 418쪽.
370) 국사편찬위원회, 『中國正史朝鮮傳』 譯註一, 385쪽

이 내용을 그대로 해석하면 '가운데 구' 자는 빼도 좋고 넣어도 좋다는 것인지, 반드시 넣어야 하는지 뚜렷하지 않아 읽는 사람이 그 본디 뜻을 알기 쉽지 않다. 이와 같은 편법은 최근에 나온 동북아역사재단의 『역주 중국 정사 외국전(譯註 中國 正史 外國傳)』에서도 똑같이 이어진다.

> ① 영휘 6년(655)에 회흘이 군대를 보내 소사업을 따라 고[구]려(高句麗)를 토벌하기도 했다.
>
> 주 149) 저본은 '高麗'인데 北魏時代 이후 高句麗를 지칭했다. 『魏書』이후 中國의 北朝·隋書계열의 史書는 高句麗를 高麗라고 표기했다. 이밖에도 高夷, 高句驪, 句驪, 高酈, 橐離, 槀離 등으로 표기되었다. 번역문에서는 이를 모두 고구려로 표기했다.[371]
>
> ② 지난해에 이계찰(利稽察)이 고[구]려(高句麗)와 말갈(말갈)에 크게 패했고……
>
> 주 139) 『魏書』이후 中國의 北朝, 隋書계열의 史書에는 모두 '高麗'라고 표기했다. 이에 대해서는 高夷, 高句驪, 句驪, 高酈, 橐離, 槀離 등의 다른 표기가 있는데, 번역문에서는 모두 高句麗로 표기했다.[372]

옮길 때마다 마음에 걸리기 때문에 한 번만 주를 달면 안심이 안 되어 책이 바뀔 때는 다시 주석을 달았음을 알 수 있다.

이처럼 편법을 써서 사료에 기록된 고리(高麗)를 고구리(高句麗)로 바꾸어 쓰거나 괄호를 이용하는 것은 연구자들에게 아주 불편할 뿐 아니라 올바른 역사 인식과 바른 연구라는 측면에서 큰 문제가 있다. 더구나 이를 설명하는 주에서 『위

---

371) 동북아역사재단, 『역주 중국 정사 외국전(譯註 中國 正史 外國傳)』, 「舊唐書」(상), 240쪽. 주) 149.
372) 『동북아역사재단, 『역주 중국 정사 외국전(譯註 中國 正史 外國傳)』, 「隋書」 卷84, 列傳 第49, 突厥. 286쪽. 주) 139.

서(魏書)』이후 나라이름이 바뀌었다는 설명은 연구자들에게 정확한 연구결과를 전해 주지 못한다. 사실 『위서(魏書)』에서 고리(高麗)가 일반화된 것은 사실이지만 지금까지 이 문제를 다룬 논문들은 대부분 『송서』를 기준으로 하고 있다는 점에서 아쉬운 점이 크다. 이는 아직 학계에서 이 문제에 대한 깊이 있는 토론과 결론이 부족했기 때문이라고 본다.

이에 대해서는 이미 선학의 지적이 있었다.

> 고구려의 후기 국호가 '고려'였다는 것을 밝혀내는 것은 우리나라 역사에서 간과할 수 없
> 는 중요한 문제이며, 이는 또한 우리나라의 전통적인 국호 사용의 관례를 이해하는 데에
> 도 중요한 의미를 가진다.[373]

그러나 이런 주장은 몇몇 관련 학자들에게만 논의되었을 뿐 전혀 일반화되지 못하였다. 다시 말해 고대사학자, 그것도 몇 명의 논의로 끝났다. 글쓴이도 이 문제를 2007년에 다루어 논문으로 발표하였으나 그 뒤 어디에서도 어느 누구에게도 반론이 없고, 그렇다고 그것을 쓰는 사람도 없다.

2. 왜 이처럼 확실한 역사적 사실이 밝혀지지 않았는가?

그렇다면 왜 이처럼 중국의 정사인 25사를 비롯하여 수많은 사서에 고리(高麗)로 바뀐 이름이 쓰였는데, 우리 역사학계에서는 이 문제가 해결되지 않았는가?

---

373) 정구복, 「高句麗의 '高麗' 國號에 대한 一考」, 『湖西史學』(19·20), 45쪽.

첫째, 이전에는 국내 연구진에게 25사를 비롯한 다른 원전들을 접근하기 어려웠다는 점이다. 학자들이 원사료를 접하려면 극히 제한된 몇몇 도서관에 가야 하는데 그것은 쉬운 일이 아니었고 방대한 책을 쉽게 대출해 주지도 않았다. 그래서 해방 뒤 역사학계에서는 1938년 일제 강점기 조선사편수회가 편찬한 37책의 『조선사』 영향이 컸고, 조선사 편수를 위해 수집 사료 가운데 20종을 택해 발간한 『조선사료총간(朝鮮史料叢刊)』을 많이 활용하였다.

국내에서는 1973년 민족문화추진회에서 『삼국사기』와 『삼국유사』의 영인본이 나오고 경인문화사에서 중화서국의 『교감표점 이십오사(校勘標點 二十五史)』가 영인되면서부터 원사료들을 접근할 수 있게 되었다. 값이 비싸서 일반화되지는 못하고 주로 도서관에서 구입하여 비치하는 정도였지만 이때부터 이런 원사료들을 바탕으로 자료집들이 나오기 시작하여 연구를 심화시키는 데 공헌하였다. 1977년 단국대학교 동양학연구소에서 『25사초(二十五史抄)』가 나오고, 1979년 경희대학교 전통문화연구소에서 『삼국사기』 가운데 고구리(高句麗) 본기를 중심으로 한 『고구려 대외관계 자료의 정리』가 나왔으며, 1981년에는 『동이 고구려 관계 기사의 정리』가 박성봉 선생의 주관 아래 출간된다. 1988년 연세대학 국학연구소에서 중국의 25사에서 고구리사(高句麗史)에 관한 방대한 자료집 『고구려사연구 사료편』도 연구자들에게 큰 도움이 되었다.[374]

이상에서 본 바와 같이 1970년대에서 1980년대에 들어서야 비로소 원사료를 접할 수 있었다. 그만큼 우리 학계의 연구 환경이 열악했다는 것이다.

둘째, 이처럼 광범위한 사료 섭렵이 어렵기 때문에 대부분 삼국사의 연구가

---

374) 이 작업은 주로 이도학 교수가 맡아서 했다.

『삼국사기』에 거의 의존할 수밖에 없었다. 『삼국사기』에는 나라이름을 모두 '고구리(高句麗)'로 통일해서 기록했기 때문에 이 사료로 고구리(高句麗) 역사를 연구하는 사람들은 나라이름이 고리(高麗)로 바뀐 사실 자체를 알 수 없었다. 그런데 조선시대 이후 『삼국사기』는 고구리사(高句麗史) 연구의 기본서가 되었고 그 영향력이 절대적이었다고 할 수 있다. 『삼국사기』에 대해서는 〈고구리·고리사 연구〉 총서 6권 왕건의 고리(高麗) 시대 부분에서 자세하게 분석해 보겠다.

셋째, 원사료를 독해하고 연구할 수 있는 전문 학자 수가 절대 부족했다. 글쓴이가 1994년 처음 고구리연구회를 설립할 때만 해도 고구리(高句麗) 역사를 연구하는 학자들은 손으로 꼽을 정도였다. 그해 첫 호를 낸 학술지 『고구리연구(高句麗研究)』 4집을 발간할 수 없을 거라는 예측도 있었다. 그만큼 연구자가 부족했다는 말이다. 다행히 2000년대에 들어오면서 고구리(高句麗) 문제가 사회적으로 크게 두드러지고 연구 인력이 많이 늘어났지만, 우리나라 고구리(高句麗) 연구의 역사가 짧은 만큼 연구실적 또한 많지 않았던 것이 큰 이유였다. 그러므로 이 문제는 '이제야' 제기된 것이 아니라 '이제', '이제는' 제기되어야 할 때가 된 것이다.

3. '고리(高麗)'로 바뀐 나라이름, 이젠 교과서에 실려야 한다.

2000년대 들어서면서 이러한 열악한 연구 환경은 점차 바뀌기 시작했다. 불편한 점이 있었지만 대만에서 개발한 사고전서(四庫全書)를 인터넷으로 검색할 수 있고, 얼마 뒤 전자판 사고전서가 입수되면서 젊은 학자들의 연구 내용은 탄탄해지고 연구 성과도 늘어났다. 그리고 이제는 중국 포털에 들어가면 '25사 전문 검색시스템(二十五史全文檢索系統, 网絡版)'이 있어 대학생을 비롯하여 자료가 필요한 사람이면 누구나 검색이 가능하게 되었다. 25사에서 한 단어의 사용 보기를 다 찾아내려면 일생이 걸려도 시간이 부족하였지만 이제 몇 초 안에 검색 한 번으로 해결되는 시대에 왔다. 25사뿐 아니다. 『삼국사기』, 『조선왕조실록』을 비롯한 국내 자료는 물론 우리 역사와 관련이 많은 『일본서기』, 『신찬성씨록(新撰姓氏錄)』 같은 모든 난해한 자료 검색이 가능하고 원문 자체도 하나하나 타자로 칠 필요 없이 복사해서 옮길 수 있다. 그리고 이제는 학자는 물론 기자, 평론가, 작가, 학생 같은 일반인들도 직접 원사료에 접근하여 정보들을 캐고 있다.

그러나 이런 엄청난 기술의 진보에도 불구하고 주제에 대한 기본적인 이해 없이 연구하려고 한다면 기계는 바보가 되어 얼마든지 엉뚱한 결과를 가져다 줄 수 있다. 어떤 사람이 고구리(高句麗)를 연구하고 싶다고 해서 '고구리(高句麗)'라는 주제어만 검색하여 결론을 낸다면 이 연구는 황당한 결론이 나올 것이다. '고리(高麗)'에 대한 검색을 빼고 '고구리(高句麗)'만으로는 연구 자체가 불가능하기 때문이다. 이제는 데이터가 문제가 아니라 데이터를 처리할 수 있는 소프트웨어가 문제인 시대가 온 것이다.

보기를 들어 어떤 작가가 장수왕의 업적에 대해 글을 쓰려고 25사를 검색한다고 하자. 그 때 만일 나라이름을 '고구리(高句麗)'만 검색한다면 어떤 결과가 나올까? 어떤 기자가 당 태종과 연개소문의 대결에 관한 기사를 쓴다고 가정하자. 그 때 만일 나라이름을 고구리(高句麗)만 검색한다면 어떤 결과가 나올까? 앞에서 이미 보았지만 25사에 고구리(高句麗)는 10.8%인 130회만 나오는 반면 고리(高麗)는 82.9%인 1,002회나 나오기 때문에 정말 황당한 결과가 나올 것이고 더군다나 올바른 글을 쓸 수가 없을 것이다(〈표46〉 참조).

<표 46> 25사에 나온 고구리(高句麗)·고리(高麗)

	본기	지·열전	합계	%
고구리(高句驪·高句驪)	22	108	130	10.8
구리(句麗·句驪)	3	71	74	6.1
하구리(下句麗·下句驪)		3	3	0.2
고리(高麗·高驪)	358	644	1,002	82.9
	383	826	1,209	100

고구리(高句麗)와 같은 시대를 다룬 『일본서기』에서는 고구리(高句麗)에 대해 어떤 기록이 남아 있을까 보고 싶다면 일본 포털에 들어가 『일본서기(日本書紀)』를 치고 '일본서기 원문 검색(日本書紀の原文を檢索)'을 들어가면 바로 검색이 가능해진다. 그리고 검색어 '고구리(高句麗)'를 치면 "찾는 낱말이 없습니다(ヒットしませんでした)"라는 뜻밖의 결과가 나온다. 실제로 『일본서기』에는 고구리(高句麗)라는 낱말이 하나도 없다. 이번에는 '고리(高麗)'라는 검색어를 넣고 검색을 하면 "17쪽을 찾았습니다(17ページでヒットしました)"라는 결과가 나오고 그 원문이 모두 나타난다.

그 결과를 표로 만들어 보면 〈표 47〉과 같다.

고구리(高句麗)는 한 번도 나오지 않은 반면 고리(高麗)는 무려 190번이나 나온다. 이처럼 '고구리(高句麗)'를 찾고 싶으면 반드시 '고리(高麗)'도 함께 검색해야 하고, 검색 결과 '고리(高麗)'가 나오면 그것이 후기 고구리(高句麗)의 이름이라는 사실을 알아야 한다.

그렇다면 이러한 황당한 결과를 막기 위해 어떻게 해야 할까? 우리 국민 모두가 '고구리(高句麗)는 장수왕 때인 413년 나라이름을 고리(高麗)로 바꾸었다'는 사실을 알아야 한다. 이 사실 하나만 알면 모든 사람은 고구리사(高句麗史)를 연구하거나 읽을 때 고구리(高句麗)·고리(高麗)가 같은 나라라는 것을 알기 때문에

〈표 47〉『일본서기』에 나타난 고구리(高句麗)와 고리(高麗)

『일본서기』 卷	천황	고구리(高句麗)	고리(高麗)
9	神功皇后紀		1
10	應神天皇紀		8
11	仁德天皇紀役		5
14	雄略天皇紀		18
15	清寧天皇~仁賢天皇		6
17	繼体天皇紀		4
19	欽明天皇紀		35
20	敏達天皇紀		15
22	推古天皇紀		11
23	舒明天皇紀		3
24	皇極天皇紀		11
25	孝德天皇紀		11
26	齊明天皇紀		10
27	天智天皇紀		23
28	天武天皇紀		1
29	天武天皇紀		25
30	持統天皇紀		3
		0	190

당연히 고구리(高句麗)와 고리(高麗)를 동시에 검색할 것이고, 다른 자료에 고리(高麗)가 나와도 고구리사(高句麗史) 자료로 인식하게 될 것이다.

그렇다면 어떻게 모든 사람이 이 사실을 알 수 있게 할 것인가? 가장 시급하고 유일한 방법은 단 한 줄이라도 학교에서 배우는 교과서에 '고구리(高句麗) 때인 413년에 이미 나라이름을 고리(高麗)로 바꾸었다'고 가르쳐야 한다. 그리고 그렇게 바뀐 사실을 매스컴을 통해서 자주 알려서 이미 잘못 배운 국민에게도 일반화시키는 작업이 필요할 것이다.

| 참고문헌 |

사료

『史記』(漢, 司馬遷)
『漢書』(後漢, 班固)
『後漢書』(劉宋, 范曄)
『三國志』(晋, 陳壽)
『晉書』(唐, 房玄齡 등)
『宋書』(梁, 沈約)
『南齊書』(梁, 蕭子顯)
『梁書』(唐, 姚思廉)
『陳書』(唐, 姚思廉)
『魏書』(北齊, 魏收)
『周書』(唐, 令狐德棻 등)
『隋書』(唐, 魏徵 등)
『南史』(唐, 李延壽)
『北史』(唐, 李延壽)
『舊唐書』(後晋, 劉昫)
『新唐書』(宋, 歐陽修·宋祁)

許嘉璐 主編, 『二十四史全譯』, 上海, 漢語大詞典出版社, 2004.
國史編纂委員會, 『中國正史朝鮮傳』 譯註一, 1987.
동북아역사재단, 『역주 중국 정사 외국전(譯註 中國 正史 外國傳)』, 2009.

後漢 王充, 『論衡』
漢 孔(安國) 氏 傳, 唐 陸德明 音義, 孔穎達 疏, 『尙書注疏』
晉 孔晁 注, 『逸周書』

晉 干寶 撰,『搜神記』.

宋 魏了翁 撰,『尙書要義』

宋 魏了翁 撰,『宋高僧傳』

宋 王欽若等 撰,『册府元龜』

宋 司馬光,『資治通鑑』

宋 李昉等 撰,『太平御覽』

宋 馬端臨, 文獻通考

宋 程大昌 撰,『禹貢論』

宋 洪邁, 容齋續筆

宋 王應麟 困學紀聞

宋 王應麟 玉海

元 陳師凱 書蔡氏傳旁通

明 胡應麟 少室山房筆叢

明 朱鶴齡 尙書埤傳

明 徐應秋 撰,『玉芝堂談薈』

明 周嬰 撰,『卮林』

淸『欽定滿洲源流考』

淸 胡渭 撰,『禹貢錐指』

淸 鄭方坤 撰『經稗』卷3「書經尙書古文可疑」.

『廣開土太王碑』(1994年 高句麗硏究會 釋文).

『牟頭婁墓誌』

『三國史記』

『三國遺事』

『帝王韻紀』

『日本書紀』

『新撰姓氏錄』

저서

공명성,『조선의 력대 국호』, 사회과학출판사, 2003

리지린·강인숙,『고구려사 연구』, 사회과학출판사, 1976.

사회과학원 력사연구소,『조선전사』(3), 중세편 고구려사, 과학백과사전종합출판사, 1991.

손영종,『고구려사』, 과학백과사전종합출판사, 1990.

채희국,『고구려역사연구』, 종합대학출판사, 1985.

노태돈,『한국고대사』, 경세원, 2014.

馬大正 등 지음, 서길수 옮김,『중국이 쓴 고구려 역사』, 여유당, 2007.

박성봉,『고구려의 남진 발전과 사적 의의』, 경인문화사, 2015.

朴性鳳,『東夷傳高句麗關係資料』, 경희대학교 부설 한국전통문화연구소, 1981.

延世大學校 國學研究院 篇,『高句麗史研究』(II), 延世大學校出版部, 1988

윤내현,『고조선연구』, 一志社, 1995.

이병도,『한국고대사연구』, 박영사, 1985.

金毓黻,『東北通史』상편, 1941년 초판, 社會科學戰線雜誌社 번각본.

馬大正 外,『古代中國高句麗歷史總論』, 黑龍江敎育出版社, 2001,

朴燦奎,『三國志 高句麗傳研究』, 吉林人民出版社, 2000년.

孫進己,『東北民族史研究』, 中州古籍出版社, 1994..

孫進己 · 王綿厚,『東北歷史地理』, 黑龍江人民出版社, 1988.

張博泉,『東北地方史稿』, 吉林大學出版社, 1985년.

논문

深津行德,「臺灣古宮博物院所藏'梁職貢圖'模本について」, 學習院大學 東洋文化研究所 調查研究報告 No. 44,『朝鮮半島に流入した諸文化要素の研究』, 1999.

鄭早苗,「漢書 · 後漢書 · 三國志の高句麗と句麗の名稱について」,『朝鮮學報』(89), 1978.

金維諾,「職貢圖の年代與作者 - 讀書札記」,『文物』, 1960-7.

孫進己,「東北民族史研究」, 中州古籍出版社, 1994.

楊保隆,「高句麗族族源與高句麗人流向」,『民族研究』1998-4, 北京;

楊保隆,「各史「高句麗傳」的幾介問題辨析」,『民族研究』1987-1.

楊保隆,「論高句麗與王氏高句麗無前後相乘關係」,『社會科學戰線』, 1999-1.

李殿福,「高句麗易名高麗考—兼談朝鮮半島中原郡碑和延嘉七年銘金銅如來佛的季代」,『韓國學報』(11), 臺北, 1992.

李殿福,「中原郡의 高麗碑를 통해서 본 高句麗 國名의 變遷」,『高句麗研究』(10), 2000.

張達宏 · 王長啓,「西安市文管會收藏的幾件珍貴文物」,『考古與文物』1984-4.

金鎭熙,「高句麗 國號 表記의 變遷에 關한 考察」, 영남대학교 교육대학원 역사교육과 석사학위논문, 1989.

김영태,「高句麗 因現義佛像의 鑄城時期 : 延嘉 · 延壽의 長壽王 年號 가능성 試考」,『불교학보』(34), 1997.

김원룡,「연가칠년명 금동여래상 명문」,『고고미술』50, 한국미술사학회, 1964.

박경원,「연가칠년명 금동여래상의 출토지」,『고고미술』47·48, 한국미술사학회, 1964.

朴圭德,「고구려의 평양천도 배경에 관한 일고찰」, 한국외국어대학교 석사논문, 2014.

박성봉,「廣開土好太王期 高句麗 南進의 性格」,『韓國史研究』(27), 1979.

서길수,「'高句麗'와 '高麗'의 소릿값(音價)에 관한 연구」, 고구려연구회『고구려연구』(27), 2007.

徐永大,「高句麗 平壤遷都의 動機-王權 및 中央集權的 支配體制의 強化과정과 관련하여-」, 서울대학교 한국문화연구소『韓國文化』(2), 1981.

손영종,「금석문에 보이는 삼국시기 몇 개 년호에 대하여」,『력사과학』, 사회과학원출판사, 1966.

尹乃鉉,「高句麗의 移動과 建國」,『白山學報』(45), 1995.

윤무병,「연가7년명 금동여래상의 명문에 대하여」, 한국미술사학회『고고미술』(51), 1964.

李康來,「三國史記와 古記」,『龍鳳論叢』(17·18), 1989.

李丙燾,「高句麗國號考-高句麗 名稱의 起源과 그 語義에 對하여-」,『서울大論文集』3, 1956.

李丙燾,「高句麗國號考」,『韓國古代史研究』(9), 1976, 367쪽.

정구복,「高句麗의 '高麗' 國號에 대한 一考」,『湖西史學』(19·20), 1992.

鄭求福,「高句麗의 '高麗' 國號에 대한 一考 -三國史記의 기록에 관련하여-」『호서사학』(19·20), 1992.

鄭求福,「三國史記의 原典資料」,『三國史記의 原典檢討』, 한국정신문화연구원, 1995.

정승혜,「古代의 譯人-덕흥리 벽화고분〈太守來朝圖〉의 여성 통역관의 발견과 관련하여-」, 한국목간학회『목간과 문자』(19), 2017.

정운찬,「金石文에 보이는 高句麗의 年號」, 고려사학회『한국사학보』(5), 1998.

조경철,「한국의 나라이름과 국호계승의식」, 한민족연구 (14), 2014.

주수완,「삼국시대 年號銘 金銅佛像의 제작연대에 관한 연구」, 고려사학회『韓國史學報』(44), 2011.

최성은,「중국 남북조시대 불교조각을 통해 본 고구려 延嘉 7년명 금동여래입상」, 韓國古代學會,『先史와 古代』(51), 2017.

황수영,「고구려 금동불상의 신례 이좌」,『이상백박사회갑기념논총』, 을유문화사, 1964.

황수영,「국보 연가7년명 금동여래입상」, 한국미술사학회『고고미술』(42), 1964.

사전·도감·도록

權文海,『大東韻府群玉』, 1589년.

한국정신문화연구원,『한국민족문화대백과』, 1991.

周法高 主編,『漢字古今音彙』, 香港, 中文大學出版社, 1979(재판)

『東亞새漢韓辭典』, 동아출판사, 1992(3쇄).

『百度百科』

조선유적유물도감편찬위원회, 『조선유적유물도감』 4권, 고구려(2), 1992.

특별기획전 고구려 추진위원회, 『특별기획전 고구려』, 2002.

| 지은이 소개 |

보정(普淨) 서 길 수 (徐吉洙)

1944년 : 전남 화순에서 태어남.
광주 사레지오고등학교, 국제대학 졸업.
단국대학교에서 경제학 석·박사 학위(한국경제사 전공).
서경대학교(전 국제대학교) 경제학과 교수(2009년 정년퇴임).

사단법인 고구려연구회 회장 ·이사장 역임
세계 에스페란토 협회 임원(본부: 네덜란드 로테르담) 역임
2009~2012년 : 영월 망경산사에서 정토선 수행·집필.

(현) 고구리·고리연구소 이사장
(현) 고구려·발해학회 고문
(현) 맑은나라 불교연구회 이사장
(현) 세계에스페란토협회 명예회원, 한국에스페란토협회 지도위원

저서
① 『고구려 성』 ② 『고구려 축성법 연구』
③ 『한말 유럽 학자의 고구려 연구』 ④ 『백두산 국경 연구』
⑤ 『고구려 역사유적 답사』 ⑥ 『유적유물로 보는 고구려사』
⑦ 『대륙에 남은 고구려』 ⑧ 『세계문화유산 고구려』
⑨ 『한국 학자의 동북공정 대응논리』(공저)
⑩ 『중국이 쓴 고구려사』(번역) ⑪ 『동북공정 고구려사』(번역)

⑫『알타이의 자연과 문화』⑬『아시아의 진주 알타이』

⑭『시베리아 횡단열차』⑮『시베리아횡단열차로 가보는 유라시아 문화』

⑯⑰『동유럽 민박여행』(Ⅰ·Ⅱ) ⑱『살루톤, 호주 뉴질랜드』

⑲『엄두를 낸 것은 할 수 있다』(수필집) ⑳『에스페란토 초급 강습서』

㉑『에스페란토 중급 강습서』

불교 관계 저서

①『아미따경』(전자책) ②『만화로 읽는 아미따경』(번역)

③『淨土와 禪』(번역) ④『極樂과 淨土禪』⑤『極樂 가는 사람들』

⑥『극락과 염불』

논문

1. 경제사상사 및 경제사

　「공자의 경제사상」「율곡의 경제사상」「이자사상 연구」

　「한국 이자사 연구」같은 논문 22편.

2. 고구려사 연구

　「평양지역 고분벽화의 분포현황과 보존방향」같은 논문 74편.

3. 불교관계

　「寬淨의 淨土禪 수행에 관한 연구」

서길수 연락처 : koguri@hanmail.net

장수왕이 바꾼 나라이름

고리

1판 1쇄 찍은날 2019년 12월 16일
1판 1쇄 펴낸날 2019년 12월 30일

글쓴이 서길수
펴낸이 조영준 | 책임편집 여유당 편집부 | 디자인 홍수진
펴낸곳 여유당출판사 출판등록 395-2004-00068
주소 서울 마포구 동교로 27길 53, 201호
전화 02-326-2345 전송 02-326-2335
전자우편 yybooks@hanmail.net
블로그 http://blog.naver.com/yeoyoubooks

ⓒ 서길수, 2019
협약에 따라 인지는 생략합니다.

ISBN 978-89-92351-83-6 93910
책값은 뒤표지에 있습니다.
잘못된 책은 구입하신 서점에서 바꾸어 드립니다.

이 도서의 국립중앙도서관 출판시도서목록(CIP)은 e-CIP 홈페이지(http://www.nl.go.kr/ecip)와
국가자료공동목록시스템(http://www.nl.go.kr/kolisnet)에서 이용할 수 있습니다.(CIP제어번호:CIP2019051031)